Die Saarregion

Zeugnisse ihrer Geschichte

Herausgegeben von Jürgen Hannig

unter Mitarbeit von
Hildegard Ames
Herbert Becker
Karl Burgard
Michael Glaser
Willi-G. Haßdenteufel
Gerhard Heckmann
Christa Jenal
Heinz Lafontaine
Theo Nesser
Arnold Rauber
Ewald Wannemacher
Rolf Wittenbrock

VERLAG MORITZ DIESTERWEG
Frankfurt am Main

Quellenleseheft zur Regionalgeschichte
Herausgegeben von Renate Fricke-Finkelnburg, Jürgen Hannig und Jürgen John

ISBN 3-425-07225-0

Umschlagentwurf: Wolfgang Scheffler, Mainz
Umschlagfoto: D. Ihlenfeldt Photodesign, Bremen
Satz und Druck: Rheinhessische Druckwerkstätte, Alzey
Bindung: C. Fikentscher, Darmstadt

Inhaltsverzeichnis

Zur Einführung

Die Auswahl und Präsentation der hier versammelten Quellen, Karten und Illustrationen zur Geschichte der Saarregion ist von den Leitideen einer regionalgeschichtlich orientierten Didaktik für den (Schul-)Geschichtsunterricht bestimmt. Das Quellenlesebuch richtet sich in erster Linie an Schülerinnen und Schüler der Sekundarstufen I und II. Es ist sowohl im Bereich der Haupt- und Realschulen, in Gymnasium und Gesamtschule einsetzbar, als auch im außerschulischen Bereich: Geschichtswerkstätten, Volkshochschule.

Eine besondere didaktische Problemstellung ergibt sich aus der Tatsache, daß das heutige Bundesland Saarland weder einen alten historischen Raum noch eine geographische Einheit darstellt. Denn erst die Industrialisierung hat seit der zweiten Hälfte des 19. Jahrhunderts die Landschaft zwischen der mittleren Saar und der Südgrenze des Hunsrücks zu einer eigenständigen geschichtlichen Region zusammengeschlossen.

Weder in galloromischer noch in fränkischer Zeit zählte das Land zwischen Saar und Nahe zu den wirtschaftlichen, politischen oder kulturellen Kernzonen. Die administrativen und religiös-kultischen Zentren blieben in römischer und frühmittelalterlicher Zeit die außerhalb der Region liegenden zentralen Orte Trier und Metz. Von großer Bedeutung wurde, daß das Saarland – anders als etwa die Pfalz oder das Elsaß auch in der Folgezeit eher im Windschatten der großen historischen Entwicklungen lag. Es gehörte nie zur Kernlandschaft eines der großen, sich im deutschen Staatsverband seit dem Hochmittelalter ausbildenden Territorialstaaten. Als Peripheriegebiet war es mit wechselnden Grenzen Einflußzone und Interessengebiet des Kurfürstentums Trier, des Herzogtums Lothringen und der Herzöge von Pfalz-Zweibrücken. Innerhalb einer Vielzahl von unbedeutenden kleineren Herrschaften konnten sich nur die Grafen von Saarbrücken (später der Zweig Nassau-Saarbrücken) ein größeres Territorium an der mittleren Saar als regionales Herrschaftszentrum aufbauen. Ihre Bedeutung war allerdings zu gering und ihre politische Gestaltungskraft zu beschränkt, als daß die Grafschaft Nassau-Saarbrücken hätte raumbildend wirken können. Die politisch-territoriale Zersplitterung und das Fehlen einer raumbildenden Kraft blieben auch im 18. Jahrhundert unter dem forcierten Zugriff der französischen Krone (Gründung der Festungsstadt Saarlouis 1680) für die Saar entscheidend. Die charakteristische Randlage und die territoriale Zersplitterung blieben – wenn auch in wechselnden Formen – während der Epoche der Französischen Revolution und bei der staatlichen Neuordnung nach den napoleonischen Kriegen bestehen. In den Verwaltungsreformen der Französischen Revolution wurde der Saarraum geteilt durch das Moseldepartement (Metz) und das Saardepartement (Trier). Nach den Befreiungskriegen übernahmen im wesentlichen Preußen und Bayern das französische Erbe. In den abgelegenen Randzonen ihrer Staaten entwickelten sie die in der französischen Zeit (Napoleonische Reformen) gelegten Grundlagen für die Umgestaltung der Rechts-, Wirtschafts- und Sozialordnung weiter, mit denen der zentralen Herausforderung des 19. Jahrhunderts begegnet werden konnte: dem Anwachsen der Bevölkerung in einem vom Pauperismus bedrohten, zum großen Teil von einer rückständigen und parzellierten Agrarwirtschaft lebenden Land.

Aus Anfängen, die bis in die Zeit des fürstlichen Absolutismus zurückreichen, entwickelte sich im südlichsten Zipfel der preußischen Rheinprovinz und in den östlich angrenzenden bayerischen Gebieten eine im wesentlichen von der Schwerindustrie bestimmte Landschaft mit einer Kernzone im mittleren Saartal und den rechts angrenzenden Tälern. Kontinuierlich erweiterte sich der Raum, aus dem die Arbeitskräfte für dieses neu entstandene Industrierevier kamen. Verkehrsmäßig erschlossen wurde das halbagrarische Hinterland durch den Ausbau der Eisenbahnlinien. Zwischen 1850 und 1890 war im Saarbrücker Raum mit dem mittleren Saartal bis Dillingen, dem Sulzbachtal und den Bereichen St. Ingbert-Neunkirchen und Homburg eine geschlossene halbringförmige Zone mit hoher Bevölkerungsdichte entstanden, die als eine industrielle Kernzone zugleich auch ein Raum mit hoher horizontaler Mobilität, Verkehrserschließung und Kommunikationsdichte gewesen ist. Die Integrationskräfte dieses neu formierten ökonomischen Raumes verdrängten nicht nur die alten territorialen Gliederungen und traditionellen Loyalitätsbindungen der Bevölkerung, sie erwiesen sich auf Dauer auch stärker als alle historischen konfessionellen und politisch-administrativen Grenzen, durch die im Zuge der wechselhaften territorialen Zugehörigkeit die Landschaft an der Saar aufgeteilt war.

Erst die jüngere Geschichte und die Entwicklung der Region zu einem der führenden schwerindustriellen Reviere in Europa ließen also die Saargegend zu einem einheitlichen Raum zusammenwachsen. Politisch-administrativ wird dieser interdependente sozial-ökonomisch bestimmte Raum dann im 20. Jahrhundert als „Saargebiet“ und schließlich als „Saarland“ zusammengefaßt. Der Reichtum an Kohle, die blühende Montanindustrie und die bodenständige Arbeiterbevölkerung machten das Land an der Saar zum Zankapfel zwischen Deutschland und Frankreich. Zweimal nach den beiden Weltkriegen des 20. Jahrhunderts wurde das Industrierevier an der Saar als eigenständige politische Einheit von Deutschland abgekoppelt und dem ökonomischen und politischen Einfluß Frankreichs geöffnet, bis nach 1955 die Lösung der deutsch-französischen Spannungen den Weg freimachte für die politische Eingliederung des Saarlandes in das föderative System der Bundesrepublik Deutschland.

In dem vorliegenden Quellenleseheft ist zwar der gesamte Zeitraum von der Vor- und Frühgeschichte bis zur Gegenwart abgedeckt, der Schwerpunkt liegt aber im 19. und 20. Jahrhundert. Die regionale Eingrenzung für das Material orientiert sich am heutigen Bundesland „Saarland“, d. h. an dem Saarindustrierevier und den angrenzenden Arbeitereinzugsgebieten. Bezüge zu den Nachbarregionen Lothringen, Trier, Luxemburg und Pfalz werden lediglich punktuell dokumentiert. Die Eingliederung des Saarlandes als Bundesland in die Bundesrepublik Deutschland nach der Saarabstimmung 1955 bildet den Endpunkt.

Sozial-, Alltags-, Wirtschafts- und Kulturgeschichte stehen quantitativ im Zentrum der Text- und Bildquellensammlung. Die politische Geschichte tritt demgegenüber zurück. Die Auswahl und Anordnung der Quellen (Texte, Abbildungen, Karten, Tabellen) ist problem- und methodenorientiert. D. h. es ging den Autoren bei der Auswahl und Anordnung der Quellen nicht so sehr darum, das Spektrum regionalspezifischer historische Sachverhalte allein unter Fachgesichtspunkten exemplarisch zu illustrieren. Orientierungspunkt für die Auswahl war vor allem die didaktische Aufgabenstellung. Die Quellensammlung will Material für einen schülernahen regionalgeschichtlich orientierten Geschichtsunterricht bereitstellen. Das bedingt drei Auswahlkriterien für die aufzunehmenden Quellen:

1. Historische Exemplarität. Der Mensch mit seinen Erfahrungen, Hoffnungen, Bedürfnissen, Abhängigkeiten und Traditionen verschwindet in der Region nicht hinter allgemeinen Kollektivaussagen, Statistiken, Konjunkturen und generalisierenden Entwicklungstrends. Dokumentiert sind jedoch nicht nur individuelle Einzelfälle lokaler Ereignisse. Mit den Quellen lassen sich Strukturen und Entwicklungen der allgemeinen Geschichte, wie sie Inhalt der Geschichtslehrbücher ist, konkretisieren, veranschaulichen und in ihrer regionalen Ausprägung aufzeigen. Entscheidend für die Aufnahme einer Quelle in diesen Band war die Frage, ob die historischen Ereignisse und Phänomene, von denen sie Zeugnis gibt, im Rahmen des Schulgeschichtsunterrichts transparent gemacht werden können für die generellen Strukturen und Entwicklungslinien. Im Bereich der industriellen Revolution bedeutete das z. B. die Konzentration auf die Entwicklung der Industrialisierung der bergmännischen Lebenswelten und die Mechanisierung der Transportwege. Die Quellen zur Saarabstimmung 1935 versuchen exemplarisch die Interdependenz von Alltagserfahrung und -wahrnehmung des einzelnen Bürgers, den politisch-gesellschaftlichen Strukturen und den politischen Optionen der dominanten sozialen Milieus zu erhellen. Auch die regionalen Zeugnisse aus der Zeit der nationalsozialistischen Gewaltherrschaft sind vornehmlich unter dem Aspekt ausgewählt, ob sich die generellen Phänomene wie z. B. die Attraktivität der Ideologie der Volksmeinschaft, die Einschüchterung durch Terror und Gewalt, der individuelle Weg zu Resistenz und Verweigerung oder die allgemeine Erfahrung von Bedrohung, Not und Kriegselend exemplarisch veranschaulichen lassen.

2. Regionale Individualität. Auf der anderen Seite sollen die Schülerinnen und Schüler aber auch die spezifische regionale Komponente ihrer eigenen Lebensgeschichte erkennen und verstehen lernen. Das meint die Tatsache, daß sie als soziale und an Raum und Zeit gebundene Wesen in historisch gewachsenen und bedingten regionalen Zusammenhängen mit unterschiedlicher Reichweite und Ausdehnung leben. Mit dem neuen Interesse an regionaler lebensweltlich orientierter Geschichtsschreibung ist vieles an den Besonderheiten der saarländischen Gesellschaft und ihrer besonderen Probleme der Gegenwart in seinen historischen Wurzeln klarer zu sehen und deutlicher zu verstehen. Dies gilt etwa für die spezifische Form der Sicherung des Überlebens durch Anpassung, Improvisation und das Bewahren eines engen Netzes von sozialen Beziehungen in Verein, Nachbarschaft und Familie. Regionalität wird in diesem Band nicht so sehr von einem geographischen oder politisch-administrativen Raum her verstanden, als von den Menschen und ihren Beziehungen untereinander.

3. Methodische Elementarität. Das dritte Auswahlkriterium für die hier versammelten Quellen war die Frage, wie weit sie sich eignen, innerhalb der Aufgabenstellungen des Geschichtsunterrichtes den Prozeß der methodischen historischen Erkenntnisgewinnung und -kritik zu illustrieren. Die Anleitung zur kritischen

Beurteilung und Interpretation der Quellen ist im Schulunterricht gebunden an den engeren Erfahrungsrahmen und eingeschränkten Verständnishorizont der Heranwachsenden. Deshalb waren Alltagsbezug, Konkretheit und Handlungsorientierung leitende Gesichtspunkte für die in den Quellen geschilderten Sachverhalte. Entscheidend zur Aufnahme eines Textes in diese Sammlung waren letztlich Fragen der Altersadäquatheit, der motivationalen Qualität und der Möglichkeiten der unterrichtlichen Arbeit.

Alle, die an dieser Quellensammlung mitgearbeitet haben, sind als Geschichtslehrer in unterschiedlichen Schulformen tätig, zum überwiegenden Teil als Mitglieder der fachdidaktischen Kommissionen. Sie wünschen sich und den Lesern und Benutzern des Quellenlesebuchs, daß ihre Arbeit dazu beiträgt, die oft so ferne und abstrakte Welt der Geschichte mit den konkreten Erfahrungen der Menschen „vor Ort", ihren Erlebnissen, Hoffnungen und Empfindungen zu vermitteln. Vor allem aber hoffen sie, daß der öffentliche Verständigungsprozeß, mit dem die Menschen im Saarland sich ihre Geschichte immer wieder neu aneignen, auch im Bereich des Schulgeschichtsunterrichts weitergeführt wird.

Dezember 1994 — *Jürgen Hannig*

1 Die Kelten im Saarraum

1800–750 v. Chr.	Hügelgräber- und Urnenfelderkultur
750–450 v. Chr.	Hallstattkultur
450–200	La-Tène-Kultur (Kelten)
seit 500/450 v. Chr.	Fürstengräber der jüngeren Hunsrück-Eifel-Kultur (z. B. Theley, Schwarzenbach)
4. Jh. v. Chr.	Fürstinnengrab von Reinheim
200–0	Spät-La-Tène-Zeit

1.1 Bodenfunde als Quelle der Vorgeschichte: Die Ausgrabungen eines Gräberfeldes im Bliesgau

Von den Menschen, die vor über 2000 Jahren im heutigen Saarland lebten, haben wir keine schriftlichen Quellen. Für die Erforschung dieser Frühzeit sind wir auf die Bodenfunde angewiesen. Der Lehrer und Archäologe Conrad Mehlis berichtet 1879 über Grabungen, die er wenige Jahre zuvor bei Breitfurt im Bliesgau durchgeführt hat.

Aus dem Bericht des Archäologen Conrad Mehlis, 1879

1 Es ist ein lieblicher Anblick, welcher sich dem darbietet, der auf Dampfes-Flügeln von der Senke bei Homburg einfährt in das lachende Bliesthal. Bei Schwarzenacker grüßen wir die waldumsponnenen Reste der Abtei Wörschweiler [...] Es naht das noch in Erinnerung an alten Glanz träumerisch versunkene Blieskastel, hinter dem der rätselhafte Monolith Galgenstein (heute: „Gollenstein") in die Lüfte ragt [...]

Endlich sind wir angelangt an der Stätte eines gewaltigen Grabhügels [...] mit [...] nicht weniger als 20 Meter im Durchmesser [...] Die Fläche des ganzen Hügels ist abgesteckt in concentrische Kreise nach der Methode des wackeren Cohausen. Mit Recht hat dieser methodische Archäologe Verwahrung eingelegt gegen die oft höchst nachlässige und raubbauähnliche Art, Grabhügel zu öffnen. Überall in die Wissenschaft gehört Ordnung und Methode hinein. Redeamus ad tumulos! (lat.: Gehen wir wieder zu den Grabhügeln!). Es sind deren hier genau 20. Der daneben nördlich von dem angegriffenen gelegene wurde schon vorige Woche systematisch aufgegraben. Im Kern des Hügels lag das Unterteil eines menschlichen Skelettes, zu beiden Füßen lagen Trümmer roher, schlechtgebrannter Urnen. Auch bei dem zweiten Tumulus (Grabhügel) durfte man denselben Befund voraussetzen [...] Aber die Kerle hatten ganz eigene Köpfe. Gerade um den armen Ausgräber zu ärgern, haben sich, scheint es, diese alten Querköpfe verschiedentlich bestatten lassen [...] Der ließ sich verbrennen, der beerdigen. Da ward uns anwesenden Ausgräbern wenigstens Eines schrecklich klar! Daß wir hier offenbar eine Zeit des Uebergangs von der Inhumation (Körperbestattung) zur Verbrennung vor uns haben, eine Periode, welche wahrscheinlich in die vorrömische fällt [...]

Die Armen wußten ihren Todten nichts Anderes beizugeben als ein paar Kieselsteine und einige gebrannte Thonbrocken. Das hätten Sie sich überhaupt denken können, daß man hier hinten im Westrich keine Schliemann'schen Schätze findet.

C. Mehlis: Das Grabhügelfeld bei Breitfurt im Bliesgau; in: Palatina Nr. 131, 1. Nov. 1879

1.2 Die keltische La-Tène-Kultur im Saarland: Grabfunde und Siedlungsfunde

Die keltische Zivilisation begegnet uns voll ausgeprägt in der sogenannten La-Tène-Kultur (ca. 5. bis 1. Jh. v. Chr.; benannt nach einem Fundort in der Schweiz). Ein Schwerpunkt dieser Kultur lag im heutigen Saarland. Siedlungen dieser Zeit sind wegen der damals üblichen Holz-Lehm-Bauweise nur selten zu finden. Um so eindrucksvoller sind die mit reichen Beigaben ausgestatteten Fürstengrabhügel und die gewaltigen Ringwälle.

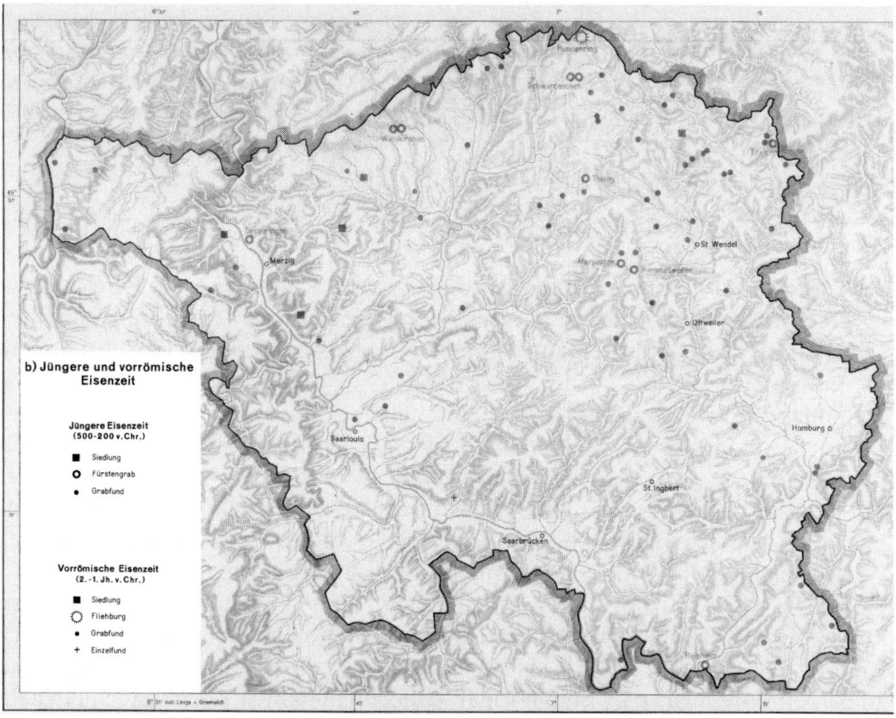

Karte 1: Grabfunde und Siedlungsfunde der keltischen La-Tène-Kultur im Saarland

1.3 Siedlungs- und Gewässernamen bewahren keltische Überlieferung

Eine Reihe von Siedlungs- und Gewässernamen im Gebiet von Saar, Mosel und Blies gehen auf keltische Wurzeln zurück, z. B.:

2 Nied (*Idona, *Itona – anschwellen)
Leuk (*Loukja – leuchten, licht, hell)
Blies (*B(h)lesa – glänzen, hell)
Beeden, Ortsteil von Homburg (*bedo – Graben, Kanal, kleiner Bach)
Britten, bei Merzig (*briga – hoch, Hügel)
Düren, bei Saarlouis (*durja – Fluß)
Ensdorf, bei Saarlouis (*Anisa – (Siedlung am) Sumpf)
Glan (*glanja – glänzen, schimmern)
Roden, Ortsteil von Saarlouis (*Rod(h)ana – Fluß, Gewässer)
Kaisen, Ortsteil von Uchtelfangen (*kassanos – Eiche)
Berus (*belo – leuchtend, weiß und *rinjos – Anhöhe)
Cocheren (*Kukara – Krümmung, Flußwindung).
Der Gewässernamen „Saar" geht wahrscheinlich auf eine vorkeltische, indogermanische Wurzel zurück (indogermanisch *ser-, *sor – „strömen" und *sora – „Fluß").

nach: M. Buchmüller, W. Haubrichs, R. Sprang. Namenskontinuität im frühen Mittelalter. Die nichtgermanischen Siedlungs- und Gewässernamen des Landes an der Saar, in: Zeitschrift für die Geschichte der Saargegend, 1986/87, S. 24–163.

1.4 Keltische Festungsanlagen: Der Ringwall von Otzenhausen

Als Caesar Gallien eroberte (58–51 v. Chr.), beschrieb er den „murus gallicus", d. h. die „gallische Mauer"; gemeint sind die Festungsanlagen der Kelten oder Gallier.

Caesars Beschreibung des „murus gallicus"

3 Alle gallischen Mauern haben etwa folgende Einrichtung: Auf den Boden werden gerade Balken [. . .] nebeneinander [. . .] gelegt. Diese Balken werden inwendig gehörig verklammert und dann alles stark mit Erde bedeckt; in der Front aber werden die Abstände zwischen den Balken [. . .] mit großen Steinen aufgefüllt. Ist diese Schicht gelegt und verbunden, so kommt eine zweite Lage Balken mit demselben Abstand darauf, aber so, daß nicht Balken auf Balken trifft, sondern jeder derselben von seinem Steinlager genau in demselben Zwischenraum fest zusammengehalten wird. So wird das ganze Werk Lage für Lage zusammengefügt, bis die verlangte Höhe der Mauer erreicht ist. Der regelmäßige Wechsel der nach geraden Linien geschichteten Balken und Steine gibt dem Werk ein gefälliges und harmonisches Aussehen, ist aber auch von wesentlichem Nutzen für die Verteidigung [. . .], weil gegen den Brand der Steinbau, gegen den Widder (Belagerungsgerät zum Einrammen von Festungsmauern) aber das Holzwerk schützt, welches weder durchbrochen noch auseinandergerissen werden kann.

Caesar: De bello gallico VII 23; nach: J. Moreau: Die Welt der Kelten (1958), S. 80f.

Die berühmteste keltische Festung in unserer Heimat ist der Ringwall von Otzenhausen, fälschlich „Hunnenring" genannt. Die Gesamtlänge der Mauern beträgt über 2000 m, die größte erhaltene Höhe auf der besonders gefährdeten flachen Nordseite ca. 10 m.

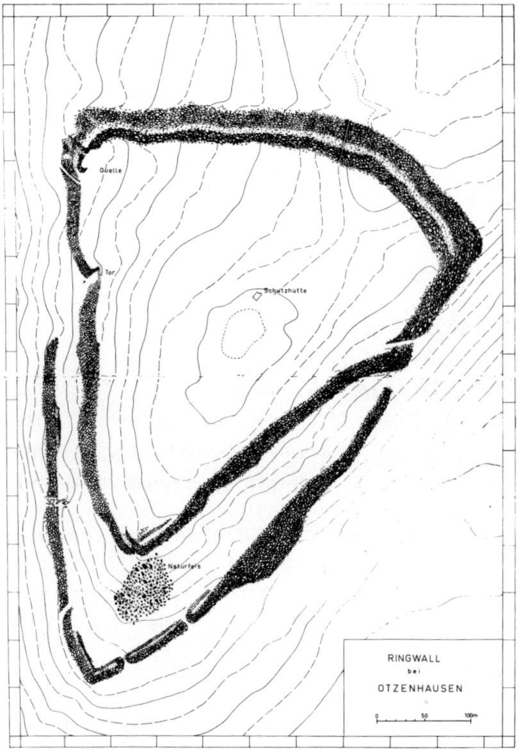

Abb. 1: Kartenskizze des Ringwalls von Otzenhausen

Das heutige Bild des „Hunnenrings" entspricht nicht dem ursprünglichen. Bei den Ausgrabungen von 1937 wurden Pfostenlöcher festgestellt. Die Steine wurden ursprünglich durch ein Holzrahmenwerk gehalten – wie bei Caesar beschrieben – und die Zugänge durch Torbauten gesichert. Die Holzbalken sind im Laufe der Zeit verfault und die Steine rutschten auseinander.

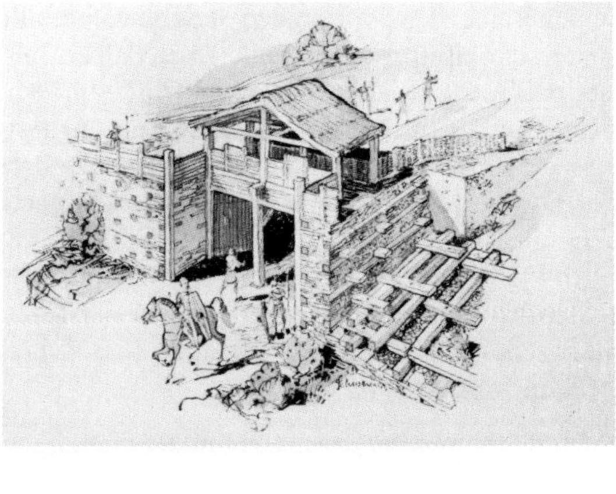

Abb. 2: Rekonstruktion des Mauerbaues und des Burgtores im Ringwall von Otzenhausen

2 Leben in der römischen Provinz

58–51 v. Chr.	Gaius Julius Caesar unterwirft Gallien
20–10 v. Chr.	Gründung des römischen Augusta Treverorum (Trier) als Vorort der Treverer
21 n. Chr.	Aufstand der Treverer
3. Jh.	Bildung christlicher Gemeinden in Trier und Metz
ab 275/76	Schwere Einfälle der Germanen, Befestigung der Stadt Trier, Sicherung der Siedlungen Dillingen/Pachten und Saarbrücken/Halberg durch den Bau von Kastellen

2.1 Straßen und Siedlungen der Römerzeit (Karte)

Nach Caesars Sieg über die Gallier wurde auch unsere Heimat als ein Teil der Provinz Belgica Bestandteil des Römischen Reiches. Zahlreiche Funde bezeugen ein dichtes Netz von Siedlungen und Straßen. Tatsächlich gibt es kaum eine Gemeinde im Saarland, auf deren Boden nicht Siedlungsspuren aus der Römerzeit gefunden worden sind.

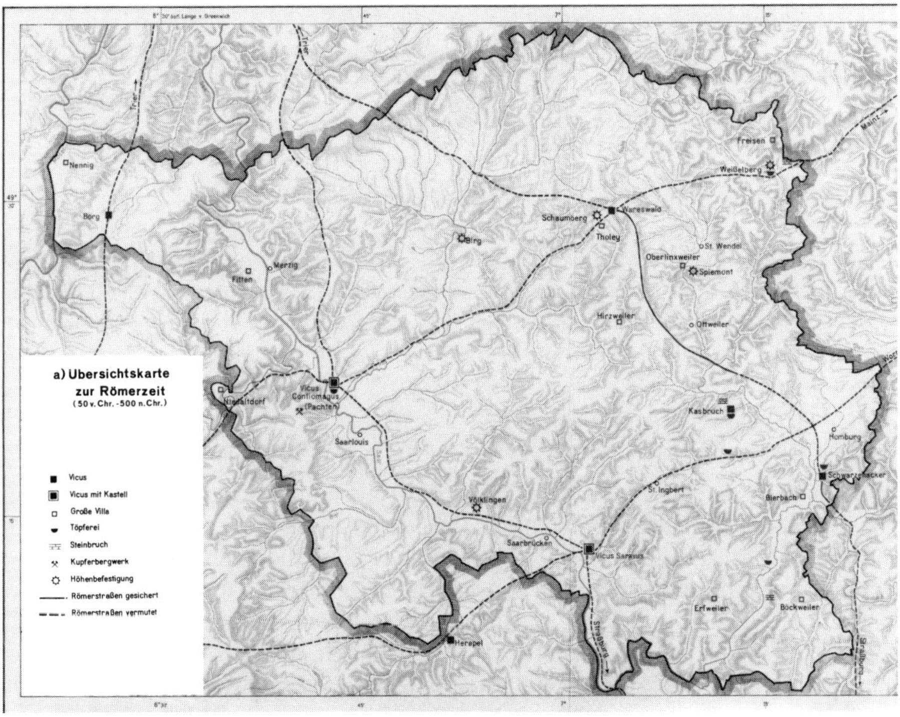

Karte 2: Straßen und Siedlungen der Römerzeit

2.2 Schwarzenacker, ein gallorömischer vicus

Es gab in gallo-römischer Zeit eine Vielzahl kleiner bäuerlicher Siedlungen im heutigen Saarland, daneben aber auch einige „vici". Ein „vicus" war eine Kleinstadt, ein Marktflecken, eine Ansiedlung von Handwerkern und Händlern inmitten eines bäuerlichen Umlandes. Unter den saarländischen vici ist der von Schwarzenacker bei Homburg am besten erforscht. Die Straßen im römischen vicus von Schwarzenacker waren geschottert. Die Bürgersteige wurden durch von Säulen getragene Hausvordächer überdeckt. Die Häuser selbst waren gemauert und/oder in Fachwerkbauweise errichtet. Teils handelte es sich um Reihenhäuser, teils waren sie hufeisenförmig um Innenhöfe gebaut. Einige Häuser wurden inzwischen im Freilichtmuseum rekonstruiert.

Abb. 3: Straßenbild in einem römischen vicus

2.3 Ausonius' Preislied auf die Paläste an der Mosel

In der Römerzeit entstanden bei uns nicht nur Bauernhöfe und Kleinstädte, sondern auch große Villen, die teilweise nach Ausmaßen und Ausstattung regelrechte Paläste waren. Ausonius, Erzieher am damaligen römischen Kaiserhof von Trier, beschreibt im 4. Jahrhundert in seinem Gedicht „Mosella" eine Fahrt auf der Mosel und schildert dabei das Leben in den Landhäusern.

Ein Prinzenerzieher am Kaiserhof in Trier über den Luxus der Paläste an der Mosel

4 Mosella prangt wie geschmückt zum Feste, Denn links und rechts umkränzen sie Paläste. Wer kann zählen die Häuser, an saftigen Wiesen gelegen, Wer wohl alle die Dächer, gestellt auf Wälder von Säulen? Oder die Bäder, die dicht an dem Ufersaume gegründet, Unaufhörlich den Rauch entsenden aus jenen Gewölben, Wo in das heiße Gemach der Feuergott brennenden Atem Aushaucht, daß in gewaltiger Glut sich ballen die Dämpfe. Manchen sah ich, der hatte genug des vergossenen Schweißes, Dem war leid sein Badegemach und der eisige Kühlraum, Schwamm drum lustig hinaus in die Flut, ihre Wellen zerteilend, Labte sich an dem erquickenden Bad in der offenen Mosel. Sicherlich! Käme daher von Neapel einer

gewandert, Nennt' Klein-Bajä (Vornehmer Villen- und Thermalbadeort der Antike a. d. italien. Küste) gleich er unsere liebliche Gegend, Denn man findet, wie dort, des Lebens glänzende Freuden, Nur das hier der Genuß sich eint mit mäßigem Aufwand.

nach: Das Mosellied Ausons nebst den Gedichten an Bissula. Übersetzung M. W. Besser, Marburg 1908.

2.4 Der römische Palast in Nennig

„Ausonius jetzt endlich illustriert!" jubelte ein Kölner Professor im 19. Jahrhundert nach der Ausgrabung des Palastes von Nennig, der in der Tat nach Größe und Ausstattung eine führende Stellung unter allen vergleichbaren Anlagen nördlich der Alpen einnimmt. Nur die römische Großvilla von Echternach in Luxemburg erreichte ähnliche Dimensionen.

Abb. 4: Westfassade des Palastes (Rekonstruktion von Mylius)

Der Hauptbau allein war ca. 140 m breit. Die Front bestand aus einer zweigeschossigen Säulenhalle (porticus), an den Ecken waren dreigeschossige turmähnliche Vorbauten

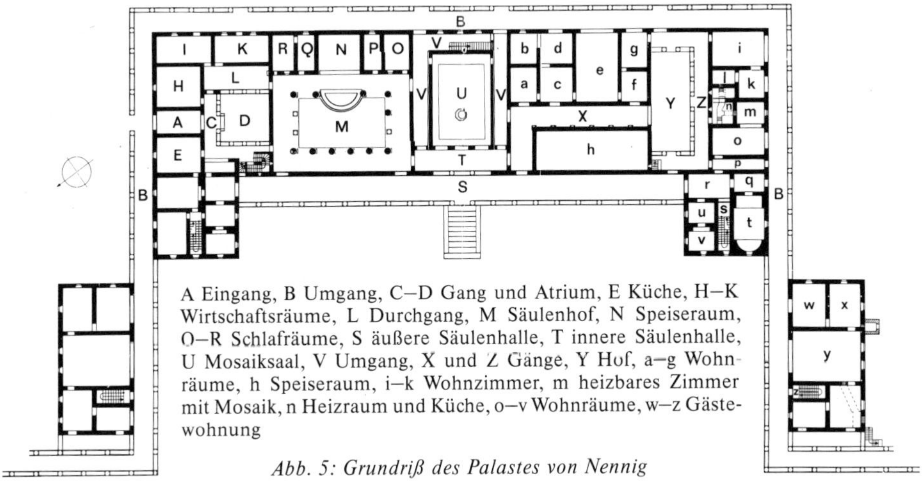

A Eingang, B Umgang, C–D Gang und Atrium, E Küche, H–K Wirtschaftsräume, L Durchgang, M Säulenhof, N Speiseraum, O–R Schlafräume, S äußere Säulenhalle, T innere Säulenhalle, U Mosaiksaal, V Umgang, X und Z Gänge, Y Hof, a–g Wohnräume, h Speiseraum, i–k Wohnzimmer, m heizbares Zimmer mit Mosaik, n Heizraum und Küche, o–v Wohnräume, w–z Gästewohnung

Abb. 5: Grundriß des Palastes von Nennig

(Risaliten) davorgesetzt; daran schlossen sich zu beiden Seiten Nebengebäude und überdachte Wandelhallen an. Der südliche Wandelgang führte zu einem Badehaus. Insgesamt hatte die Anlage eine Länge von ca. 600 m. Heute noch sichtbare Reste des Ausgrabungsbefundes sind Fundamentmauern und Säulen im Bereich des Hauptbaus und natürlich vor allem das berühmte Mosaik in der zentralen Halle.

2.5 Komfort und Lebensstil in einem gallorömischen „Landhaus"

Sidonius Apollinaris, geboren um 430 in Lyon, aus vornehmer christlicher Familie, 468 Stadtpräfekt in Rom und um 470 Bischof von Clermont-Ferrand, beschreibt einem seiner Freunde seine Villa in Gallien:

Aus dem Brief eines vornehmen Römers über sein Landhaus in Gallien

5 Ich bin in Avitacum, so heißt das Landgut [...]. Die Villa ist von Norden nach Süden angelegt. Das Bad im Südosten lehnt sich an einen mit Bäumen bestandenen Hügel an. Das Holz, das dort geschlagen wurde, kommt sozusagen von selbst zur Öffnung der Heizungsanlage. Dort erhebt sich die Halle mit dem Warmbad, anschließend der Kosmetikraum von gleichen Ausmaßen, wenn man nicht das Becken und den Mauervorsprung im Bad, wo das Wasser aus gewundenen Rohren hervorsprudelt, in Rechnung zieht. Im Innern des Caldariums (Warmbad) ist es taghell. Daran schließt sich das kalte Bad an, das so groß ist, daß seine Becken den Vergleich mit öffentlichen Bädern nicht zu scheuen brauchen [...]. Die Abmessungen sind so groß, daß die Diener nicht behindert werden, selbst wenn alle vorgesehenen Plätze besetzt sind. An den Wänden fehlen die sonst üblichen etwas zweideutigen Badeszenen [...]. An das Kaltbad schließt sich nach Osten noch ein Freibad an. Das Becken faßt etwa 175 Kubikmeter Wasser. In dieses Becken fließt ein Bach, der am Fuße der etwas weiter westlich gelegenen Hügel in Kanäle gefaßt wurde und der sein Wasser durch sieben als Löwenköpfe geformte Springbrunnen schickt. Auf der Ostseite des Hauses verläuft eine Säulenhalle. Vom Eingang aus erstreckt sich ein langer überdeckter Gang. Dessen äußerster Teil erweitert sich und bildet einen kühlen Raum, wo sich die geschwätzigen Dienerinnen und Wärterinnen aufhalten, wenn wir uns zur Ruhe zurückziehen [...]. Von dem Gang aus gelangt man zum Wintereßzimmer, von da zum kleinen Speisezimmer, von wo man den ganzen vor dem Haus gelegenen See überblickt. Vom runden Speisesofa aus genießt man zwischen den Gängen des Mahles die schöne Aussicht. Man serviert Wein auf Eisstückchen [...]. Nach dem Essen kann man einen kühlen Raum aufsuchen, in dessen Vorraum die Schar der Diener Platz findet für ein Nickerchen [...]. Dort konnte man das Mittagskonzert der Grillen hören, in der Dämmerung das Quaken der Frösche, die Schreie der Störche und Gänse – und am Abend das Konzert der Hirtenflöten, vermischt mit dem Blöken der Herden, danach entspannt in einen tiefen Schlummer sinken [...].

(MGH Epistola II,2)

3 Kloster, Burg, Stadt im Mittelalter

634	Der fränkische Adlige Adagisel Grimo schenkt dem Bischof von Verdun seinen Besitz und seine Kirche in Tholey
um 695	Gründung des Klosters Mettlach durch den austrasischen Adligen Liutwin. Weitere Klostergründungen: um 740 Hornbach, 871 Neumüster (Ottweiler) durch den Bischof von Metz; um 900 Stift St. Arnual.
843	Vertrag von Verdun: Die Saargegend kommt zum Mittelreich des Kaisers Lothar
1. Hälfte 14. Jh.	Verleihung von städtischen Freiheiten, Wallerfangen (vor 1300!); Blieskastel (1286); Saarbrücken-St. Johann (1322); Homburg (1323); Stadtrecht für St. Wendel (1332); Zweibrücken und Hornbach (1352)
1381	Erbfolge der Grafen von Nassau in der Grafschaft Saarbrücken
1456	Tod der Gräfin Elisabeth von Nassau-Saarbrücken
14./15. Jh.	Übergang der Grafschaft Zweibrücken, der Herrschaft Kirkel, der Grafschaft Veldenz an das Haus Wittelsbach
1429	erste Erwähnung von Kohlegruben in der Saargegend

3.1 Klöster an Saar und Mosel (Karte)

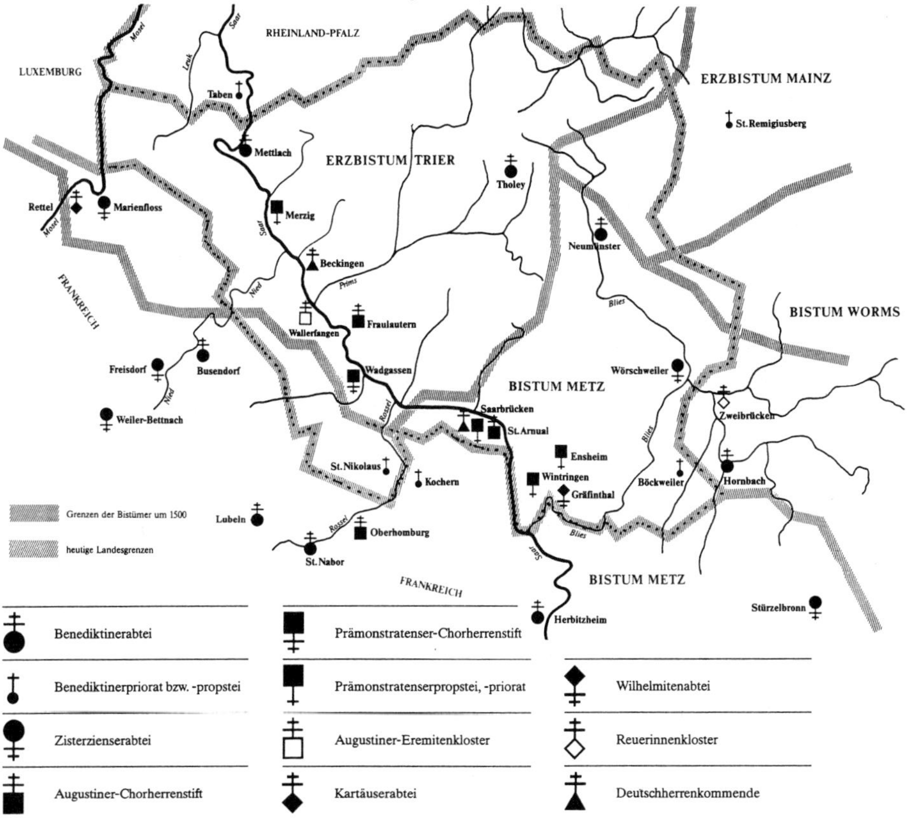

Karte 3: Die mittelalterlichen Ordensniederlassungen im saarländisch-lothringischen Grenzraum

3.2 Grundherrschaftliche Abgaben und Dienste im 10. Jahrhundert

Die grundherrschaftlichen Abgaben und Dienste, die von den einzelnen Bauern an das Kloster im Jahr zu entrichten waren, wurden häufig in Urkunden festgehalten. Später wurden diese zu Abgabenverzeichnissen zusammengefaßt. Diese Verzeichnisse stellen zusammen, welche Leistungen das Kloster Mettlach aus den einzelnen Orten, in denen es Besitzungen hatte, erwarten konnte.

Verzeichnis über den Mettlacher Besitz in Wadern, Mitte 10. Jahrhundert

6 In Wadern haben wir die Kirche mit dem Zehnt von 10 Dörfern und einem Mansus. In unserer Hand sind $48^{1}/_{2}$ Mansen. Zu Ostern liefert jeder 10 Denare oder Schafe dieses Werts, 2 Hühner und 30 Eier. Mitte Mai 5 Denare. Zu Weihnachten 3 Hühner, für das Holz 2 Maß Hafer im einen Jahr, für Schweine 4 Denare im andern Jahr. Im Oktober eine Fuhre zur Mosel, 3 Hufen stellen ein Fuhrwerk. Im April dienen sie eine Woche, im Mai 2, im Juni eine. Außerdem ist jedes Haus zu 3 Tagen Dienst verpflichtet, davon einer in der Stadt, einer im Heu, der dritte beim Pflügen. Vor dem Fest des hl. Liutwin dienen sie eine Woche. Im November 2, im Dezember eine, im Januar 2, im Februar eine. [...]

Verzeichnis über den Mettlacher Besitz in Losheim, Mitte 10. Jahrhundert

7 In Losheim haben wir die Kirche mit dem Zehnt von 11 Dörfern, einen Mansus. Herrenland, $16^{1}/_{2}$ Mansen Knechtsland, von denen Drudo einen Mansus hat und dafür zum Martinstag (11. November) zwei Hühner zahlt und zwei Wochen front. Weihnachten eine Fuhre Holz. Dann pflügt er sein Land und front 2 Tage und ist vor Ende März fertig. Er macht einen Zaun um Saaten und Wiesen. Vor Ostern liefert er einen Leinenstoff von 15 Ellen Länge und $2^{1}/_{2}$ Ellen Breite, wenn der Herr Abt Flachs hatte, sonst zahlt er 6 Denare, 1 Huhn und 12 Eier. Im Mai front er 14 Tage, wenn es nötig ist, bringt er die Wiesen in Ordnung und wässert sie, zahlt 5 Denare. Im Juni muß er bauen, herrichten, was befohlen wird und eine Fuhre Schindeln abliefern, die Saaten pflegen. Im Juli Heu mähen, machen und einfahren und auch die Ernte. Im August muß er mit dem Pflügen anfangen und vor Martini (Martinstag) fertig sein. Im Herbst eine Fuhre, die befohlen wird, im Mai eine andere.

Verzeichnis über den Mettlacher Besitz in Roden (heute Stadtteil von Saarlouis), nach 995

8 In Roden sind 15 Hufe[1], die zu Martini 13 Schillinge, an Andreastag 3 Denare, an Weihnachten $4^{1}/_{2}$ Schillinge, ein Schwein im Wert von 12 nummi, 12 Brote, 3 Sester Wein, ein Maß Hafer, 12 Hühner und 40 Eier abliefern. Weihnachten außerdem 13 Maß Hafer. Ostern 176 Eier, 24 Hühner. Im Mai 9 Schillinge weniger 3 nummi. In der letzten Maiwoche 18 Denare. An Johannestag 9 Denare, am Fest Peter und Paul 30 Denare. Mitte August 13 Schillinge und 4 nummi. Für Fronen 3 Schillinge zweimal im Jahr. Vom Mühlenrecht 1 Maß Weizen, 4 Maß Roggen und 4 Maß Hafer. Für das Schiffsrecht 12 Maß Hafer.

Für den Vogt des Dorfes Roden: Weihnachten ein Schwein im Wert von 12 nummi, ein Maß Getreide, Roggen und Weizen, ein Krug Wein, für 6 Denare

Fleisch, 1 Maß Hafer für die Pferde. An Ostern 1 Krug Wein, Fleisch für 6 Denare, 1/2 Maß Getreide, Roggen und Weizen und Futter für 4 Pferde. An Pfingsten ein Schaf im Wert von 6 nummi, 12 Brote, aus Weizen- und Roggenmehl, 3 Sester Wein, 2 Sester Pferdefutter und Wächter für die Pferde bei Nacht.

Übersetzung von F. Felten aus: H. Müller, Die Mettlacher Güterrolle, in: Zeitschrift für die Geschichte der Saargegend 15, 1965, S. 116ff.

[1]Bemerkungen zu Maßen und Preisen in den obenstehenden Urkunden:
1 Pfund – 20 Schillinge – 240 Denare.
Der Wert der Nummi entspricht etwa dem der Denare.
Getreide wird in Hohlmaßen gemessen: Ein Maß Roggen waren ungefähr 30 Liter.
Für Hafer war das Maß ein Drittel größer.
Ein Sester ist ein Flüssigkeitsmaß. 6 Sester = 1 Eimer = ca. 32 Liter
Land wurde in Mansen gemessen. Von einem Mansus sollte ungefähr eine Bauernfamilie leben können. Deshalb waren sie unterschiedlich groß je nach der Güte des Bodens.
1 carruada ist eine Unterteilung des Herrenlandes: ein Stück Land, das an einem Tag gepflügt werden kann.
Man kann folgende Durchschnittspreise annehmen:
1 Schwein 6–12 den. je nach Größe, 1 Schaf 5–6 den., 1 Huhn 1 den., 8 Eier 1 den., 1 Maß Roggen etwa 2 den., 1 M. Weizen etwa 3,5 den., 1 M. Hafer etwa 1,5 den., 1 Sester Wein etwa 5 den., 4 Brote 1 den., 1 Woche Fron 2 den.

3.3 Die Errichtung der Burg Montclair (1169–1183)

Erzbischof Arnold von Trier gestattet in diesem Vertrag seinem Vogt Arnulf von Walecourt auf dem Berg Schiwe (Montclair) eine Burg zu bauen und legt dessen Rechte und Pflichten als Vogt von Merzig und als künftiger Burgherr fest.

Aus dem Vertrag des Erzbischofs von Trier mit dem künftigen Burgherren, Ende 12. Jahrhundert

9 Hiermit teilen wir allen mit, daß Arnulf von Walecourt, Vogt in unserem Hofe Merzig, der uns nicht so freundlich war, wie er hätte sein sollen, sich selbst und durch Freunde an uns wandte mit der Bitte, wir mögen ihm gestatten, eine Burg zu bauen an dem Ort, der Schiwe genannt wird. Nachdem wir uns beraten haben, haben wir erkannt, daß es nötig ist, daß wir eine eigene Burg dort haben wegen der Einfälle der Feinde (Räuber), und wir wollen den Streit zwischen ihm und uns unter folgenden Bedingungen begraben: Die dort zu errichtende Burg werden er und seine Nachfolger von uns und unseren Nachfolgern zum Schutz unseres Gebietes zu Lehen haben, wie wir sie immer brauchen. Er muß gegen jeglichen Feind gerüstet sein zu unserem sicheren Schutz. Uns und unserer Kirche und unseren Nachfolgern dürfen er und seine Nachfolger nie schaden und uns die Burg stets öffnen. Die Burgbesatzung wird uns und unseren Nachfolger Treue schwören und nie gegen uns Krieg führen. Wenn er uns gegen seinen Lehnsherrn, den Herzog von Lothringen, im Krieg nicht beistehen kann, so wird er uns die Burg mit Besatzung überlassen. Wir wollen ihn dafür stets schützen. In der Burg behalten wir uns einen geeigneten Platz für ein eigenes Haus und eine Kapelle sowie für einen Wächter unseres Hauses vor.

Die Abgaben in jenem Hof und Tal in Getreide und Geld teilen wir je zur Hälfte.

Ein Drittel seiner Hälfte soll er vor allem für die Burg aufwenden. Von den Gerichtsgeldern erhält er ein Drittel. Unsere Diener und Amtleute, unsere Schultheißen, Förster, Ochsentreiber, Fischer und alle, die täglich zu unserem Dienst zur Verfügung stehen, sind von jeder Abgabe frei.

Vor der Burg wird niemand, der die Saar hinauf- oder hinabfährt, Zoll bezahlen oder sonstwie belästigt werden.

Einige Freunde ließ er schwören, daß er dies alles treu halten und sich auf unseren Befehl binnen 15 Tagen in Trier einfinden wird.

Wenn er oder einer der Seinen diese Abmachung bricht oder sich in Merzig Übergriffe erlaubt, und sich nicht in aller Form rechtfertigt, so wird er exkommuniziert, sein ganzer Besitz mit Exkommunikation belegt und sein Lehen eingezogen.

nach C. von Briesen, Urkundliche Geschichte des Kreises Merzig, 1863 S. 105ff.

3.4 Die Fehde zwischen Erzbischof Balduin von Trier und Jakob von Montclair 1351

Jakob von Montclair hatte die Burg Montclair, die Vogtei im Saargau und andere Rechte vom Trierer Erzbischof zu Lehen, gab diesem aber häufig Anlaß zu Klagen, weil er seine Befugnisse überschritt, indem er z.B. Zölle auf der Saar erhob oder Abgaben von den Bauern forderte, die ihm nicht zustanden.

Als Vasall des Erzbischofs war er verpflichtet, diesem jederzeit mit Rat und Hilfe beizustehen. In einem feierlichen Vertrag hatte er 1346 seine Verpflichtungen noch einmal anerkannt. Am 30. August 1350 versprachen er und sein Sohn der Stadt Trier, die mit dem Erzbischof um größere Selbständigkeit rang, mit ihren Verwandten und 30 gut ausgerüsteten Rittern zu Hilfe zu kommen.

Eine zeitgenössische Schilderung der Belagerung der Burg Montclair, 1351

10 Im selben Jahre brach Jakob von Montclair die zwischen ihm und Herrn Balduin vollzogene und mit eigenem Siegel und denen seiner vielen Freunde unterfertigte Vergleichsurkunde bzw. Übereinkunft. Herr Balduin brachte ihn, als seine Freunde dies zu tun empfahlen, dazu, daß er sich nach dem Willen Herrn Balduins der Gefangenschaft unterwarf und eine Zeitlang, wenngleich widerwillig, in der Trierer Pfalz verblieb. Schließlich erhörte Herr Balduin das Bitten der Freunde und ließ ihn nach Erhalt von schriftlichen Sicherheiten bedingt frei. Dieser jedoch begann sogleich Herrn Balduins Gebiet mit Raub und Brand zu verheeren [...]

Am 13. Oktober 1350 kündigte Balduin Jakob den Kampf an. Dieser antwortete zu Beginn des Jahres 1351, indem er seinerseits dem Erzbischof zusammen mit 49 Burgmannen, Vasallen und Verbündeten den Kampf ansagte.

11 Deshalb schloß Herr Balduin im Jahre des Herrn 1351 am 2. Mai Montclair zur Belagerung ein [...]. Den Weiler Hamm nahm er durch Schiffslandung, baute dort einen Turm und nannte ihn Gryneck. Schließlich drangen Truppen des Herrn Balduin unter Beschießung mit Steinen und Pfeilen in die Vorburg als Feinde ein. Jene aber warfen sie nach tapferer Verteidigung zurück. Dort hauchte Herr Hartard

von Schönecken, weder durch Steine getötet noch durch Pfeile erschossen, sondern durch die Art seiner Waffen erstickt, sehr rasch seine Seele aus. Ihn ließ Herr Balduin in St. Matthias (Kloster von Trier) feierlich begraben. Endlich eilte Herr Balduin nach Übergabe des Befehls über sein Heer nach Koblenz [...].

Als Herr Balduin zum Heer zurückgekehrt war, wurden Bergleute herbeigeholt, um mit Hämmern die Härte der Felsen zu brechen. Sie setzten das Fundament des Haupttturmes der Vorburg auf hölzerne Balken, schmierten diese dann mit Unschlitt, Pech und Schwefel ein und zündeten sie an. Den Turm selbst stürzten sie mit einem Teil der Mauer nieder und machten ihn dem Erdboden gleich. Während die Belagerten einträchtig frühstückten, drangen andere von den Truppen Herrn Balduins ein, eroberten die ganze Vorburg und zwangen ihnen eine verschärfte Belagerung auf. In der Tat litten die Belagerten an Wassermangel und bauten darum zu der im Burggraben gelegenen sprudelnden Quelle einen unterirdischen Gang. Hierdurch taten sich die Reisigen des Herrn Balduin, welche verschiedene aufwendige Werke verrichtet hatten, noch eifriger zusammen und suchten auf gefährliche Weise über Leitern von Fels zu Fels von der anderen Seite die Quelle zu erobern. Mit den Belagerten entbrannte in deren Stollen bei der Quelle ein erbitterter Kampf. Unter sehr großem Blutvergießen wurde der Stollen zerstört und verschüttet und um so ruhmvoller von der Quelle wieder Besitz ergriffen. Deshalb baten die jeglichen erquickenden Nasses beraubten Belagerten, als sie den vor der Burg errichteten Galgen sahen, erschreckt um Gnade. Ihnen gegenüber mäßigte Herr Balduin die Größe seiner Macht zum Edelmut und zur Milde, und er ließ ihnen, die bereits seine Macht völlig besiegt und denen er schwere Verluste zugefügt hatte, Gnade widerfahren. Er gewährte ihnen nämlich zwölf Tage hindurch, täglich von seinem Heere zu ihrem Lebensunterhalt Wein zu kaufen und die Burg ohne Schaden für ihn zu behalten, und zwar so, daß sie sich entweder irgendwelchen Entsatz zur Aufhebung der Belagerung und Hilfsmittel verschafften, um Herrn Balduin zu schaden, soweit sie es nur vermöchten, oder aber sie, wenn das nicht möglich sei, nach verstrichener Frist, einzeln, das, was sie wollten oder könnten, auf einmal heraustrügen und die Burg in die Hand Herrn Balduins übergäben. Dies wurde am Tage nach St. Thomas [22. XII.] abgeschlossen und wirksam. Herr Balduin ließ diesen großartigen und rühmenswerten Triumph nicht seiner Macht, sondern der göttlichen Milde und Güte zuschreiben, dem zu Ehren in der Burg am Weihnachtstag bei den Stundengebeten und Messen er als wirklicher Herr von Montclair fromm zelebrierte und mit den Seinen bei einem sehr köstlichen Mahle in aller Pracht feierte. Die Burg aber machte er nachher dem Erdboden gleich, und er erbaute gegenüber auf dem Eigentum von St. Peter (Dom zu Trier) eine noch stärkere Festung, die er Saarstein nannte. In diesem Jahre fügte er auch die ihm nach Lehnsrecht abgetretene Burg Treis (Krs. Cochem) mit Zubehör dem Besitzstand der Trierer Kirche hinzu.

nach: C. von Briesen, Urkundliche Geschichte des Kreises Merzig, 1863 S. 105ff.

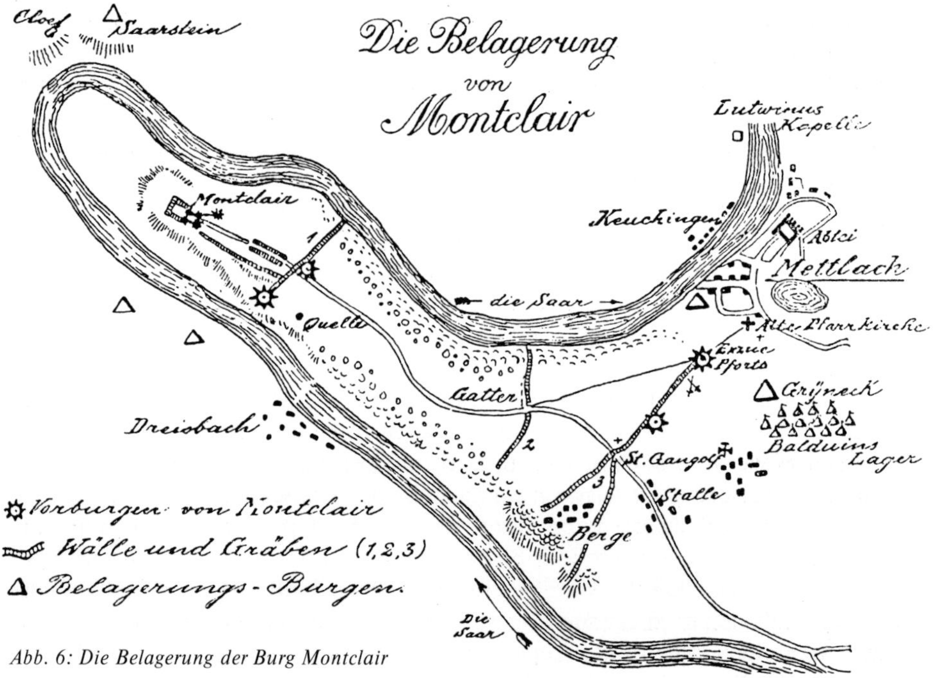

Abb. 6: Die Belagerung der Burg Montclair

3.5 Freiheiten und Pflichten der Stadtbürger von Saarbrücken und St. Johann im 14. Jahrhundert

Der Wortlaut der folgenden Urkunde ist erhalten als Abschrift des Exemplars, das die Stadtbürger unterschrieben und beschworen hatten. Der abgedruckte Text ist eine freie Übertragung des Originaltextes.

Aus dem Freiheitsbrief für die Städte Saarbrücken und St. Johann von 1322

12 Wir, Johann Graf von Saarbrücken und Herr von Commercy, die Gräfin Mechthildt und Johann unser Sohn, tun allen jenen, die diesen Brief sehen oder lesen hören sollten, kund, daß es unser Wille ist und sein soll, daß die Stadt Saarbrücken und das Dorf St. Johann und alle Männer und Frauen und ihre Erben gefreit („gevriet") sind. Deshalb wollen und dürfen wir in den beiden Städten die bislang uns zustehenden Abgaben und Dienste nicht nehmen, wie es unsere Vorfahren, die Grafen von Saarbrücken getan haben. Diese Freiheit geloben wir für uns und alle unsere Erben und Nachkommen stets zu halten, wie sie besiegelt ist und hier geschrieben steht.

(1) Die Bürger von Saarbrücken und St. Johann sollen alle Jahre 8 Gerichtsschöffen wählen, die Gericht halten sollen. Den Vorsitzenden (Mayer) bestimmt der Graf. Mayer und Schöffen sollen einmal in der Woche Gerichtstag halten.

(2) Nun ist zu wissen, daß alle, die in dieser Freiheit sind und wohnen, uns und allen Grafen von Saarbrücken alle Jahre vier Schilling Pfennig bezahlen sollen.

(3) Wir gebieten und wollen, daß alle die in dieser Freiheit sind oder sein sollen,

schuldig sind, unsere Burg und Stadt zu Saarbrücken zu behüten und zu bewahren, wenn wir Fehde oder Kriege haben.

(4) Wir gebieten und wollen, daß alle die in dieser Freiheit sind und darin kommen mögen, daß Jeglicher in seinem Haus einen Stall mache, (die Pferde) unserer Freunde und Gäste aufzunehmen, wenn wir es gebieten, und sie sollen ihnen geben Heu und Stroh und Bette dem Pferde, die Nacht um zwei kleine Turnesen (= Geldstücke).

(5) Die Bürger sind schuldig, alle beritten und zu Fuß mit uns ins Heer oder (auf Kriegszug) zu fahren, zwei Tage und zwei Nächte auf ihre Kosten. Hernach sollen wir jeglichem, der beritten und gewappnet ist, vier Pfennige geben für den Tag und die Nacht als Erstattung für ihre Kosten, und dem zu Fuß zwei Pfennig, und soll jeglicher nach seinem Vermögen völlig gewappnet sein.

(6) Und wir geloben den Bürgern in dieser Freiheit, daß wir sie weder zur „Reise“ (Kriegsfahrt) noch ins Heer führen sollen als mit uns und unseren Helfern.

(7) Der Mayer und die Schöffen mögen keinen anderen aus unseren Dörfern, noch einen von den Leuten unserer Burgmannen als Bürger in die beiden Städte aufnehmen. Sie dürfen aber wohl Leute aufnehmen von Städten und Dörfern, die frei sind.

(8) Alle, die in dieser Freiheit sind und kommen, müssen in unseren Bann-Mühlen mahlen und in unseren Bann-Öfen backen. Wer anderswo mahlt oder backt, der verliert Korn und Brot und muß dazu noch 30 Pfennig Buße zahlen.

(9) Wer Bürger oder Bürgerin in Saarbrücken oder St. Johann wird, der muß uns 30 Pfennig zahlen, dem Mayer und den Schöffen sechs.

(10) Stirbt jemand in dieser Freiheit ohne unter uns wohnende Erben, so sollen wir hinwegführen Gut und Erbe.

(11) Wir behalten uns alle Maße und Gewichte, wie wir sie bisher gehabt haben und haben eine Fron-Waage gemacht und gebieten, daß man die Wolle da wiege. Dafür sollen Käufer und Verkäufer gemeinschaftlich das Gewichtsgeld entrichten.

(12) Von allen Käufen, die in Saarbrücken und St. Johann getätigt werden, sind uns zwei Pfennig je Pfund (=Geldmünze) zu entrichten. Auswärtige entrichten die doppelte Gebühr von dem, was sie kaufen oder verkaufen.

(13) Wir verbieten allen, in dieser Freiheit ein Schwert oder irgendeine Waffe zu tragen bei Nacht und bei Tage. Diese Bestimmung gilt sowohl für die Bürger als auch für fremde Leute. (5 Schilling Buße bei jedem Zuwiderhandeln).

(14) Wir behalten uns und unseren Erben vor: Wenn wir oder unsere Kinder gefangen würden, wenn unser Kind Ritter würde, wir oder unsere Erben einer unserer Töchter eine Aussteuer verschaffen müssen, so sollen die Bürger aus dieser Freiheit uns mit Steuern und „Bede“ (= eigentl. „Bitte“: vom Landesherren erhobene, ursprünglich „freiwillige“ Leistung: hier wohl eine Geldzahlung) helfen, jeder nach seinen Möglichkeiten.

„Das alle dise dinc veste sin und stede verliben, han wir unser yngesigele an dise briebe gehenkeit. Dise vriheit wart erhaben und bestedigt, da man zalde von Godes beburte druzenhundertundeinundzwenzich iar in Merzes mande vor Osteren.“

nach: Hanns Klein, Der Freiheitsbrief für Saarbrücken und St. Johann, in: H. W. Herrmann u. Hanns Klein (Hrg.), Festschrift zur 650jährigen Verleihung des Freiheitsbriefes an Saarbrücken und St. Johann, Saarbrücken 1971 S. 132ff.

3.6 Lehrer und Lernstoff in einer mittelalterlichen Stadtschule

Wie in vielen Städten des späten Mittelalters hatte die Bürgerschaft auch in Saarbrükken auf eigene Kosten eine Stadtschule eingerichtet. In ihr ließen vor allem die höheren Beamten und wohlhabenderen Bürger aus Saarbrücken und St. Johann ihre Söhne für ihre künftigen Aufgaben vorbereiten. Lehrer war meist ein Geistlicher, für dessen Unterhalt die Bürger aufkommen mußten. Hier ist es ein Mann namens Johann Grae (Krahe), über den sonst nichts weiter bekannt ist.

Notiz über einen Vertrag zur Einrichtung einer Stadtschule in Saarbrücken, 2. Hälfte 15. Jahrhundert

13 Uff (über) die Schule. Item ist man mit Johan Graen uberkomen (übereingekommen), die schule zu Sarbrucken zu regieren (zu leiten), die kinde latin und dutsche (Deutsch) und schriben zu leren, im kore (Chor) helfen zu singen und uff der orgel zu spielen.

Item herumb sol man ime (ihm) zu jare (jährlich) zu lone (Lohn) geben VI gulden sein haus zu der schulen zu bestellen [...]. Item sollen ime die burger von den kindern den lone geben, als man ein einem Kinde zu St. Arnual pflegt zu geben [...]. Item sollen die burger von Sarbrucken ime das haus bestellen und des lohnes bezahlen II gulden. Item die burger von Sant Johann (St. Johann) sollent des lones bezalen II gulden. Intem sant jorgs bruderschaft (Georgsbruderschaft) soll des lones bezahlen XVI Schillinge, das wer zu jeglicher fronfasten (alle viertel Jahre) IIII Schillinge.

nach: A. Ruppersberg, Geschichte des Ludwigsgymnasiums zu Saarbrücken 1604–1904, St. Johann-Saarbrücken 1904, S. 6f.

4 Bauernaufstände und Reformation in der Saargegend

1523	Tod Franz von Sickingens
April/Mai 1525	Bauernunruhen im Saar- und Bliestal
1575	Verfügung des lutherischen Bekenntnisses (Reformation) in der Grafschaft Nassau-Saarbrücken und Nassau-Ottweiler.
1602	Erweiterung der Saarbrücker Lateinschule (später Ludwigsgymnasium)
letztes Drittel 16. Jh.	Gegenreformation im Herzogtum Lothringen und im Kurfürstentum Trier

4.1 Die Plünderung des Klosters Gräfinthal durch die aufständischen Bauern 1525

Die Angriffe der Bauern in der Saargegend richteten sich vornehmlich gegen den Klerus und gegen kirchliche Einrichtungen. Eine Reihe von Pfarrhäusern und Klöstern wurden gestürmt. Die Bauern schleppten vor allem Kostbarkeiten, Möbel und Vorräte weg und trieben das Vieh davon.

Zusammenfassender Bericht über die Plünderungen im Kloster Gräfinthal von 1525

14 Das Kloster Gräfinthal ist besonders gründlich ausgeplündert worden. Als Johann v. Braubach Meldung erhielt, die Bauern wollten dieses Kloster heimsuchen, schickte er mehrere Bürger aus Saargemünd dorthin, um die Mönche zu warnen und das Gnadenbild (heute in Blieskastel) sowie die kostbaren Kirchengeräte in Sicherheit zu bringen. Diese Männer fanden in Gräfinthal bereits Aufständische aus Groß- und Kleinblittersdorf vor, die dabei waren, das Kloster und vor allem die Klosterkirche gründlich zu leeren. Ihre Bemühungen, die Leute davon abzuhalten, scheiterten zwar, doch hinderten die Plünderer sie nicht daran, die wertvollen Geräte in einem leeren Weinfaß nach Saargemünd mitzunehmen. Von dort aus hat sie Johann v. Braubach später dem Prior in Saargemünd wieder zugestellt.

Das Kloster wurde ganz ausgeraubt und verwüstet. Den Mönchen wurde aber kein Leid zugefügt. Wie sich später aus den Vernehmungen ergab, sollen vor allem die Leute aus Bliesbolchen an der Plünderung beteiligt gewesen sein. Besonders wird ein Mann aus diesem Ort namens Klaus Schinder genannt, der das Vieh des Klosters von Bauern aus Herbitzheim wegtreiben ließ. Die Mönche gaben allerdings zu Protokoll, zunächst seien Leute aus Frauenberg erschienen, hätten Wein verlangt, die Fenster eingeschlagen und die Mönche unter wüsten Schimpfereien gezwungen, eine von ihnen mitgeführte große Karre mit Gerste zu beladen. Später sei dann eine Menge Bauern unter Führung eines Nikolaus aus Bütten (im Eicheltal) in das Kloster gekommen, hätte alle Kühe, Ochsen und Kälber geraubt, die guten Möbel weggeschafft und auch sonst großen Schaden angerichtet.

nach: K. Hoppstädter, Die Aufstände der Ritter und Bauern, in: Vom Faustkeil zum Förderturm, Geschichtliche Landeskunde I, Saarbrücken 1960, S. 206.

4.2 Der protestantische Graf Ludwig von Nassau-Saarbrücken stiftet ein Gymnasium in Saarbrücken

Mit diesem Stiftungsbrief nahm Graf Ludwig die bisher in Saarbrücken eingerichtete Stadtschule unter staatliche Aufsicht, schrieb vor, daß die Lehrer an dieser Schule evangelischen Glaubens sein müßten, erweiterte sie auf fünf Klassen und sicherte den finanziellen Unterhalt der Schule.

Stiftungsbrief des Grafen Ludwig für ein Gymnasium in Saarbrücken, 1620

15 Wir Ludwig Grave zu Naßauw, zu Sarbrücken und zu Saarwerden, Herr zu Lahr, Wispaden und Itzstein usw. thun kund hiemit und zu wissen männiglich, für uns und alle unsere Erben, Erbnehmer und Nachkömlinge: Nachdem wir in verwichenen Jahren, uff tödtliches Ableiben weiland des wohlgebornen unsers freundlich geliebten Vettern, Grave Philipsen zu Nassau Sarbrücken usw. liebden Christmilder Gedächtnuß, aus christlichem wohlgemeinten Eifer und landvätterlicher Vorsorge in unser Stadt Sarbrücken eine Schule anrichten und mit etlichen gelehrten und qualificirten Männern bestellen lassen, bishero auch im Werk verspüret, daß der Allmächtige sein gnädiges Gedeyen dazu verliehen, und dann, wir jeder Zeit dahin bedacht gewesen, wie solches wol angefangene Schulwesen uff die liebe posterität beständig und fruchtbar möchte fortgesetzt werden: als haben wir Gott dem allmächtigen zu Lob, Preis und Ehren, zu Erweiterung und Fortpflanzung seiner christlichen Kirche und der alleinseligmachenden Göttlichen Wahrheit, wie auch guter löblicher nützlicher Künste und Sprachen, sodann dem gemeinen Vaterland und insonderheit unsern lieben getreuen Unterthanen, Untersassen und Angehörigen zu gutem uns dahin entschlossen, solche unsere Verordnung in eine immer und ewig währende Fundation (Gründung) und Stiftung zu bringen, inmaßen wir es denn zu solchem Zweck und Ende in Kraft dieses wohlbedächtlich wollen gerichtet und bestellt haben, also und dergestalt, daß hinfüro zu allen Zeiten in dieser unser Statt Sarbrücken ein wol bestellt Gymnasium und Landschul gehalten werden und deren praeceptores (Lehrer) an der Zahl, den teutschen Schulmeister ohn eingerechnet wie bis dahero, allweg fünf Gottsfürchtige exemplarische und in guten Künsten und Sprachen erfahrene Männer, die der reinen ungeänderten Augspurgischen Confession auffrichtig zugethan und allein auf die Schul und sonsten kein andere Nebenhändel bestellt seyen oder deren sich annehmen sollen, meistentheils, sofern man die haben kan, Studiosi theologiae (Theologiestudenten) und unsere Landeskinder, damit sie von dem Schulwesen gradatim (schrittweise) zum h. Ministerio und Kirchendienst befördert, nach und nach andre an ihre stelle ersetzet, und dergestalt stets junge unverdrossene Leute derselbigen desto baß können surrogiret (ersetzen) werden.«

aus: A. Ruppersberg, Geschichte des Ludwigsgymnasiums zu Saarbrücken 1604–1904, Saarbrücken 1904, S. 25f.

5 Angst, Krieg und Not in der Zeit des 30jährigen Krieges

1619	erste Truppendurchzüge im Land an der Saar
Juli/Oktober 1635	Verwüstungen durch die Feldzüge der Kaiserlichen (Graf Gallas), der Lothringer (Herzog Karl IV.), der Schweden und der Franzosen
1648	Westfälischer Friede: Hochstifte Metz, Toul und Verdun an Frankreich
1660	Familie von der Leyen kauft das kurtrierische Amt Blieskastel

5.1 Ein Hexenprozeß aus dem Ende des 16. Jahrhunderts

Der Text entstammt den Protokollen eines Hexenprozesses, der 1593 gegen eine Frau aus Merchingen geführt wurde. Durch diesen Prozeß wurden nicht nur die als Hexe angeklagte Bärbel Lauer, sondern auch mehrere ihrer Verwandten und Bekannten wegen Hexerei verurteilt und hingerichtet.

Aus den Akten des Hexenprozesses gegen Bärbel Lauer von 1593

16 „Uft heut 2ten Augusti Anno 93 ist durch gemeine Herrn zu Merchingen Armtleuth als nemlich die ernveste und achtpare Niclasen Weyß Amtman der Herrschafft Monckler und Mentzbergh und Niclasen Lutzelburgh Schultheisen zu Freystorff, Endres Minradt Warßburger Befelchaber, Paulus Hoffelt Lewensteinischen Ambtman zu Frestorff Gehöer gehalten worden [...] gegen und wieder Lauers Barbell daselbst beclagte.

Und hat Kläger ‚Schieffer Heinrichen zu Merchingen' claglich vorbracht, welcher maßen sein Eydhumb Michell Mulner der Beclagten vor ungefhar acht wochen gearbeit und zu derselber zeit als er bei ihr zu nacht gessen, kranck worden, dergestalt, daß als er wieder zu Hauß kommen, über Kopf und Bauch geklaget, welche ihm so wehe thetten, [...], und die Beclagte hette ihm solches mit einer Suppe eingeben, könne sie also für nit anders halten als vor eine wißliche Zaubersch. Daruff hat sich sein Eydhumb niedergelegt und seithero nicht aufkommen, welcher auch wol [...] in Gott verschieden, und hat Cleger gebetten, das jetzige Herrn Ambtleuth mit ihm gehn und den toten Körper besichtigen wolten, [...], und befunden, daß derselb körper gahr vergangen, gleich woll die Bein geschwollen und etlich vill grosser wunden ahm leib gehabt, welche mit faulem fleisch vermischt gewesen. Also beclagt Cleger benente Barbell vor ein Zaubersch. [...]

Beclagte in aigener Persohnen erschien neben irem Mann Lauer Claß, welcher kein bürgen geben konnten noch wollten, antzeigend er wiste woll, wann er schon die gemeindt anspreche, so würde doch keiner vor sein haußfrauen sprechen wollen, derwegen sie gefencklich gehn Monckler gefhurth worden [...].

Demnach den 12ten Augusti obengenannten Jahres seind die Cläger abermalh erschienen und nachvolgende Kundtschafften [...] vorgestellt [...].

Es verhoffen die Cläger mit Wendels Sunnen dero behaffter Schwestern zubeweysen, [...] sie habe ir ihren Mann umbracht.

Verners verhoffen mehrgedachte Cläger zubeweisen mit Wendels Anelen von Merchingen, das ungefhar vor drey oder vier jaren, in der nacht die behafftin sambt noch zweyen iren Gespielen, so ehr namhafft machen wirdt, zu ihm kommen und ihm den hals umbdrehen und erwürgen wollen. Zum dritten verhoffen sie zu beweisen, mit Diell Clodwichs Johannen von Bachem, das behafftin eins mals zu Bachem persönlich erschienen, ime leidts zuthun, wie er zeugh dan solches ercleren wirdt.

Zum vierthen vermeinen Cleger mit Wendels Lorentzen von Merchingen zu beweisen, das ehr guitte wissenschaft haben solte, das die behafftin mit dem laster der Zaubereien beflecket, wie ehr ir solches offtermaln verweissen [...].

Volgen nhun die Kundtschafften:
Wendels Sunna von Merchingen, witwe, jetziger behaffter leibliche schwester, alt ungefharlich 45 Jahr, der Gebühr nach beeidiget und examinirt, ires gethanen aidts fleissigh erinnerth und vor dem meineydt gewahrnet, saget, wolle die warheit sagen.

Sagt das ungefahr vor sieben jahren, als sie kirchweyhe gehabt, seie Wendell ihr Mann wolbeschenckt ‚betrunken' gewesen, und habe sich zeitlich schlaffen gelegen. Es seie ihm ein unglück durch jetzige behafftin und iren mitgespilen wiederfahren, darvon er sehr kranck worden, auch in derselber nacht, als er erwachet, befunden, das sein kopff gelegen da, sonst die Füße zu ligen pflegen, hab sich hefftigh beklagt, und ahn einer seithen griff ‚Handabdruck' gehabt, welcher griff gar schwartz und alle glieder einer handt in seiner seythen ufgedruckt gewesen. Er habe hefftig Blut gespiehen, und wenn er Wendell die behafftin Barbel gesehen, hab er wieder sie Deponentin gesagt, Liebe Sunna, thue mir die Breidt (Schimpfwort: Hure) ausser dem hauß, dan sie hat mir solchen schmertzen helffen anthun, ich kan sie vor meinen augen nit sehen. Den funfften tagh darnach seie er gestorben. [...]

Nach all diesen abgehörten zeugen ist die behafftin in der Güte uf die abgehörte kondtschafften, welche ihr vorgelesen, in Güte examinirth worden. Aber dieselbige behafftin durchauß geleucknet, gesagt, sie wisse ihr lebtagh nichts boeß gethan zu haben. [...]

Uf solches ist die behafftin mit den zeugen confrontirt worden, alle nacheinander und standhafftigh ihr in das angesicht gesagt, (welches vor Meyer und gericht gescheen) was sie von ihr gehorth, gesehen und in der kondtschafft von ihr deponirth. Sie behafftin aber nachmals wie vorn geleucknet und keines puncten gestendig gewesen [...].

Uf solches seindt Meyer und gericht von Teunschdorff als unpartheilige Richter außbeladen worden, was nhun wieder mit der behafftin anzufangen. Daruf sie den proceß überlesen und nachmals erkendt, das die behafftin genugsamb uberzeuget und auch ursachen und indicien genugsam vorhanden, sie durch den Scharffrichter in die peinliche fragh zu stellen und zu examinirn [...].

Demnach [...] ist behafftin vermogh der scheffen gegeben Decret dem Scharffrichter bevoln worden, welcher sie angebunden, aber nicht von der erden aufgezogen worden, hat nicht bekennen willen. [...] Dieweill sie aber die warheit zu bekennen vleissigh ermahnet worden, sagt letztlich mahn sollte sie der Tortur erledigen, und erlassen, wille bekennen was sie gethan [...].

Urthell
In Criminall sachen zwischen Schieffer Heinrichen sambt seinem anhanck dero gantzer gemeindt zu Merchingen ahn einem, gegen und wieder Lauersch Barbell daselbst, Zauberey halber beclagte andem theils. Nach genugsamer angehorter kondt und kondtschafften, ihrem selbst eigenem bekandtnus nach, gescheener Inquisition und gehabter adviß von Nansi, (dero verleucknus Gottes, seiner lieben Motter und allen gottes heyligen und sunsten ihrer boser that halber, mit beschedigungh menschen und vehe) wirdt durch die unpartheilige scheffen, zu recht erkandt, das obge. Person, so gegenwurthig vor diesem gericht stehet, dem Scharfrichter befoln werden solte, dieselbe mit dem feuhr vom Leben zum thot hinzurichetn, die Seell Gott dem allmächtigen entpfellendt. Und ihre verlassene guitter (Güter) Conviscations weiß in gnadt und ungnadt dern hochgerichts hern einem jeden nach gepuir, mit abtragh alles costens und schadens verwiesen; [...]
Martinus Steinbron Notarius (m.P.)

Lauers Barbell aus Merchingen wurde gemäß dieses Urteils am 7. Oktober 1593 verbrannt. Ihre Schwester Sunna folgte ihr zusammen mit Wendel, ihrem Sohn, am 8. November des gleichen Jahres.

aus: Archiv Département Nancy (AMM), Best.B 741, Nr. 27, o.fol. übertragen von Eva Labouvie

5.2 Plünderung von Burg und Stadt Blieskastel im 30jährigen Krieg

1622 durchstreiften spanische, bayerische und kaiserliche Truppen den Westrich und das Land an der unteren Blies. „Kroaten“ – darunter verstand man leichte Kavallerie aus den verschiedenen Landschaften Ungarns – überfielen verschiedene Ortschaften im Bliesgau und nötigten die Bauern, ihre Barschaft auszuliefern. Die plündernden Horden überfielen am 14. April 1622 auch das Städtchen Blieskastel.

Bericht des Burgvogtes von Blieskastel über den Kroatenüberfall am 14. 4. 1622

17 Wohledler, gestrenger und fester, insbesonds großmütig gebietender Juncker. [...] Aus betrübtem Herzen kann und soll ich Euer Gnaden nicht verhalten (verheimlichen), wie daß plötzlich und unversehens den 14. 4. dieses Jahres auf Sonntag, in aller Frühe, der Flecken Blieskastel und unsere Burg von den Krapaten (Kroaten) ist überfallen und eingenommen worden, darinnen sie jämmerlich und ganz barbarisch gehauset, alle Leute niedergehauen, erschossen und gesäbelt, alles geplündert, Türen, Kisten und Kasten aufgeschlagen und alles hinweggenommen, was ihnen geliebet (gefallen) hat. Meinen Nachbarn, den von Eltz und mich, samt unseren Weibern und Kindern hinab in den Flecken gebunden und gefangen geführt und (fest)gehalten, bis sie alles hieroben in der Burg durchsucht und geplündert haben, ihm und mir alle unsere Pferde samt allen Sätteln, Zäumen, Büchsen, Geräten, die Stiefeln und Sporen. Und mir meine Schuhe an den Füßen ausgezogen, übel zerschlagen und gepeinigt und dermaßen mich traktiert und gemartert, bis ich ihnen all mein Geld herausgegebenen habe, welches zusammen in einer Summa 1704 Gulden gewesen sind.

übertragen nach dem Original des Berichtes im Fürstlichen Archiv Waal, Nr. 2651

5.3 Aus den Stadtgerichtsprotokollen von Saarbrücken zur Zeit des 30jährigen Krieges

Leid und Not, die der Krieg für die Bevölkerung gebracht hat, spiegeln sich auch in den zeitgenössischen Gerichtsprotokollen.

Notiz aus den Saarbrücker Gerichtsprotokollen von 1624

18 Zur Zeit ist eine solche Untreu unter den Leuten, daß in und aus der Stadt viel Schadens vorgehet. Kein Wagen oder Karch (Karren) behaltet die Lunen (Laternen), Ketten und anderes. In Gärten außerhalb ist alles nit sicher. Das Obst und Gartengewächs wird gestohlen. Schloß, Türen und Zäun werden ausgerissen und niemand verschont. Die Schuld ist Gott bewußt.

Verbot von Mundraub in Saarbrücken in den Gerichtsprotokollen von 1626

19 Starke Warnung ist geschehen. Kinder, Schulen, Gesind und wen es berühren mag zu erinnern, des Obstes, Zaunraubens und Grasens an verbotenen Orten sich zu enthalten. Wer hierüber getreten (dies übertreten hat), soll 2 Gulden Strafe abtragen, halb dem Schützen (Feldhüter), übrigs zu verrechnen. Und soll das Gesind nit, sondern die Meister dafür angesehen werden (zur Rechenschaft gezogen werden). Und ist einem jeglichem hierauf neben dem Schützen Achtung zu geben befohlen.

Beschwerden über die Bäcker in Saarbrücken, 1635

20 Demnach bishero allerhand Unordnung unter den Beckern (Bäckern) vorgangen, indem dieselben nit allein das Brot zu leicht backen, sondern auch den Bürgern umb Geld Brot verweigern. Gleichwohl allen Mercantentern (Marketendern) Brot genugk überlassen, die dann dasselbe öffentlich feil halten. Und die bishero vorgangene Warnung und Gepötter (Gebote) wenig in Acht genommen, als sambtliche Becker beiseins (im Beisein von) Herrn Scholtheißen zu Redt gesetzt und des begangenen Frevels halb inwendig (innerhalb von) 24 Stund 100 Reichstaler unserer gnädigen Herrschaft entweder sambtliche Becker oder die Verprecher, so ihnen Beckern bekannt werden, erlegen (bezahlen) sollen.

nach: A. Ruppersberg, Aus der Zeit des 30jährigen Krieges, in: Südwestdeutsche Heimatblätter, 1928 Band 1, S. 44 und S. 54

5.4 Die Schrecken des Kriegsjahres 1635 an der Saar im Spiegel von zeitgenössischen Berichten

Bericht des Birkenfelder Pfarrers Corvinus zum Jahre 1635

21 „Der aufgezeichneten Verstorbenen in diesem vergangenen 1635. Jahr sind 416 Personen. Bei diesen elenden Kriegs- und Sterbezeiten sind viel Todte beim Herrenhauß in dem Garten und sonsten auf den Dörfern hin und wieder in die Gärten, auch viel ohne Lad, begraben worden, so nit angezeigt worden. Gott

wolle vor dergleichen uns forthin gnädiglich behüdten! Vom ausgeschleppten, verstorbenen Vieh, Pferdt und anders haben die Hungrigen gessen, sich darumb gerissen und geschmissen, als für dem Schloß alhier gesehen worden; auch haben in Krauts Schreiners Behausung gegen dem Pfarrhaus über, arme Leut sich zusammen gethan, von Hunden und Schindvieh (verendetes Vieh, verdorbenes Fleisch) gekocht, das Fedt abgehoben, davon geschmelz und Fleisch gessen: Summa das Elend ist nit genug zu beschreiben. Viele sind in Born Melchers Scheuren verdarbt, so aus den Betten in Hemddten zu dem Bronnen gekrochen sich zu laben, haben umkommen elendlich müssen. O des großen Jammers!"

Bericht aus dem Amt Saarburg, 1635

22 „Haben die kaiserlichen und bayerischen Soldaten von des Amtes Untertanen, so zum Teil Mann, Weib und Kind gewesen, etliche sechzig aufgehenkt, in glühende Backöfen gesteckt, verbrannt, denselben ‚schwedische Tränke' einschüttet, bis zum Tode geprügelt, ihnen Pulver in den Mund eingeschüttet und dann angezündet, außerdem Hände und Füße abgehauen und endlich in Asche verbrannt".

Bericht des Saarbrücker Rentmeisters Klicker für General Walmerode, 7. Dezember 1635

23 „In dem Städtlein Öttweiler, darin die Vorstadt mehrenteils abgebrannt, befinden sich nicht mehr als zehn gesunde Bürger und sieben kranke, die übrigen sämtlich nebst dem größten Teil der Untertanen vom Land an der Pest und andern infizierenden Schwachheiten verstorben und die übrigen noch täglich lägerhaft werden, daher alle Häuser mit der Schwachheit angesteckt. Auch hat kein einziger Bürger Brot und das Geringste an Früchten in Vorrat, sondern sie müssen sich nun eine geraume Zeit hero von den bisher einquartiert gewesenen Fürstenbergischen Soldaten, denen sie außerhalb dreschen und beitragen helfen, ernähren. Die Dorfschaften, zu diesem Amt gehörig, sind bis auf fünf Dörfer, darinnen aber die Untertanen fast gänzlich weggestorben, abgebrannt und in dem ganzen Amte keine Frucht noch Fütterung mehr vorhanden. Was man haben will, muß man mit Gefahr in den lothringischen und trierischen Ämtern Schaumburg und St. Wendel abholen. – Ezweiler, Schiffweiler, Stennweiler, Mentzweiler, Wemmetsweiler, Hirzweiler, Neumünster und Steinbach sind durch den trierischen Gubernator Clerfontaine ganz in Asche gelegt, in Ober- und Niederlinzweiler, Berschweiler und Dirmingen stehen nur noch etliche Häuser. In Fürth leben noch zwei Untertanen, Dörrenbach ist ausgestorben bis auf zwei kleine Mädchen, Welschbach ganz ausgestorben. Wiebelskirchen ist bis auf vier Untertanen ausgestorben. Neunkirchen und Spiesen sind mehr als halber abgebrannt, in diesen beiden Orten leben nicht mehr als vier Untertanen. Wellesweiler ist fast ganz ausgestorben und teils verbrannt.

In beiden Städtchen Saarbrücken und St. Johann sind jetztmals nicht mehr als siebzig Bürger und diese ganz ruiniert. Auf den Dörfern ist fast niemand mehr, sondern die Untertanen teils verstorben, teils aus dem Lande entwichen, sich Hungers und der Soldateska Insolenzien zu erwehren. –

Völklinger Hof oder Meierei, darinnen nicht mehr als acht oder neun Untertanen.

Malstatt sind die Häuser teils abgebrannt, teils abgebrochen und noch fünf Untertanen am Leben.

Gerschweiler sind nicht mehr über drei Untertanen am Leben.

Ludweiler weiß man nicht, ob jemand am Leben, denn lange Zeit niemand im Dorf gewesen.

Naßweiler ist auf den Boden abgebrannt und niemand mehr vorhanden.

Köllerthaler Hof oder Meierei ist soviel als ganz ausgestorben.

Heusweiler Hof oder Meierei, so halb abgebrannt und wenig Untertanen am Leben.

Quierschieder Hof sind die Untertanen bis auf zwei oder drei hinweggestorben.

Walschied darin soll noch einer leben.

Sulzbach ist ganz bis auf ein paar Häuser abgebrannt und leben an Untertanen nicht über zwei mehr.

Dudweiler ist ganz ausgestorben bis auf zwei oder vier.

Bischmisheim desgleichen mehrenteils ausgestorben.

Fechingen (nur zur Hälfte zur Grafschaft Nassau-Saarbrücken gehörig) leben nicht mehr über zwei nassauische Untertanen.

Güdingen auch bis auf sehr wenige ausgestorben.

Bübingen und Rosseln, an beiden Orten fast niemand mehr am Leben.

Ommersheim sind vier oder fünf Untertanen nassauisch, davon noch einer am Leben.

St. Arnual, daselbst sind die Häuser gänzlich ruiniert und nur noch vier Untertanen am Leben.

Spittel ist niemand daselbst.

Überherrn ist niemand mehr."

aus: „Geschichtliche Landeskunde des Saarlandes" Band 1, Saarbrücken 1978, S. 229–265

5.5 Bevölkerungsverluste durch den 30jährigen Krieg

In der folgenden Grafik sind die Bevölkerungsverluste in den einzelnen Herrschaften an Saar und Blies hochgerechnet. Je nach Quellenlage sind dazu unterschiedliche Vergleichsjahre herangezogen worden.

Amt Vergleichsjahre	Bevölkerungsverluste in %
Saarbrücken 1632–1648	84 %
Ottweiler 1632–1648	83,5 %
Homburg ohne Stadt Homburg 1632–1648	100 %
Blieskastel 1598–1651	88 %
Siersberg 1590–1667	72,8 %
Herzogtum Pfalz-Zweibrücken 1600–1675	90 %

Abb. 7: Bevölkerungsverluste durch den 30jährigen Krieg
Als Ursachen für die Bevölkerungsverluste können angesehen werden:
Seuchen: *Pest, Ruhr (1622–1626; 1628; 1630–1637) gebietsweise auftretend*
Hungersnöte: *durch Mangel an Arbeitskräften und Saatgut; Plünderungen; Raub; Zwangsabgaben (Requirierung)*
Rekrutierungen: *für Truppen*
Flucht und Auswanderungen aus den gefährdeten Gebieten

Zusammengestellt nach: H.-W. Herrmann, Der Dreißigjährige Krieg, in: Vom Faustkeil zum Förderturm, Geschichtliche Landeskunde I, Saarbrücken 1960, S. 229–265

6 Absolutistischer Staat und merkantilistische Wirtschaft

1680	Bau der Festung Saarlouis
1722–1775	Herzog Christian IV. von Pfalz-Zweibrücken
1718–1775	Fürst Wilhelm Heinrich von Nassau-Saarbrücken
1745–1794	Fürst Ludwig von Nassau-Saarbrücken
1685	Anlage einer Eisenschmelze bei Dillingen
1756	Anlage eines Schmelz- und Hammerwerkes am Halberg b. Saarbrücken
1769	Schaffung der „Bruderbüchse" für die Bergleute der Grafschaft Nassau-Saarbrücken

6.1 Leben am Hof des Fürsten von Pfalz-Zweibrücken

Der 15jährige Johann Christian Mannlich begegnet dem Herzog Christian von Pfalz-Zweibrücken. Diese Begegnung sollte sein künftiges Leben bestimmen. Denn er wurde dessen Hofbaumeister und künstlerischer Berater.

Aus den Jugenderinnerungen Johann Christian Mannlichs

24 Nicht minder war es der Herzog, der mich sofort durch einen Kammerdiener rufen ließ. Das Herz schlug mir so heftig, als ich die von Höflingen und Lakaien dicht gedrängten Vorzimmer durchschritt, daß ich mich an meinem Begleiter festhalten mußte. Dieser öffnete die Türe, hieß mich eintreten und zog sich wieder zurück.

Da stand ich nun allein vor dem Fürsten, von dem ich mir eine so verworrene Vorstellung gebildet hatte. Ich war einige Male zugegen, wie man Verbrecher vor der Stadt hinrichtete, und wußte, daß er es war, der ihr Todesurteil unterzeichnet hatte. Auch bei den Konzerten auf der Insel im Schloßgarten hatte ich ihn des öfteren gesehen. Steif und gezwungen hielt sich seine Umgebung in ehrfurchtsvollem Abstande; der kleinste Wink genügte, sie in ängstliche Bewegung zu versetzen. Unter den Zuhörern herrschte tiefstes Schweigen; entblößten Hauptes lauschten sie der Musik.

Ich konnte meine Weltverachtung mit dem Gepränge nicht in Einklang bringen, mit dem sich der Fürst umgab. Und meine Auffassung von Gerechtigkeit, Freiheit und von Unabhängigkeit, wie sie meiner Seele eingegraben war, paßte nicht zu einem Menschen, der über das Leben seiner Mitmenschen verfügt und diese in Furcht, Zwang und Atem hält.

Trotz all dem Guten, das man sich stets von ihm erzählte, und trotz der aufrichtigen, von Herzen kommenden Verehrung seiner Untertanen vermochte mir ein solcher Mensch doch nur Schrecken einzuflößen, der mich ihn, wo ich konnte, meiden ließ. – „Liebt Er die Malerei?" begann nun der Herzog leutselig. – „Ja, gnädigster Herr." – „Will Er Maler werden?" – „Ja, aber – – meine Mutter will, daß ich Theologie studiere." – „Das sollte sie nicht; – Ich will ihn auf die Akademie nach

Mannheim schicken, damit Er die Grundlagen der Kunst erlernen kann, wofür Er großes Talent zeigt; dann werde ich Ihn mit nach Paris nehmen. Wenn Sein Vater einverstanden ist, so soll Er bald reisen. Grüße Er ihn von mir und nehme er dieses kleine Andenken!"

nach: Johann Christian von Mannlich. Rokoko und Revolution, Lebenserinnerungen. Stuttgart 1966, S. 17f.

6.2 Finanzgeschäfte am Hofe des Fürsten von Pfalz-Zweibrücken

Die Finanzlage am Hofe des Fürsten war stets angespannt. Häufig war kein Geld vorhanden für Löhne und Gehälter der Bediensteten. Hofhaltung und Anlagen des Schlosses Karlsberg verschlangen Unsummen von Geldern. Hier berichtet Johann Christian Mannlich über seine Erfahrungen als Kammerrat, d.i. Finanzminister seines Herzogs.

Johann Christian Mannlichs Erfahrungen als Finanzfachmann

25 Da ich als Kammerrat die Lage der Finanzen kannte, so sah ich noch rechtzeitig voraus, daß die Besoldungen bald nicht mehr ausgezahlt werden könnten. Ich folgte daher dem Rate meiner klarsehenden Frau und ließ mir vom Herzog einen Teil meiner Bezüge in Getreide, Wein, Holz, Fischen usw. nach dem Kostenanschlag der Kammer umwandeln, deren Schätzungspreis nicht ein Drittel ihres Wertes betrug, kaufte Felder, einen großen, schönen Garten, Kühe, Schweine, Hühner und Enten, und nahm einfache Leute dazu in Dienst. Kurz, ich schuf mir ein kleines Ökonomiegut, das nicht nur mich und die Meinen im Überfluß ernährte, sondern mich sogar in den Stand setzte, mehr als die Hälfte zu verkaufen. Auf diese Weise kam ich den Drangsalen zuvor, die meine Kollegen in der Folge erlitten. Sie mußten ihre Gläubiger mit Anweisungen auf ihre Bezüge bezahlen, wodurch sie mehr als ein Drittel einbüßten, abgesehen von den schlechten Waren, mit denen sie sich begnügen mußten. Dieses Mittel und die Zinsen aus einigen Kapitalien halfen mir aus der Verlegenheit. Da ich außerdem zu meinem Vergnügen in einem an Wildbret überreichen Lande jagen durfte, lebte ich trotz dem großen Mangel an Geld in Überfluß. Obgleich ich mein Gehalt, das mir in klingender Münze ausgezahlt werden sollte, sieben Jahre lang nicht erhielt, so litt ich nicht die geringste Entbehrung. Ja, ich hatte zugleich ein ziemlich bedeutendes Guthaben angehäuft, das mir erst ausgezahlt wurde, als der Herzog eine Anleihe von sechs Millionen in Frankreich machte. Sie vermochte jedoch selbst im Verein mit den Einkünften seines Landes die Ausgaben nicht zu decken, die die Residenz und der asiatische Luxus des Karlsberges im Gefolge hatten.

nach: Johann Christian von Mannlich. Rokoko und Revolution, Lebenserinnerungen. Stuttgart 1966, S. 212.

6.3 Ein Heiratsvertrag aus dem 18. Jahrhundert

In der bäuerlichen Gesellschaft heiratete in der Regel nur, wer auch einen Hausstand gründen konnte. Das bedeutete oft, daß das Haus von den Eltern übernommen wurde. Die Bedingungen dieser „Hausübernahme" wurden, um künftige Streitigkeiten zwischen den Familien zu vermeiden, detailliert festgehalten und vor dem Gericht beurkundet.

Aus einem „Hausübernahme-Vertrag" vor dem Hochgericht Theley von 1782

26 (Es) erschienen vor dem hiesigen Hochgericht der Sebastian Schneider im Beistand seines Vaters Hans Nickel Schneider aus Selbach, sodann Catharina Holzer, die Tochter des Mayers Michel Holzer, dann deren Vater Michel Holzer senior samt seinem Sohn Michel Holzer junior im Beistand seines Onkels und Paten Johannes Klein von Niedercostern aus dem Dagstuhlischen und endlich der Mayer Peter Kirsch.

Sebastian Schneider und Catharina Holzer stellten vor, wie sie am 22. September 1781 noch vor ihrer wirklich seit dieser Zeit vollzogenen Verehelichung mit Gutheißen und Genehmigung ihrer beiderseitigen Eltern und Verwandten einen Heiratsvertrag folgenden Inhalts aufgesetzt hätten:

1. daß der älteste Sohn des Meyer Michel Holzers, namens Michel Holzer junior das aus seiner Erstgeburt entspringende Vorrecht auf das vätterliche Haus und damit verbundene gemeine Loos (Anteil am Gemeindeland) an seine Schwester, die Braut Catharina, vor und um einen Abstand von 16 Reichsthaler freywillig und wohlbedächtig abtrette
2. daß der Bräutigam Sebastian Schneider in die Michel Holzerische Hausstätte verheurathet seyn und solche mit seiner Braut Catharina nach deren Vaters Absterben oder Übergabe erhalten solle
3. daß also der Brautvatter Michel Holzer dem neuen Ehepaar verspreche, sein Wohnhaus, gemeine Loos, Scheuer, Stallung, Mistplatz, Hofgering und die Schmitt (Schmiede) um die Summe von einhundertsechzigfünf Reichsthaler vor erblich und aigenthümlich und zugleich die dem Haus anklebende erbbeständliche Haßelwieß samt den auf dem Handorn gelegene zum Erbbestand gehörige 2 Stücke Feldland, doch mit dem Vorbehalt, daß der Sebastian Schneider den übrigen Holzerschen Kindern ihr Antheil daran heraus zu zahlen gehalten seyn solle
4. daß der Braut Vatter dem jungen Ehepaar, so lang sie bey ihm im Haus sind, 6 Stück Schafe in seinem futter halte, dergestalt, daß solche die darabfallende Wolle und Lämmer ziehen
5. daß der Bräutigam der seines Handwercks ein Schmitt sey, von Beschlagung eines ganzen neuen Wagens nur einen Gulden ziehe, der übrige Losen (hier: Gewinn) aber, (...) in die Hausstatt falle
6. daß der Vatter des Bräutigams Nickel Schneider seinem Sohn sogleich einhundert Reichsthaler mitgebe, welches Geld in die Hausstätte gegeben und keine Intressen (Zinsen) davon gerechnet, dereinst aber dem Sebastian Schneider an denen nach § 3 vor die Hausstatt zu zahlenden 165 Reichsthaler ab- und zugut geschrieben werden sollten

7. daß, im fall eines der neuen Eheleuten, ohne leibeserben von dem andern zu erhalten, versterben sollte, der überlebende Theil fünfundzwanzig Reichsthaler nebst den Hochzeitkleidern aus des verstorbenen Ehegatten Vermögen erhalte.

nach: J. Bongartz, Das Gemeinschaftliche Hochgericht Theley, in: Zeitschrift für die Geschichte der Saargegend, XV (1965) S. 19–109.

6.4 Zwangssoldaten und „Loskauf" im 18. Jahrhundert

Für den oberrheinischen Kreis mußten im 18. Jahrhundert auch die Fürsten von Nassau-Saarbrücken Soldaten stellen. Die Untertanen konnten sich von der Verpflichtung zum Militärdienst gegen die Zahlung von 2–6 Talern an die fürstliche Kasse „loskaufen". Der Loskauf eines schon dienenden Soldaten war allerdings wesentlich teurer.

Brief des Nickel (Nikolaus) Anschütz aus Neunkirchen an seinen Vater, 18. Jahrhundert

27 „Gott zum Grus, liebster Vader. Den Dag, als ich auf sarbricken sein kom, sein ich zum Kreis kom. und ich kan mich nicht gedullen. ich hab das heimmer We Nach neinkirchen. ich kan es nicht me aus stehn. es ist mier grat als Wan ich in der Hel Wer. ich sien aus als Wie ein Dott. ich biette euch um Gottes Wille, lieber Vader, mache mich los, es man Koste, Was es will. mache mich nur los und Wann es schon 6 oder 7 louidor (Louisdor) Kost. ich Wiel der noch schon schafe das mier das blutt under den nächel raus laft. mier habe es bald wieder verdient. ich lieje mich auf die Knie alle Dag ein Par mal und bete an unserm Hergott, das er dem fierst sein hertz Regire soll, das ir mich los griet. lase dem fierst Kein ru. Wan ier das erste mal niechts aus riecht, dan gen in ein Par da Wieder zu im und befragt euch bei den bediende, ob er gutt zu sprechen ist, sonst richt ihr nichts aus. ich mus mich doch ein mal los Kaufen und so Kan ich eich doch noch guds dun. ich men es Kan nicht felen. ich lase unserm her Gott Kein Ru. Der hielft mier gewies. ich Ver gese gott nicht und er Ver giest mich auch nicht. mier Kenne es ab Ver dienen. ach mache nur, das ihr mich los griegt. ich men, ich miest sterben, Wan ich nicht los Kan. ihr Dauert mich zu fiel, Das irs nicht glaubt, das ir in eiren alten dagen so quielen miest, mache nur, das ir mich los griet. ich wiel euer nicht Vergessen. ir miest eich Recht beglagen bei dem fierst. ir miest der erst zu dem oberstleidenand gen und miest eich befragen und miest Recht beglagen. ir miest sagen, ir hette Kein Mensch, der euch ein hant det Rechen. ir miest acht gebe, Wan der fierst gut zu sprechen ist. und mundur (Montur, Kleidung) braucht ihr mier nicht fiel zu Kaufen. ich behelfe mich. und schafe Wiel ich Wie ein stickfie. ich schafe Recht gerrn. Wann ir mich det sin, ihr det mich nicht Kennen, so Raulich se ich aus Von Kummer. Mein bruder michel sol ach als gen, das ich los Kome. ich Wiels im nicht Vergesen, (...) und Wann ir mich los griet, dan sol mein bruter Michel Kommen auf sarbricken zu mier. und Wan ihr beim fierst sein gewen und dann schicke mier ein brief, nur ein Par zeile. ich wiell nichts me dun als bede und unser hergot anrufe, das er mier helft. Verbleibe eier gedreier son bies in den dott Nickel anschütz"

nach: K. Hoppstädter, Unter dem nassauischen Löwen. Das Militärwesen in der Grafschaft Nassau-Saarbrücken. Saarbrücken 1957, S. 32.

6.5 Aus der Schulordnung für das niedere Schulwesen im Fürstentum Nassau-Saarbrücken

In Nassau-Saarbrücken hatten sich die Fürsten im 18. Jahrhundert in der Pflege des Schulwesens nicht sonderlich hervorgetan. Zwar gab es bereits Verordnungen über den pflichtgemäßen Schulbesuch. Aber erst 1783 erließ der Sohn Wilhelm Heinrichs, Ludwig, eine Schulordnung für die Volksschulen in Nassau-Saarbrücken. Die Ausbildung der künftigen Untertanen durch kirchlich kontrollierte Lehrer zielte neben kirchlich-religiösen Inhalten auf eine gewisse Schreib- und Rechenfertigkeit.

Auszug aus der Schulordnung des Fürsten Ludwig von Nassau-Saarbrücken vom 20. November 1783

28 Was nun sowohl die Schulstunden als auch Information und den Unterricht in der Schule selbst betrifft, so soll

2. Jedes Kind, sobald es das siebende Jahr seines Alters zurückgeleget hat, so fern es gesund ist, die Schule besuchen dieselbe nicht eher verlassen, als bis es das vierzehende Jahr völlig zurückgeleget hat.

3. Der Schulmeister soll sich der Jugend mit aller Treue und Fleis annehmen, ohne die höchste Not und Vorwissen seines vorgesetzten Pfarrers keine Schulstunde versäumen, auch, während derselben, durchaus keine andere Arbeit und Handthierung treiben, oder zugeben, daß dergleichen Arbeit, wodurch er und die lernende Jugend an der nöthigen Aufmerksamkeit gehindert wird, von den Seinigen in der Schulstube verrichtet werde.

7. Damit die Jugend von solchen Lectionen den rechten Nutzen haben, so muß, soviel möglich, eine Stille in der Schulzeit herrschen und keine Stimme, als des Schulmeisters desjenigen Kindes gehört werden, welches eben jetzt aufsagt, auch muß, unter dem Beten und Singen, keine Unachtsamkeit, Herumgaffen, Muthwillen oder Gespräch eines Kindes mit dem andern gelitten – sondern ihnen oft und viel gesagt werden, daß sie mit Gott dem allmächtigen, heiligen und allgegenwärtigen Wesen, redeten; daher sie solches ihr Gebet mit wahrer Ansdacht und Ehrfurcht verrichten müßten.

9. Bey den Recitieren (=vortragen) desjenigen, so die Kinder auswendig gelernet haben, ist nicht nötig, daß der Schulmeister eine Auslegung darüber mache (hier: den Sinn des Gelernten erklären), weilen es, nebst andern Unbequemenen, auch noch diese hat, daß es in der Schule zu lang aufhält und zu viel Zeit wegnimmt; sondern es muß nur darauf gesehen werden, daß die Kinder alle Silben und Worte so wie beym Lesen, richtig, langsam und deutlich aussprechen und bey denen Puncten die gehörige Zeit inne halten, damit ihre Fehler bemerckt und verbeßert werden können.

11. Bey dem Rechnen ist nicht nöthig, daß der Schulmeister seiner Jugend einen gelehrten Unterricht geben, sondern muß sie nur lehren, die Zahlen recht zu lesen, und, wenn sie ausgesprochen worden, recht zu schreiben, behörig unter einander zu setzen und sich alle mühe geben daß die die vier Species (= vier Grundrechnungsarten) aus dem Grund erlerne (...).

nach: Erwin Schaaf, Die niedere Schule im Raum Trier-Saarbrücken von der späten Aufklärung bis zur Restauration 1780–1825. Trier 1966, S. 38f.

6.6 Genehmigung zu Errichtung und Betrieb der Dillinger Hütte von 1685

Die Anfänge des Eisenhüttenwesens im späteren Industrierevier an der Saar gehen bis in das absolutistische Zeitalter zurück. Auf lothringischem Gebiet wurde zwischen 1685 und 1690 die Dillinger Hütte auf Rechnung des Seigneur de Lenoncourt von Arbeitern aus Wallonien erbaut und bis zur Jahrhundertwende in Gang gehalten. Die Genehmigung zum Bau und Betrieb der Eisenhütte mußte der französische König geben.

Erlaubnis zur Errichtung von Eisenhütten, Stahlwerken und Schmelzen in der Herrschaft Dillingen durch Ludwig XIV. von 1685

29 „Ludwig, durch Gottes Gnade König von Frankreich und Navarra, allen gegenwärtigen und zukünftigen (Lesern der Urkunde) Gruß!

Unser Teurer und sehr Lieber, der Sieur Marquis de Lénoncourt-Blainville, hat uns unterbreitet, daß das Gebiet von Dillingen, eine halbe Meile von Saarlouis entfernt an dem Flüßchen Prims gelegen, die sich in die Saar ergießt, ihm gehört und daß er auch darüber Hochgerichtsherr ist.

Er wünscht nun, in diesem Gebiet Eisenhütten, Stahlwerke, Schmelzen und Hochöfen zu erbauen, wodurch nicht nur sein Ertrag aus der genannten Herrschaft – ohne daß andere irgend einen Schaden oder Nachteil erleiden – gesteigert werde, sondern auch für die Kaufleute und Eisenhändler wie schließlich auch für die Gesamtheit große Erleichterungen und viel Nutzen erwachsen würde. Er hat uns daher untertänigst gebeten, ihm die Erlaubnis hierzu geben zu wollen. Wir zogen dies alles in Erwägung und wollen ihm gnädig sein in Anbetracht seiner Ergebenheit und seines Eifers, den er bei allen Gelegenheiten für unseren Dienst zeigte. – Wir tun also zu wissen, daß wir aus allen diesen Gründen und aus unserer besonderen Gnade, vollen Macht und königlichen Autorität dem genannten Sieur Marquis de Lénoncourt-Blainville erlaubt und zugestanden haben, ihm erlauben und zugestehen, durch die Unterzeichnung mit eigener Hand, daß er in seiner genannten Herrschaft Dillingen Eisenhütten, Stahlfabriken und Schmelzen, soweit sie zu diesem Zwecke erforderlich sind, erbauen lassen kann, und zwar an jeder Stelle der genannten Herrschaft, die er für günstig hält, nur daß kein Schaden oder Nachteil weder für die Öffentlichkeit noch für Einzelne entsteht, und dies mit der Auflage, daß jährlich von dem genannten Marquis de Lénoncourt-Blainville, seinen Erben, Nachfolgern und an der Herrschaft Dillingen Berechtigten an unsere Domänenkasse für die erhaltene Erlaubnis ein Grundzins (Anerkennungszins) von 1 écu in Gold gezahlt wird. Denn dies ist unser Wille. Und damit dies (auch) gesichert und unabänderlich für immer sei, so haben wir unser Siegel unter das Gegenwärtige setzen lassen – unter dem Vorbehalt unseres Rechtes in anderen Fällen, wie allen anderen Personen gegenüber.

Gegeben zu Versailles im Monat Dezember, im Jahre des Heiles 1685 und im 43. unserer Regierung."

nach: Hermann van Ham, 250 Jahre Dillinger Hütte. Beiträge zur Geschichte der Aktiengesellschaft der Dillinger Hüttenwerke 1685–1935. Koblenz 1935, S. 54ff.

6.7 Goethes Besuch bei den Eisen- und Alaunwerken bei Dudweiler 1770

Johann Wolfgang von Goethe bereiste als Student der Rechte 1770 von Straßburg aus auch die Saargegend. Dabei erregten die Dudweiler Steinkohlegruben, der „Brennende Berg“ und die Alaunsiederei sein ganz besonderes Interesse. Als alter Mann diktiert Goethe in „Dichtung und Wahrheit“ seine Erinnerungen über diesen Besuch.

Aus Goethes Erinnerungen über seinen Besuch bei Dudweiler und Neunkirchen, 1770

30 Präsident von Günderode empfing uns aufs verbindlichste und bewirtete uns drei Tage besser als wir es erwarten durften. Ich benutzte die mancherlei Bekanntschaften, zu denen wir gelangten, um mich vielseitig zu unterrichten. Das genußreiche Leben des vorigen Fürsten gab Stoff genug zur Unterhaltung, nicht weniger die mannigfaltigen Anstalten, die er getroffen, um Vorteile, die ihm die Natur seines Landes darbot, zu benutzen. Hier wurde ich nun eigentlich in das Interesse der Berggegenden eingeweiht, und die Lust zu ökonomischen und technischen Betrachtungen, welche mich einen großen Teil meines Lebens beschäftigt haben, zuerst erregt. Wir hörten von den reichen Dudweiler Steinkohlengruben, von Eisen- und Alaunwerken, ja sogar von einem brennenden Berge, und rüsteten uns, diese Wunder in der Nähe zu beschauen.

Nun zogen wir durch waldige Gebirge, die demjenigen, der aus einem herrlichen fruchtbaren Lande kommt, wüst und traurig erscheinen müssen, und die nur durch den innern Gehalt ihres Schoßes uns anziehen können. Kurz hintereinander wurden wir mit einem einfachen und einem komplizierten Maschinenwerke bekannt, mit einer Sensenschmiede und einem Drahtzug. In der Alaunhütte erkundigten wir uns genau nach der Gewinnung und Reinigung dieses so nötigen Materials.

Unser Weg ging nunmehr an den Rinnen hinauf, in welchen das Alaunwasser heruntergeleitet wird, und an dem vornehmsten Stollen vorbei, den sie die Landgrube nennen, woraus die berühmten Dudweiler Steinkohlen gezogen werden. Sie haben, wenn sie trocken sind, die blaue Farbe eines dunkel angelaufenen Stahls, und die schönste Irisfolge spielt bei jeder Bewegung über die Oberfläche hin. Die finsteren Stollenschlünde zogen uns jedoch um so weniger an, als der Gehalt derselben reichlich um uns her ausgeschüttet lag. Nun gelangten wir zu offnen Gruben, in welchen die gerösteten Alaunschiefer ausgelaugt werden. Ein anmutiger Buchenwald umgab den Platz, der auf die Hohle folgte und sich ihr zu beiden Seiten verbreitete. Mehrere Bäume standen schon verdorrt, andere welkten in der Nähe von andern, die, noch ganz frisch, jene Glut nicht ahneten, welche sich auch ihren Wurzeln bedrohend näherte.

Auf dem Platze dampften verschiedene Öffnungen, andere hatten schon ausgeraucht, und so glomm dieses Feuer bereits zehn Jahre durch alte verbrochene Stollen und Schächte, mit welchen der Berg unterminiert ist.

Doch fast mehr als diese bedeutenden Erfahrungen interessierten uns junge Bursche einige lustige Abenteuer, und bei einbrechender Finsternis, unweit Neunkirchen, ein überraschendes Feuerwerk. Denn wie vor einigen Nächten, an den

Ufern der Saar, leuchtende Wolken Johanniswürmer zwischen Fels und Busch um uns schwebten, so spielten uns nun die funkenwerfenden Essen ihr lustiges Feuerwerk entgegen. Wir betraten bei tiefer Nacht die im Talgrunde liegenden Schmelzhütten, und vergnügten uns an dem seltsamen Halbdunkel dieser Bretterhöhlen, die nur durch des glühenden Ofens geringe Öffnung kümmerlich erleuchtet werden. Das Geräusch des Wassers und der von ihm getriebenen Blasbälge, das fürchterliche Sausen und Pfeifen des Windstroms, der, in das geschmolzene Erz wütend, die Ohren betäubt und die Sinne verwirrt, trieb uns endlich hinweg, um in Neunkirchen einzukehren, das an dem Berg hinaufgebaut ist.

nach: J. W. v. Goethe, Dichtung und Wahrheit. Zweiter Teil, Zehntes Buch. Zürich 1948, S. 460ff.

7 Französische Revolution und Napoleon

Herbst 1792	Besetzung des Landes durch französische Truppen
1793	Flucht der Fürsten von Nassau-Saarbrücken und der Gräfin von der Leyen aus ihren Territorien
1798	Schaffung eines Saardepartements (Trier, Saarbrücken, Birkenfeld, Prüm)
1801	Friede von Lunéville: Saarregion als Teil des linken Rheinufers bleibt bei Frankreich
1815	(2. Pariser Friede) Neuordnung der territorialen Verhältnisse an der Saar: Teile zu Preußen, zu Oldenburg und zu Sachsen-Coburg
1816	Rheinkreis an Bayern

7.1 Ein Beschwerdebrief lothringischer Bauern am Vorabend der Französischen Revolution

Wie in ganz Frankreich wurden am Vorabend der Revolution auch in den französischen Gebieten an Saar und Mosel im Frühjahr 1789 in sogenannten cahiers de doléances die Beschwerden der Bauern und Bürger zusammengetragen. In Gerlfangen, einer kleinen Gemeinde bei Bouzonville wurden u.a. folgende Punkte festgehalten.

Aus dem Cahier de doléance der Gemeinde Gerlfangen von 1789

31 1. Unsere Gemeinde muß sich über nichts mehr beklagen und ihrer Majestät vortragen, als daß wir so sehr von der Verpachtung der Salzsteuer belastet werden, daß die Hälfte unserer Einwohner weder Suppe noch eine Gemüsesuppe in der Woche essen kann wegen des hohen Salzpreises.

2. Unsere Gemeinde ist mehr, als man es beschreiben kann, belastet wegen des Mühlenbanns. Wenn selbst ein armer Mensch noch ein Bichet Getreide hat, um Brot zu backen, muß er noch eine gute Meile laufen, um Mehl zu bekommen, und gerade unsere Bannmühle ist nicht in der Lage, uns Mehl bei Trockenheit zu liefern, und wir haben wegen der Mühle viel Vieh verloren, und es ist keine Mühle Ihrer Majestät.

3. Unsere Gemeinde muß noch den dritten Pfennig von dem zahlen, was ein armer Einwohner kauft.

4. Wenn ein Mensch stirbt, erhebt der Kapiteldekan von Trier die Sterbegelder.

Unsere Gemeinde ist mit Frondiensten belastet, insbesondere: Jeder Bauer ist verpflichtet, drei Tage mit seinem Gespann für den Kapiteldekan zu pflügen und ebenso für Herrn Galheau von Fremersdorf und jeder Arbeiter drei Tage zu Handarbeiten, und wir wissen nicht warum, und darüberhinaus müssen wir soviel Faß Getreide als Pacht für unser Land liefern, soviel Tage während der Ernte Handdienste leisten, und alles für den Kapiteldekan von Trier.

Deshalb bitten wir, wenn wir die genannten Frondienste leisten müssen, sie eher Ihrer Majestät als ausländischen Herren zu leisten. Wir müssen höchste Klage führen, wenn Ihre Majestät uns anhören will. Der Kapiteldekan von Trier hatte

Wälder auf unserem Bann, und unsere Gemeinde hatte die Rechte auf die Mager- und Fettweide und auf das dürre Holz; aber vor ungefähr 27 oder 28 Jahren hatte das Domkapitel die Erlaubnis erteilt, in rund 30 Tagen Holz bis auf den Stock einzuschlagen, und sie haben die Ländereien verpachtet. Da unsere Gemeinde zu arm ist, um gegen sie zu klagen, sind wir immer noch verpflichtet zu zahlen, als stünden sie noch.

Wir sind noch mehr belastet: Wenn Vater und Mutter sterben, setzt das Gericht Vormund und Pfleger ein, und das kostet mehr, als das Vermögen beträgt, und es bleibt nichts mehr für die armen Waisen. Und da es manchmal kleine Streitigkeiten und andere kleine Probleme gibt, bitten wir Ihre Majestät, uns die Befugnis zu geben, sie durch Bürgermeister und Schöffen beizulegen, ohne andere Kosten zu verursachen.

Wir bitten Ihre Majestät, uns beizustehen und uns ihr großes Erbarmen wegen der Forstgerichtsbarkeit zu gewähren; denn wir werden von den grundherrlichen Förstern geplagt, und am stärksten von den Waldhütern Ihrer Majestät! Deshalb bitten wir um Gnade, und wenn Ihre Majestät sie uns gewähren will, bitten wir, die Freiheit zu erhalten, unsere Waldhüter selbst einzusetzen, und daß die Waldhüter für unsere Wälder zuständig sind, und wir werden sie selbst bezahlen.

Da wir immer noch von der Steuerpacht belastet werden, wie Ihre Majestät weiß, ruiniert uns das Salz, denn unser Lagersalz ist kein gutes Salz, aber die Ausländer verbrauchen gutes Salz, und die Pacht bringt uns und Lothringen zum Verderben. Wir bitten Ihre Majestät um Erbarmen.

Geschrieben zu Gerlfangen, am 9. März 1789, und wir unterschrieben, nachdem wir die Abgeordneten gewählt haben [...].

nach: J. Schmitt (Hrsg.), Französische Revolution an der Saar. Quellen und Materialien. Saarbrücken 1989, S. 23f.

7.2 Ein Bürger kommentiert die Situation im Fürstentum Nassau-Saarbrücken 1790

Ein angesehener Kaufmann in St. Johann, Georg Ludwig Firmond, führte zwischen 1790 und 1801 ein Tagebuch, in dem er die Geschehnisse in seiner Umgebung notierte und kommentierte.

Aus den Tagebuchaufzeichnungen eines Saarbrücker Kaufmanns zu 1790

32 1790. Revolution. Hat die Revolution auch hier ihren Anfang genommen, welche die französische Luft hierher geweht. Da haben die Bürger ihre alten Rechte wieder gefordert und wollten die allzu großen Auslagen und die Anforderungen des Fürsten, welche man ihm nicht mit Recht schuldig war, nicht mehr zahlen. Die Wirte wollten das allzu starke Ohmgeld (Steuer) nicht mehr zahlen, wie auch keinen Bannwein mehr annehmen. Sie wollten sich von der Polizei nicht mehr so nach Willkür strafen lassen; das mußte gezahlt werden, was nur dem Amtmann gefiel anzusetzen übers Gesetz. Sie wollten den freien Tabak- und Branntweinhandel wieder haben nebst einer gewissen Abgabe pro Maß und Pfund, Abschaffung des allzu vielen Wildpret groß und klein nebst der unsäglichen Menge

Fasanen und Feldhühner, Kaninchen und was dergleichen mehr. Wollten ihre Waldungen von dem Wildpret nicht mehr so ruiniert haben, wollten den Wildzaun nicht mehr unterhalten, keine Grundbierenzehnten mehr zahlen, viel weniger mehr so viele Soldaten logieren, die nicht zum Kreis gehören, sondern nur zum Vergnügen des Fürsten und Verdruß der Bürger da sind, wollten nicht mehr so viel in die Militairkasse zahlen und wollten Recht gethan haben von der Landkasse, woraus der Fürst zuletzt jeden Jäger und Stalljungen zahlte und was ihm vorkam. Bei Nachrechnung hat sich befunden, daß der Fürst seit seiner Regierung bei 150-tausend Gulden aus der Landkasse zu viel genommen, ohne was beide Städte als gezwungenen freiwilligen Beitrag gezahlt haben, um Ruhe zu bekommen. Denn so lange der Präsident Hammerer das Ruder führte, ist kein Monat vergangen, daß nicht neue Anforderungen geschahen, und konnte man niemals in Ruhe sein, so lange dieser Bösewicht unter dem Fürsten regierte, bis endlich 1790 den Sommer die Bürger wild wurden und dem Fürsten nach Neunkirchen sagen ließen durch den Georg Röchling in Saarbrücken, er sollte den Präsident Hammerer abschaffen oder sie würfen ihn in die Saar oder hängten den Spitzbuben an seine Hausthür in Brebach, wo er damals wohnte. [...]

nach: Firmond'sche Chronik 1790–1801, in: Mitteilungen des Historischen Vereins für die Saargegend Heft 7, 1900, S. 28–123, hier S. 28f.

7.3 Die Revolution kennt keine Grenzen: Handwerkerunruhen in St. Johann, Juli 1791

Auch in den deutschen Gebieten an der Saar kam es im Gefolge der Revolution im Nachbarland zu Unruhen und Erhebungen gegen die fürstliche Herrschaft und ihre Verwaltungsbeamten.

Bericht des Saarbrücker Regierungsrates Rollé über die Handwerkerunruhen in St. Johann vom Juli 1791

33 „Im Julio 1791 wurde der Geist des Aufruhrs in den hiesigen Städten, besonders aber zu St. Johann dadurch wieder rege, daß das Polizeiamt einigen Handwerkspurschen, welche öffentlichen Unfug trieben, eine Geldstrafe von einigen Gulden ansetzte und selbige, bis die Zahlung oder Bürgschaft erfolgt sein würde, incarcerieren (einsperren) ließ. Sothane Purschen wurden von ihren Meistern und andern übelgesinnten Einwohnern zum Tumult aufgereizt, worauf sie sich in großer Anzahl attroupierten, das Polizeiamt und besonders dessen Directorem in seinem Haus bestürmten und nebst Loslassung der Arrestaten Genugtuung von letzterem verlangten. Die Regierung sah sich nun genötigt, die andiktierte Strafe zu erlassen und die Arrestaten wieder in Freiheit zu setzen und glaubte damit, alle Gemüter der Tumultuanten besänftigt zu haben. Allein nichtsdestoweniger fuhren die Handwerkspurschen fort, durch die Gassen in großen Haufen zu ziehen und den ärgerlichsten Unfug zu verüben. Vergebens wurde ihnen von den Polizeidienern und Soldaten befohlen, sich still in ihre Quartiere zu verfügen und sich ruhig zu verhalten, indem ihre Meister zu St. Johann nebst vielen andern unruhigen Köpfen, welche diese Gelegenheit zu einem allgemeinen Aufstand gerne

sahen, ihre Partie nur allzudeutlich nahmen und sie unterstützten. Um die obrigkeitliche Autorität so viel als möglich zu erhalten, mußte man ein Kommando Soldaten nach St. Johann marschieren lassen. Die Bürger widersetzten sich demselben und vergriffen sich sogar an einigen Soldaten, so daß ihr Anführer Mühe hatte, sie vom Feuergeben abzuhalten. Diese Extremität wurde auch glücklich vermieden, die Soldaten drangen in die Stadt, und das Polizeiamt hatte nach vieler Mühe und Gefahr das Glück, die Ruhe wieder einigermaßen herzustellen, welches noch durch einen dazu gekommenen Umstand, daß die herrschaftliche Eisgrube in Brand gesteckt worden war, noch unwahrscheinlicher und beschwerlicher geschienen hatte.

nach: F. Rollé, Sammlung von den meisten wohltätigen Handlungen für Stadt und Land der Herren Fürsten von Nassau-Saarbrücken bis auf die Zeit der französischen Revolution, in: Mitteilungen des Historischen Vereins für die Saargegend 6 (1899) S. 7–49, hier S. 36f.

7.4 Krieg den Palästen – Friede den Hütten? Besatzungspraxis der Revolutionstruppen an der Saar

Schilderung der Besatzungspraxis der französischen Revolutionstruppen nach der Flucht des Saarbrücker Fürsten 1794 aus der Perspektive eines fürstentreuen Bürgers.

Aus den Erinnerungen des Saarbrücker Bürgers Ph. B. Horstmann zum Jahr 1794

34 „[...] wurde das Schloß (in Neunkirchen) rein ausgeplündert und alles darin Vorgefundene in die französischen Festungen Metz und Saarlouis abgeführt [...]. Alles und jedes fürstliche Mobiliareigentum, nichts ausgenommen, wurde geraubt und nach Frankreich abgeführt. Dieses harte Los hat nach nunmehr abgelegter Maske alles übrige fürstliche Eigentum betroffen. Sowie in Neunkirchen geschehen, ist auch das fürstliche Residenzschloß in Saarbrücken rein ausgeplündert [...] und überhaupt alles und jedes fürstliche Eigentum geraubt und weggeführt worden. Ein Gleiches geschah in dem Lustschloß Ludwigsberg, auf den Jagdhäusern Halberg und Neuhaus, ingleichen in den herrschaftlichen Gebäuden zu Ottweiler [...]. Auf diese Räubereien folgte der härteste Schlag, welcher den Fürsten und sein fürstliches Haus sowie das ganze Land in einen unschätzbaren Verlust setzte. Es wurde nämlich das fürstliche Residenzschloß in Saarbrücken [...] angezündet und ein Raub der Flammen [...]. Auch das Lustschloß Ludwigsberg mit allen dazu gehörigen Gebäuden, alle Gebäude auf dem Halberg, das Neuhaus und mehrere herrschaftliche Höfe sind angesteckt worden und wirklich abgebrannt. Nach dem Fürsten traf die Reihe seine guten Untertanen. Auch sie mußten die französische Raubsucht schwer empfinden. Den beiden Städten Saarbrücken und St. Johann wurde die bare Bezahlung einer Summe von einer Million Livres und die Lieferung einer großen Anzahl Betten und Decken, einer beträchtlichen Quantität Kupfer, Messing und Eisen angesetzt und mit unerhörter Gewalt beigetrieben [...]. Die Landortschaften hatten kein besseres Schicksal. Viele derselben wurden völlig ausgeplündert und andern ihr Vieh, Früchte, Fourage und aus den Kirchen die Glocken weggenommen. Dieses Plündern und Rauben ist mit Grausamkeiten aller Art verbunden gewesen, dergestalt, daß nicht bloß einzelne Per-

sonen und Familien, sondern auch bereits ganze Gemeinden, z.B. die zu Mahlstadt bei Saarbrücken, ihre Wohnungen zu verlassen sich vermüßigt gesehen haben."

nach: Ph.B. Horstmann, Vorläufige Darstellung der dem Fürsten zu Nassau-Saarbrücken und seinen Untertanen von den Franzosen zugefügten Vergewaltigungen und Schäden 1794, in: Mitteilungen des Historischen Vereins für die Saargegend 6 (1899) S. 50–57, hier S. 53f.

Ein Freiheitsbaum in Zweibrücken im Jahre 1793

Die Errichtung eines Freiheitsbaumes durch die Soldaten der Moselarmee in Zweibrükken 1793 stellt der Maler Karl Caspar Pitz in einem zeitgenössischen Kupferstich vor. Das Bild trägt die Unterschrift: „Vorstellung wie den 11. Hornung (Februar) 1793 der Vortrab (Vorhut) der Moselarmee den Zweybrücker Unterthanen die tolle Französische Freiheit und Gleichheit anbot, welche diese biederen Teutschen aber mit Abscheu verwarfen und ihrem geliebten Regenten treu blieben."

Abb. 8: Freiheitsbaum in Zweibrücken, kolorierter Kupferstich von Karl Caspar Pitz

7.5 Die Guillotine in St. Arnual

In seinen Kindheits- und Jugenderinnerungen schildert Christian Friedrich Handel (1776–1841), der spätere Lehrer und Stadtpfarrer, wie er als Knabe die Hinrichtung zweier Dorfbürgermeister aus Güdingen und Bübingen während der Französischen Revolution 1793 erlebt hat.

Aus den Kindheitserinnerungen des späteren Pfarrers Chr. Friedrich Handel (11. Dezember 1793)

35 Auch das eigentliche Schreckenssystem kehrte in Saarbrücken ein; ein Revolutionstribunal wurde errichtet und der entsetzliche Grundsatz geltend gemacht, daß, wenn vier Zeugen gegen jemanden aufträten, er dem Gesetze verfallen sei. Das Los traf die beiden rechtlichsten und wohlhabendsten Männer aus den beiden Filialdörfern meines Vaters, die Meier (Schulzen) aus Güdingen und Bübingen, wo während der vorbeschriebenen sieben Wochen preußische Einquartierung gelegen hatte, Männer, die auch ich wegen ihrer Freundlichkeit und Gastfreundschaft herzlich liebte. Vier Subjekte vom niedrigsten Pöbel vereinigten sich zu der Anklage: sie hätten während der preußischen Okkupation den guten Patrioten mehr Lasten aufgelegt als den Aristokraten; und sie wurden gefänglich eingezogen und nach Saarbrück gebracht. Der bekannte Bluth und Ehrmann verhörten sie, sie taten ihre völlige Unschuld dar, und auf ihre und ihrer jammernden Frauen Frage, ob man sie denn nun nicht ihrer Haft entlassen würde, ward ihnen die Antwort, sie würden am folgenden Tage frei werden. Wohlgemut trat ich früh meine gewohnte Wanderung nach Saarbrück an, und wir saßen ruhig bei unserm geliebten Professor Kiefer und lasen eben den Livius, als wir gegen 10 Uhr ein ungewöhnliches Wagengerassel von der Obergasse her vernahmen. Wir wurden unruhig, und unser Kiefer erlaubte uns gern, sehen zu gehen, was das sei. Wir liefen nach der Obergasse hinauf und erblickten in der Ferne ein schon vorbeipassiertes Gerüst mit zwei hoch hervorragenden Balken, zwischen denen wir, als wir näher kamen, oben ein großes, schiefgehendes Hackmesser erkannten; es war die Guillotine (die sogenannte guillotine ambulante), umgeben von etwa 40 Mann von der Revolutionsarmee. Kaum war das Mordinstrument vor dem Schloßplatze aufgestellt, als der Ausrufer erschien und öffentlich durch alle Straßen der Stadt bekannt machte: Die beiden Meier von Güdingen und Bübingen würden um 11 Uhr guillotiniert werden. Wie ein Donnerschlag traf dieser Ruf mein Herz; ich stand da wie betäubt und zermalmt, bis mit dem Glockenschlage elf die beiden Männer, denen man noch jetzt beim Herausführen aus dem Gefängnisse vorgelogen hatte, sie würden nun frei werden, herbeigeführt wurden. „Ach Gott, sollen wir denn sterben?" rief händeringend einer der Unglücklichen mit der mir so wohl bekannten Stimme. Aber unweit der Guillotine hielt schon der blutbefleckte Ehrmann zu Pferde mit einer Papierrolle in der Hand, von welcher er schnell die Lügen ablas, um derenwillen die Männer verurteilt waren, während der Scharfrichter beschäftigt war, das Mordinstrument in Bereitschaft zu setzen. Trommelschlag übertäubte jetzt die Beteuerungen ihrer Unschuld und das Jammergeschrei der beiden Frauen, welche gekommen waren, um ihre Gatten nach Hause zu begleiten. Schon beim Anblick der mir und meinem Vater so innig teuren Männer hatte sich meine Erstarrung in einen Tränenstrom aufgelöst; aber ein Zuschauer zu sein des schauderhaften Mordes war meinem Herzen unmöglich. Ich stürzte durch den versammelten, wie versteinert dastehenden Volkshaufen hinweg, lief wie von hinten gepeitscht nach Arnual zu, fiel meinem Vater schluchzend um den Hals, konnte nichts hervorstammeln als: „Sie sind jetzt tot!" und sank ohnmächtig nieder. Lange war mir's, als müßte ich in jedem Franzosen einen Henker erblicken, und mehrere Tage schauderte mir vor dem Gange nach Saarbrück, weil er über den Platz führte, wo die unschuldig Verurteilten enthauptet worden waren.

Jetzt hatten die Jakobiner überall das Übergewicht; alles war eingeschüchtert und unterwarf sich wider Willen einer nichtswürdigen Rotte, die an den gallischen Sansculottes ihren Rückhalt hatte. Ein Jakobinerclub tat sich zusammen, nahm die reformierte Kirche in Besitz, errichtete vor der verhängten Kanzel eine Rednerbühne, lud die angesehensten Männer (selbst einmal den französischen Kommandanten Lombard, der ihnen nicht republikanisch genug und wobei ich selber aus Neugierde zugegen war) vor sein Forum, benahm sich aber dabei so gemein und tölpisch, daß mich das ganze Wesen anekelte.

nach: Edwin Dillmann, Erinnerungen an das ländliche Leben. Ein historisches Lesebuch zur dörflichen Welt an der Saar im 18./19. Jahrhundert. St. Ingbert 1992, S. 58–60.

7.6 Karte: Die politische Gliederung der Saargegend in französischer Zeit

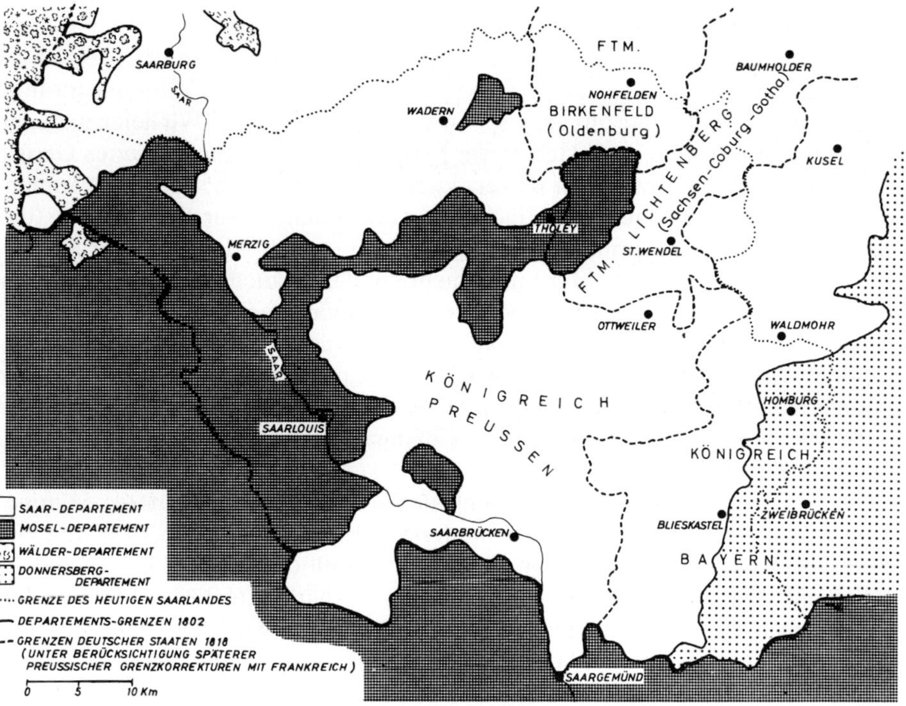

Karte 4: Politische Gliederung der Saargegend in französischer und deutscher Zeit

8 Vormärz und die Revolution von 1848/9

1814–1830	Philipp Jakob Siebenpfeiffer (1789–1845) als Landrat in Homburg
1830	Soziale und politische Unruhen in St. Wendel, Unterdrückung durch preußisches Militär
1832	Hambacher Fest. „Nationalfest" und neue Unruhen in St. Wendel
1834	Sachsen-Coburg verkauft das Fürstentum Lichtenberg (St. Wendel) an Preußen
1848/50	Bildung von Bürgervereinen und Bürgerwehren in mehreren Städten an der Saar. Teilnahme an der Petitionsbewegung für die Paulskirchenversammlung

8.1 Die Denunziation eines protestantischen Pfarrers in Homburg 1832

Als der bekannte liberale Journalist Johann Georg Wirth, der Herausgeber des „Westboten", aus München fliehen mußte, und sich in der rheinbayerischen Kleinstadt Homburg niederließ, richteten ihm zu Ehren seine Gesinnungsfreunde ein Festmahl aus. Ein Teilnehmer, der protestantische Stadtpfarrer, wurde deswegen beim bayerischen König angezeigt.

Eingabe des katholischen Stadtpfarrers von Homburg an den bayerischen König vom 10. Januar 1832

36 Allerdurchlauchtigster, Großmächtigster König, Allergnädigster König und Herr!

Unvaterländische Auftritte betreffend

Alleruntertänigst treu gehorsamst Unterzeichneter glaubt aus Pflicht, Vaterlandsliebe und treuer Anhänglichkeit an das Königliche Haus schuldig zu sein, folgende, jedes bürgerliche und christliche Ehrgefühl verletzenden, ganz revolutionären Auftritte, die sich auf den 8ten Jänner 1832 in Homburg ereigneten, zur Allerhöchsten Kenntnis Euerer Königlichen Majestät alleruntertänigst bringen zu müssen. Dieselben erhalten noch dadurch einen um so gehässigeren Charakter, daß Männer, die vermöge ihres Standes und Amtes die Ruhe und gesetzliche Ordnung im Staate besonders in dieser sturmbewegten Zeit hätten handhaben sollen, warmen Anteil genommen haben.

Mehrere Bürger aus Homburg, es waren nur 6 bis 7 Katholiken dabei, trunken von dem ungebundenen Freiheitsgeschrei des Doktoris Siebenpfeiffer und Doktoris Wirth, Redakteurs des Westboten und der Deutschen Tribüne, fiel der unväterländische Gedanke ein, dem Herrn Dr. Wirth, weil er sich häuslich in Homburg niederließ, auf den 8ten Jänner laufenden Jahres ein Mittagsmahl des freudigen Willkommens zu geben. Der protestantische Dekan, zugleich Bezirks-Schulinspektor und Pfarrer, Weber, der Bürgermeister, und sein Stadtschreiber, die Adjunkten und etwa 30 bürgerliche Personen nahmen innigsten Anteil. Die bösliche und in der vorletzten französischen Revolution kaum erhörte Tendenz des Vereins spricht sich aus anliegender Abschrift eines Liedes unzweideutig aus, welches von Christian

Scharpff aus Homburg verfaßt und von dem ganzen tumultuarischen Vereine auf Musik begleitet mehrmals abgesungen wurde, unter der Aufsicht des Vorstandes der protestantischen Geistlichkeit, zugleich Aufseher der Volksschulen und Pfarrer, und unter den Augen der Lokalpolizeibehörde, die anstatt zu verhindern, was Eid und Pflicht gefordert hätten, aus vollem Halse fröhlich miteingestimmt haben sollen.

Nicht zufrieden, dem Altare und dem Throne so oft den Fluch zugedonnert zu haben, wurde bei dem hundertfältig wiederholten Toaste, welcher bis in die späte Nacht dem Herrn Dr. Wirth, der Freiheit und dergleichen gebracht wurde, das Pereat [lat: Er soll untergehen!] allen denjenigen, die sich nicht an diese Clubs-Gesellschaft anschlossen, besonders jenen, die eines ruhigen Sinnes sind und blieben, sogar auf der öffentlichen Straße und im Bierhaus noch ausgerufen.

Euer Königlichen Majestät werden augenblickliche Mittel genug zu Gebote stehen, nach vorgenommener amtlicher Untersuchung wenigstens solche Vorstände der Untertanen Bayerns exemplarisch zu bezichtigen, indem solche an den Tag geförderte, der Kirche und dem öffentlichen Wohle so nachteilige Tendenz mit dem Eid eines Staatsdieners nicht vereinigt werden kann.

Alleruntertänigst treu gehorsamst Unterzeichneter wünscht aber, daß er nicht als Anzeiger dessen wegen den unübersehbarer persönlicher Verfolgungen und Lebensgefahren bekannt werden möge, denen er sicher nicht entgehen könnte; da nur Liebe zum Vaterlande, Pflicht und Anhänglichkeit an das Königliche Haus Bayerns hierzu die Feder leihten.

In tiefstem Respekt erstirbt Euer Königlichen Majestät alleruntertänigst treu gehorsamer

gez. J. Jackel katholischer Stadtpfarrer

Homburg im Rheinkreise, den 10. Jänner 1832

nach: F. Jakoby, Ein Bericht zum Begrüßungsfest der Homburger für Johann Georg August Wirth am 8. Januar 1832, in Saarpfalz. Blätter für Geschichte und Volkskunde. Heft 9 (1986/2) S. 33–37, hier S. 35f.

8.2 „Hambacher Fest“ in St. Wendel

Das Fürstentum Lichtenberg war ebenso wie die Pfalz ein Zentrum der frühliberalen Bewegung in Südwestdeutschland. Ebenso wie die Pfalz gegenüber ihrem „Mutterland“ Bayern beanspruchten die Lichtenberger mit ihrer Hauptstadt St. Wendel immer wieder ihre Sonderstellung gegenüber dem Herzogtum Sachsen-Coburg. Treffpunkt der kleinen liberalen Oppositionsgruppe war die Gastwirtschaft des Peter Keller („Rotes Haus“). Auf die Initiative dieser Gruppe ging auch ein Volksfest zurück, das auf dem Bosenberg, einem Festplatz außerhalb der Stadt, gefeiert wurde. Das Datum spricht für sich. Es war der Tag des Hambacher Festes.

Aus einer anonymen Flugschrift für St. Wendel, Herbst 1832

37 Am 27. Mai, dem Tage, wo 30 000 brave Deutsche mit klopfender Brust und stolzen, nie früher gekannten Gefühlen in Hambach das erste Nationalfest begingen, hatten auch die St. Wendeler ein gleiches in der Nähe der Stadt veranstaltet. Der mit der dreifarbigen Nationalfarbe geschmückte Baum wurde am Abend unter der Begleitung der Musik vor dem Hause des Wirths Keller zum Andenken des Festes gepflanzt. Leute von der Gendarmerie [...] brachten bald die Drohung unter das Volk, der Baum werde in der Nacht noch vom 27. zum 28. beseitigt werden. Da fand sich auf einmal ein papierner Zettel des Inhalts: „Wer den Baum kränkt, ist des Todes" am Baum angeklebt, verschwand aber schon wieder des Nachmittags desselben Tages. Gegen drei Uhr forderte der Bürgermeister die Wegschaffung des Baumes selbst. Nun sammelte sich Alt und Jung, zusammengerufen zum Schutze ihrer prangenden Maifichte, ihres Symbols gesetzlicher Freiheit. Oberbürgermeister und Gendarmerie konnten bis zum Baum, welchen die gedrängte Volksmasse mit ihren Körpern schützte, nicht vordringen und wichen zurück. In diesem Augenblick, zwischen 5 Uhr abends war es, wo der Bote nach Preußen abgeschickt wurde, um die ausländischen Bajonette zur Vollführung der beabsichtigten Maßregel herbeizurufen [...].

Die Regierung ließ jetzt noch eine größere Zahl von Bürgern unter Vorsitz des Oberbürgermeisters einladen, um die Erklärung abzugeben, der fragliche Baum sei kein Freiheits- sondern bloß ein Maibaum. Aus Motiven, die schwer jetzt mehr anzugeben sind, war wirklich jene Erklärung erfolgt, als Leute eintraten, die dieselbe zurückgenommen wünschten und verlangten, er solle für das gelten, was er sei, für einen Freiheitsbaum, ein Symbol gesetzlicher Freiheit. Damit waren die Unterhandlungen abgebrochen. Dem unruhigen Tage folgte die durch keine Unordnung gestörte Nacht [...]. Gegen sieben Uhr des 29. kamen die ersten beunruhigenden Gerüchte vom Anrücken der Preußen. Um acht Uhr näherten sie sich der Stadt. Der zur Flamme der Wut auflodernde Wille führte im Augenblicke, es war ein Gedanke, die ganze Bevölkerung der feindlichen Schar entgegen, unter deren Schutz sich schon die Mitglieder der Regierung begeben hatten. Die Straße war durch den wie wohl unbewaffneten Volkshaufen gesperrt, die Preußen machten halt. Männer, die das Vertrauen ihrer Mitbürger besaßen [...] waren vorgetreten, teils um den Ausbruch von Feindseligkeiten zu verhüten [...] teils um das große Unrecht den Repräsentanten des Gouvernements ernst, kühn und nachdrücklich vorzuhalten, teils um die Maßregeln des gebieterischen Augenblicks zu beraten. Es wurde zuerst die durch öffentliche Blätter schon der Publizität übergebene Protestation unterschrieben den Regierungsmitgliedern behändigt. Der Kommandeur bestand auf Einquartierung seines Bataillons, die von sämtlichen Mitbürgern unbedingt verweigert wurde, doch wurde dieselbe im Schul- und Regierungsgebäude und der Wohnung des Herrn Präsidenten endlich zugegeben, die Verpflegungskosten wurden von der Regierung übernommen und übereingekommen, daß am andern Tage den 30. die Truppen abziehen sollten. Die Konvention wurde pünktlich vollzogen [...].

Die Feier des deutschen Mai in St. Wendel, Flugschrift St. Wendel 1832, S. 23–25.

8.3 Eine Petition aus der Saargegend an die Paulskirchenversammlung

In den Monaten der Beratungen über die Verfassung wandten sich aus ganz Deutschland Bürger an die Paulskirchenversammlung. Sie taten dies in der Form von Petitionen (Bittschriften) an die Abgeordneten. Auch aus der Saarregion kamen eine Reihe solcher Petitionen. Viele davon setzten sich z. B. für eine Trennung von Kirche und Staat ein, einige forderten von der Nationalversammlung wirtschaftliche Schutzmaßnahmen. Wegen der überlegenen ausländischen Konkurrenz aus England und Frankreich hatte man Angst vor Preisverfall und Arbeitslosigkeit. Die Bittschrift aus Bischmisheim formuliert solche Ängste und fordert Abhilfe. Gleichlautende Petitionen gab es z. B. auch aus Fischbach (!) und dem Halberg-Werk (Brebacher Hütte).

Petition des Gemeinderates Bischmisheim vom 18.12.1848 an die Paulskirchenversammlung

38 Hohe Nationalversammlung!

Die Industrie unserer Gegend, welche bisher in der gedeihlichen Entwicklung sich befand, kann nicht bestehen, wenn die großartigen Anlagen des Auslandes, die teils durch günstige äußere Verhältnisse, teils durch ihre größere Ausdehnung, besonders aber durch ihr längeres Bestehen unter sie schützenden Zolleinrichtungen bedeutende Vorteile vor unseren Fabriken und unsern Handwerkern haben, frei mit uns konkurrieren können. Die Besitzer aller industriellen Anstalten unserer Gegend werden genötigt sein, ihre Arbeit zum größten Teil, wo nicht ganz, einzustellen und ihre Arbeiter zu entlassen. Durch das Einstellen der Fabriken muß der Bergbau bedeutend abnehmen und die Bergbehörde, welche viele Tausende von Arbeitern beschäftigt, wird gezwungen werden, dieselben zum Teil abzulegen.

Alle diese Arbeiter werden brotlos und sie mit ihren Familien werden dem Hunger preisgegeben sein, dadurch werden weiterhin auch die anderen Gewerbe, die alle darauf beruhen, daß der Arbeiter bei ihnen kauft, kein Verdienst mehr haben, alle Geschäfte ins Stocken geraten, die Bodenerzeugnisse werden wenig Käufer finden und als natürliche Folge davon der Grund und Boden seinen Wert verlieren. Wir haben in den letzten Monaten, in denen durch die politischen Ereignisse unsere Industrie ins Stocken geriet, gesehen, welch schreckliche Folge es für das ganze Land hat, wenn der Arbeiter seinen Erwerb verliert. Dieser Zustand, in dem wir uns noch befinden, wird fortdauern, es droht uns die schrecklichste Zukunft, eine Zukunft mit Not und Hunger, wenn nicht durch zweckmäßige Zolleinrichtungen die Erwerbsquellen unserer Gegend offen gehalten und unsere Fabrikanten und Handwerker vor der gänzlichen Verarmung geschützt werden.

Wir bitten deshalb eine Hohe Nationalversammlung dringend [...] dahin zu wirken, daß ein Zolltarif zu Stande komme, der die Existenz unserer Industrie sichert, und dadurch unsere [...] Bevölkerung vor Not und Elend bewahrt.

Saarbrücken, den 18. Dezember 1848.

nach: R. Moldenauer, Die Petitionen aus den preußischen Saarkreisen an die deutsche Nationalversammlung 1848–1849, in: Zeitschrift für die Geschichte der Saargegend 17/18, 1969/70, Saarbrücken 1970, S. 100

8.4 Militäreinsatz zur Bekämpfung von Unruhen an der Saar und im Hochwald

Die revolutionäre Stimmung der Märzereignisse des Jahres 1848 blieb auch in der Saarregion nicht ohne Wirkung. Viele Aktionen sind uns aus zusammenfassenden Berichten der Landräte und aus Gerichtsakten bekannt.

Protokollnotizen des Reigerungspräsidenten in Trier aus dem Jahre 1848

39 Trier, den 10. 4. 1848
„Der Landrath zu Merzig hat einer Anzeige vom 5. des Monats gemäß zur Sicherung der Einwohner der Bürgermeisterei Hilbringen, wo bereits neben anderen groben Excessen, Gelderpressungen und Mißhandlungen gegen Beamte und Juden verübt wurden, die Verlegung eines entsprechenden Infanterie-Commandos in genannte Bürgermeisterei nachgesucht und unsere Vermittlung wegen Gewährung seiner Bitte in Anspruch genommen [...]“

Landeshauptarchiv Koblenz, Best. 442, Nr. 909, fol 33.

40 Trier, den 28.3.1848
„Aus dem Hochwalde, namentlich aus der Gegend von Hermeskeil gehen betrübende Nachrichten ein. [...] die Einwohner einzelner Ortschaften sind in den Wald gezogen, um im Großen Holz zu fällen. Widerstand seitens der Forstbeamten ist unmöglich. In anderen Ortschaften Thalfang, Nonnweiler etc. sind unbeliebte Beamte verjagt, respective zur Ausstellung von Entlassungsanträgen genöthigt worden. Das Erscheinen, ja der bloße Durchmarsch von Truppen würde der Wiederholung solcher Unordnungen vorbeugen.“

Landeshauptarchiv Koblenz, Best. 403, Nr. 2550, Seite 374.

8.5 Eine Volkswehr in St. Ingbert zur Verteidigung der Revolution?

Nach der Ablehnung der Grundrechte und der gesamten Reichsverfassung durch die bayerische Regierung gab es in verschiedenen Städten Initiativen, die Errungenschaften der Revolution vom März 1848 mit Waffengewalt zu verteidigen.

Beschluß des St. Ingberter Stadtrats, eine Bürgermiliz aufzubauen, vom 9. Mai 1849

41 In Erwägung, daß die bayrische Regierung die Anerkennung der durch die Nationalversammlung in Frankfurt beschlossenen Grundrechte und Verfassung versagt, daß die Fürsten unter sich einen Bund geschlossen haben, dem deutsche Volke seine mit Blut errungene Freiheit mit Hilfe fremder Horden wieder zu entreißen, daß die Pfalz, diese Gefahr erkennend, in der großen Volksversammlung am 2. Mai lfs. Jahres zu Kaiserslautern einen Landesverteidigungsausschuß gewählt hat, welcher die obere Leitung der Bewaffnung und Verteidigung der Pfalz übernommen, daß die Gemeinde St. Ingbert von genanntem Ausschuß, welcher durch die Nationalversammlung zu Frankfurt anerkannt ist, durch seine Bevoll-

mächtigte Brackung und Best aufgefordert wurde, ihre Schuldigkeit zu tun, wählt der Stadtrat aus seiner Mitte einen Ausschuß von sieben Mitgliedern, welcher mit der Leistung der Bewaffnung und Organisation der hiesigen Volkswehr beauftragt wird. Der Ausschuß ist permanent, die Anwesenheit von drei Mitgliedern bedingt, welche beschlußfähig sind. Der Ausschuß hat sofort in Tätigkeit zu treten, ihm stehen alle Gemeindediener zur Verfügung sowie Glocken, Schelle und alle Gemeindelokale.

nach: Wolfgang Krämer, Geschichte der Stadt St. Ingbert, Bd. 2, St. Ingbert 1955, S. 182.

8.6 Lebenszeichen von Auswanderern nach Übersee: Briefe aus Amerika

Die Amerika-Auswanderung aus der Saargegend und vor allem aus der bayerischen Pfalz hatte ihre Ursachen in der tiefen sozialen Not der Menschen unter den Bedingungen des vorindustriellen Pauperismus. Auf dem Höhepunkt der Auswanderungsbewegung im 19. Jahrhundert wanderten bis zu 1/4 Million Deutsche pro Jahr in die USA aus. Vielfach versuchten die Auswanderer, mit der Alten Heimat zumindest brieflich Kontakt zu halten. In diesen Briefen erzählen sie von ihren Eindrücken, dem Leben in dem neuen Land und den gesammelten Erfahrungen. Noch im 18. Jahrhundert war Heinrich Kunz aus Böckweiler im Bliesgau nach Nordamerika ausgewandert. 1768 schreibt er aus Maryland einen Brief an seine Familie in Böckweiler.

Brief eines Auswanderers an seine Familie im Bliesgau, 21. August 1768

42 „Meinen freundlichen Gruß an Euch, Vater und Mutter. Brüder und Schwestern und Verwandte, seit gegrüßet, weilen mich Gott allezeit gesund erhalten und beim Leben erhalten und mir die Gnad gibt, Euch zu schreiben, wie es mit mir steht! Es geht mir gottlob sehr gut, und ich wollte nicht, daß ich noch bei Euch in Deutschland wäre; denn es wäre mir besser, wann ich zwei oder drei Jahr eher wär' in das Land kommen. Denn es ist sehr gut. Aber Müßiggänger, die müssen des Brots mangeln und verrissene Kleider tragen; denn es ist niemand, der ihnen was schenket sowohl als in Deutschland; denn es ist alles sehr teuer.

Die Elle Tuch kostet einen Gulden deutsches Geld gerechnet, und ein Paar Strümpf zwei Gulden und eine Pücks (Anmerkung: = Hose) kostet bis 30 Gulden und eine Flinte kostet bis 15 Gulden und und das Vieh ist sehr teuer. Ein Gaul, den Ihr für 50 Taler kaufet, kostet hier hundert. Aber das Rindvieh ist hier wohlfeiler als daraus (als in Deutschland).

Denn weilen das Vieh so teuer ist, so kann ich noch nicht auf's Land ziehen; denn ich habe noch nicht so viel, daß ich mir eine Fuhre anschaffe. So muß ich länger im Taglohn schaffen, bis ich mehr Geld habe. Aber ich erwarte eine Antwort von Euch aus dem Deutschland, ob es der Mühe wert ist, daß ich nach Hause komme, um meinc Erbschaft zu empfangen oder ob es die Herrschaft schon an sich gezogen. So schreibt mir, wie es ist!

Meinen freundlichen Gruß an Dich, Philipp Kuntz, meinen lieben Bruder! Wann Du noch nicht auf der Wanderschaft bist, so wollte ich, daß Du zu mir kommest, aber nicht ohne Geld. Denn es wäre mir besser gewesen, mehr denn 300 Taler Nutzen, wenn ich hätte Geld gehabt. Damit endige ich mein Schreiben mit dem Spruch:

Ein Herzensweh mich überkam,
da ich von Euch Abschied nahm
und Euch mußt verlassen.
Ob ich gleich Abschied nahm.
Bleibt's Herz doch bei Euch.
Wie sollt ich Euch vergessen!
Heinrich Kuntz von Böckweiler,
aber jetzt in Canageschick in Maryland,
bei Jonathan Heger.
1768, den 21ten August."

nach: Friedrich Krebs, Briefe eines Amerika-Auswanderers von 1768, in: Saarbrücker Zeitung, Kreisausgabe Homburg Nr. 236, vom 11. Oktober 1964.

8.7 Die politische Gliederung der Saargegend um 1850

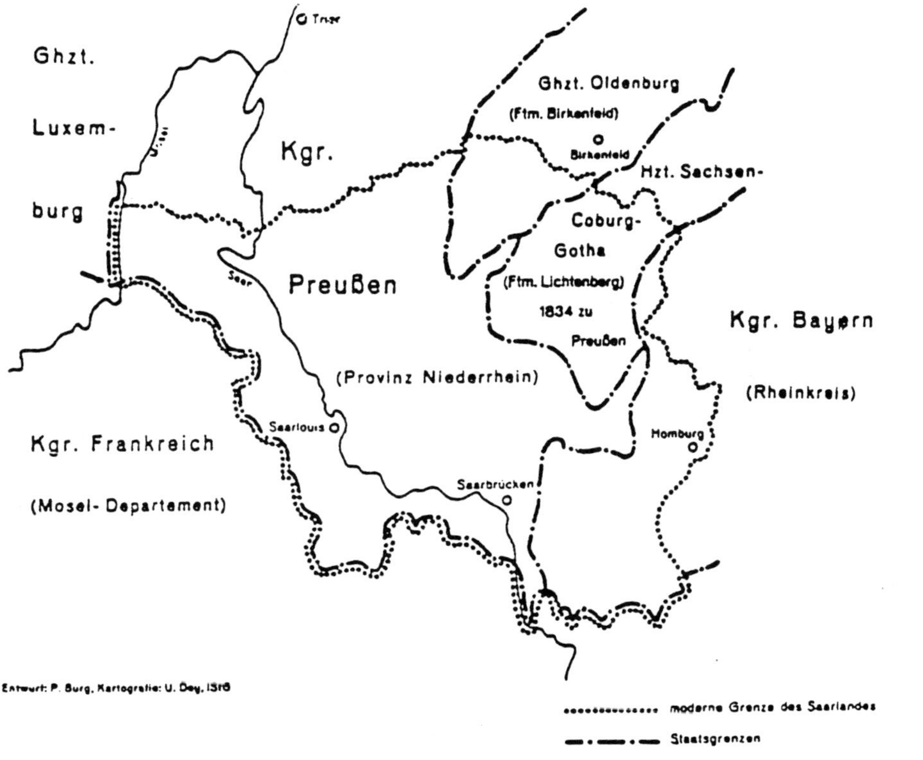

Karte 5: Die politische Gliederung der Saargegend um 1850

9 Industrialisierung und soziale Frage

1822–1825	Erste Tiefbauschächte an der Saar (Grube Hostenbach)
1836	Verbindung der Keramikfirmen Boch und Villeroy
1848	Eröffnung der pfälzischen Ludwigsbahn
zwischen 1849–52	Anschluß der Saarregion an das deutsche und das französische Eisenbahnnetz
1857	Inbetriebnahme des Burbacher Eisenwerks
1866	Fertigstellung des Saarkohlenkanals (Anschluß an das System der französischen Wasserstraßen)
1858	Erstes Geldinstitut (Kreissparkasse) an der Saar eröffnet
1881	Karl Röchling übernimmt die 1873 gegründete und kurz darauf Konkurs gegangene Völklinger Hütte
1889	Gründung des Rechtsschutzvereins
1890	Thomas-Stahlwerk in Völklingen
1893	Erster großer Bergarbeiterstreik an der Saar: verheerende Niederlage der Arbeiter

9.1 Die Entwicklung der Industrialisierung an der Saar

43 Der Übergang von der Agrar- zur Industriegesellschaft vollzog sich an der Saar im 19. Jahrhundert. Dem Bergbau und der Eisenindustrie kam dabei eine besondere Bedeutung zu, in geringerem Maße auch der Glas- und Keramikindustrie.

Obwohl die Gebiete an der Saar teils unter preußischer, teils unter bayerischer Herrschaft standen, entwickelten sie sich im Zuge der Industrialisierung zu einer relativ geschlossenen Industrieregion mit eigenen wirtschaftlichen und gesellschaftlichen Strukturen.

Kohle und Stahl prägten lange Zeit die Arbeitswelt an der Saar. Der Bergbau an der Saar war – im Gegensatz z. B. zum Ruhrbergbau – nahezu ausschließlich in staatlicher Hand. Unter der Führung des preußischen Bergamtes an der Saar – mit Sitz in Saarbrücken wurde bis Mitte des 19. Jhs. die Grundlage für eine großindustrielle Gewinnung der Steinkohle gelegt.

Der zweite Grundpfeiler der industriellen Entwicklung an der Saar war die Hüttenindustrie.

In Städten wie Dillingen und Neunkirchen, aber auch in Fischbach, Geislautern und Schafbrücke wurden schon früh Eisenhütten errichtet. Noch vor Mitte des 19. Jhs. begann sich auch die Hüttenindustrie aus den Hochwaldstandorten in die Täler der Saar und die aus dem Saarkohlenwald führenden Flüsse zu verlagern.

Der entscheidende Standortfaktor wurde die Steinkohle. Eine herausragende Bedeutung für die Eisenverhüttung gewann in der 2. Hälfte des 19. Jhs. die lothringische Minette.

Mit der Anbindung der Saarregion an das deutsche wie das französische Verkehrsnetz, insbesondere mit dem Bau der Eisenbahn im saarländischen Raum, nahm die Industrialisierung an der Saar einen starken Aufschwung.

Das direkte Umland konnte nicht mehr allein die Nachfrage nach den dringend benötigten Arbeitskräften befriedigen. Viele Arbeiter kamen aus der Eifel, dem Hunsrück und der Pfalz; einige sogar aus dem nahe gelegenen Lothringen.

Sie wurden zumeist in Hüttennähe in sogenannten Schlafhäusern untergebracht oder mieteten sich für wenig Geld als „Kostgänger" in Arbeiterfamilien in Nähe der Arbeitsstätte ein und trugen somit nicht selten zur Einkommensverbesserung des saarländischen Arbeiters bei. Dieser war häufig auf Grund der niedrigen Entlohnung im Betrieb auf landwirtschaftlichen Nebenerwerb angewiesen. Die im allgemeinen erschwerten Lebensbedingungen des saarländischen Berg- und Industriearbeiters führten gegen Ende des 19. Jhs. zu ersten Streikbewegungen und politischer Solidarisierung, was auf Grund der die politische Teilhabe stark einschränkenden Betriebspolitik mancher saarländischer Großunternehmer – wie etwa Stumms – zuvor kaum möglich war.

Text von: H. Lafontaine, A. Rauber

9.2 Zur Entwicklung des Eisenbahnnetzes im Saarraum

Auf Grund seiner abgelegenen Lage war es für das saarländische Industrierevier besonders wichtig, an das deutsche und französische Eisenbahnnetz angeschlossen zu werden, um so am allgemeinen wirtschaftlichen Aufschwung teilnehmen zu können. Erst die Transportmöglichkeiten für Massengüter auf dem Schienenweg ermöglichten der Saarregion – neben der Anbindung über den Saarkohlenkanal (1866) an die französischen Wasserstraßen – den Ausbau zur Großindustriezone.

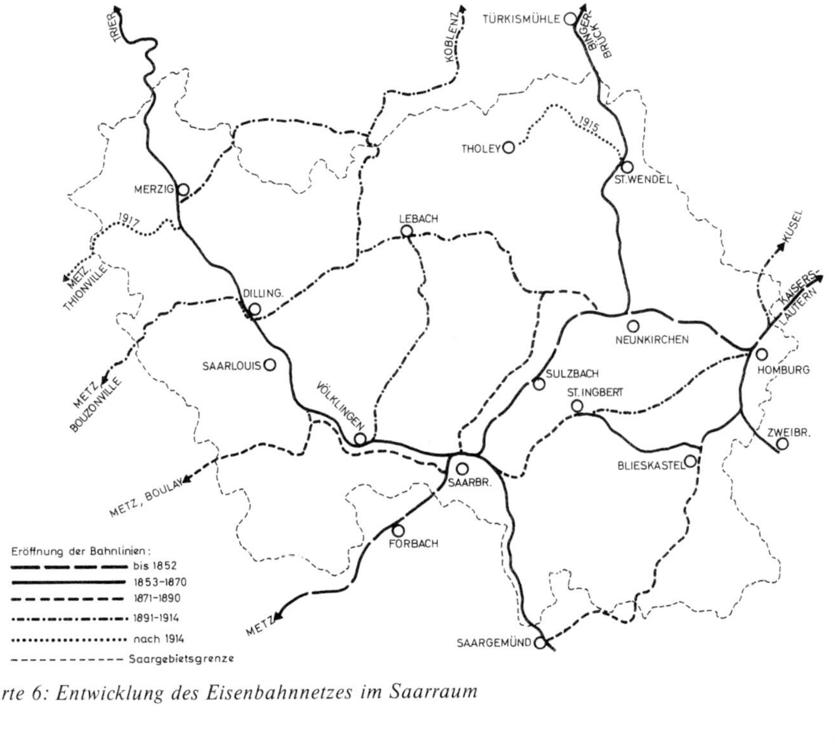

Karte 6: Entwicklung des Eisenbahnnetzes im Saarraum

9.3 Die Bevölkerung in der Saarregion: Entwicklung und Verteilung 1825–1925 (Karten)

Der Raum an der Saar – in etwa dem heutigen Saarland entsprechend – war vor dem Zeitalter der Industrialisierung ein dünnbesiedeltes Gebiet mit vorwiegend ländlichem Charakter. Im Zuge der Industrialisierung veränderte die Gegend ihr Gesicht. Die Bevölkerung wuchs stark an und verdichtete sich besonders in den industriellen Ballungszentren im mittleren Saartal und in den Bergbaugebieten, hier vor allem im sogenannten Saarkohlenwald.

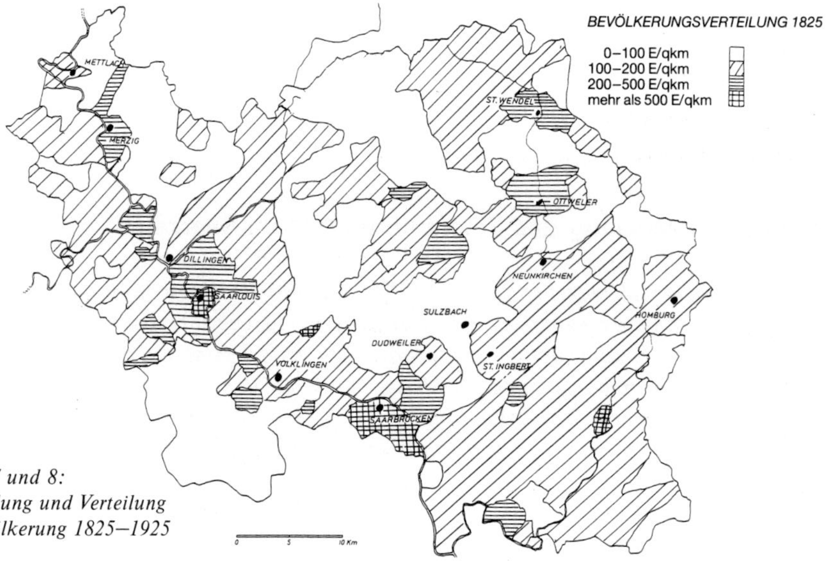

Karten 7 und 8:
Entwicklung und Verteilung der Bevölkerung 1825–1925

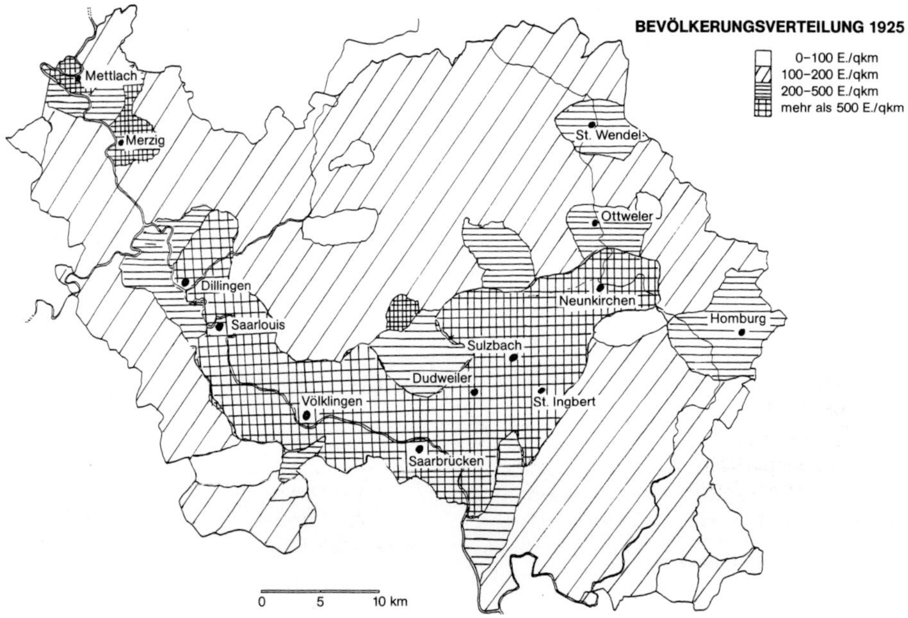

9.4 Bergbau im Saarrevier: Förderung, Belegschaft, soziale Lage der Bergarbeiter

Schon im frühen 18. Jh. wurde an der Saar Bergbau betrieben – wenngleich in sehr bescheidenem Ausmaße. So gab es 1730 insgesamt 29 kleinere Kohlengruben mit insgesamt nur 102 Beschäftigten, so z. B. in Dudweiler-Sulzbach, Schwalbach, Geislautern und Fenne.

Die Grundlage für eine großindustrielle Gewinnung der Steinkohle wurde erst nach 1816 durch die preußische Bergbauverwaltung an der Saar gelegt. Eine Folge war die deutliche Zunahme der Gesamtbelegschaft, aber auch eine stetige Steigerung der Kohleförderung.

Abb. 9: Förderung und Belegschaft 1773

Dudweiler-Sulzbach	13 Stollen mit 29 Arbeitern,
Platinhammer	1 Stollen mit 2 Arbeitern,
Rußhütte	2 Stollen mit 10 Arbeitern,
Großwald	3 Stollen mit 4 Arbeitern,
Bauernwald	1 Stollen mit 2 Arbeitern,
Schwalbach	2 Stollen mit 6 Arbeitern,
Derlen	1 Stollen mit 2 Arbeitern,
Burbach	1 Stollen mit 2 Arbeitern,
Reisweiler	2 Stollen mit 4 Arbeitern,
Wahlschied	1 Stollen mit 4 Arbeitern,
Gersweiler	3 Stollen mit 14 Arbeitern,
Stangenmühle	1 Stollen mit 3 Arbeitern,
Clarenthal	1 Stollen mit 2 Arbeitern,
Geislautern	2 Stollen mit 7 Arbeitern,
Wellesweiler	4 Stollen mit 32 Arbeitern,
Kohlwald	4 Stollen mit 12 Arbeitern
zusammen	42 Stollen mit 135 Arbeitern,

nach: Anton Haßlacher, Geschichtliche Entwicklung des Steinkohlebergbaus im Saargebiete, Berlin 1904, S. 71.

Die Arbeit des Bergmanns war hart und gefährlich, sein Arbeitstag lang. Der Anmarsch zur Arbeitsstätte dauerte nicht selten bis zu zwei Stunden täglich. Sein Werkzeug, z. B. eine Öllampe, Pulver und Zündmittel mußte der Bergmann selbst stellen. Der Durchschnittslohn eines Bergmannes war niedrig, weshalb er in der Regel auf landwirtschaftlichen Nebenerwerb ebenso angewiesen war wie auf die Mitarbeit von Frau und Kindern.

Abb. 10:

Durchschnittlicher Verdienst eines Bergmannes an der Saar		
1818	429 Mark/Jahr	1,09 Mark/Schicht
1869	729 Mark/Jahr	2,51 Mark/Schicht
1880	878 Mark/Jahr	3,03 Mark/Schicht
1890	1114 Mark/Jahr	3,79 Mark/Schicht

Abb. 11:

Lebenshaltungskosten	*1865*
1 Kg. Butter	2,20 Mark
1 Kg. Schmalz	1,60 Mark
1 Kg. Schweinefleisch	0,90 Mark
1 Kg. Weizenmehl	0,35 Mark
1 Kg. Erbsen	0,20 Mark
1 Kg. Kartoffeln	0,05 Mark

Die Arbeiter auf der Grube wurden einem strengen Regiment unterworfen, ihr Arbeitsverhältnis war bis ins kleinste Detail geregelt. Gleichzeitig aber kümmerte sich die Bergbauverwaltung auch um die sozialen Belange der Bergleute.

Arbeitsordnung des Königlich-Preußischen Bergamtes (1819)

44a Reglement
für die Bergleute im Königlich Preußischen Bergamtsbezirk Saarbrücken.

Da die Ordnung erfordert, daß jeder Bergmann wisse, welche Pflichten er als solcher zu erfüllen habe, so wird der Knappschaft folgendes Reglement erteilt:

§ 1.

Ein jeder Bergmann muß, wenn er als Mitglied der Knappschaft angesehen werden soll, den Eid der Treue und des Gehorsams leisten, und sich in die Knappschaftsrolle einschreiben lassen.

§ 2.

Der Bergmann muß insbesondere seinem Landesherrn, den oberen Bergbehörden und Revierbeamten, sowie den ihm unmittelbar vorgesetzten Grubenbeamten treu, gehorsam und folgsam sein, sich durch ein gutes Betragen Zutrauen zu erwerben suchen, in seinem Leben und Wandel, Sittlichkeit, Ordnung und Rechtschaffenheit beweisen, Zank und Streit und das schädliche Laster der Trunkenheit fliehen und meiden.

§ 5.

An jedem Arbeitstage muß er sich auf dem Werke, wo er angelegt ist, zur bestimmten Zeit einfinden und in der Frühschicht das Morgengebet mit halten. Er darf daher nicht feiern, oder andere, als Bergarbeit treiben, es sei denn, daß er durch Krankheit, Wettermangel oder andere, von ihm abhängige Ursachen daran verhindert werde, sonst zahlt er das § 16 erwähnte Feierschichtengeld von 4 Pfennig pro Schicht.

§ 6.

Will er verreisen, oder ist er gezwungen, einen oder mehrere Tage abwesend zu sein, so muß er solches jedesmal vorher dem Steiger anzeigen, und durch diesen die Erlaubnis des Geschworenen dazu nachsuchen.

§ 14.

Wenn künftig Knappschaftsversammlungen oder bergmännische Aufzüge gehalten werden sollten, so muß er sich nach erhaltener Aufforderung jedesmal dazu einfinden, und bei diesen und anderen feierlichen Veranlassungen an Sonn- und Festtagen in der bergmännischen Uniform erscheinen.

§ 16.

Zur Knappschaftskasse muß ein Bergmann folgendes entrichten:

1. vom Taler Förderungslohn 9 Pfennig,
2. vom Taler Geding- und Schichtlohn 9 Pfennig,
4. für einen Trauschein 1 Reichstaler, wenn er als Hauer, und 16 Groschen, wenn er als Schlepper angelegt ist,
6. zahlen die neu anzunehmenden Bergleute zur Knappschaftskasse das Verdienst einer halben Woche, und diejenigen, welche in ein höheres Lohn rücken, den Lohnzusatz von einem Monat,

7. diejenigen Bergleute, welche ohne Urlaub aus der Arbeit bleiben, zahlen pro Schicht 4 Pfennige Feierschichtengeld

§17.

Wenn er diesen und den übrigen Verpflichtungen nachkommt, so hat er auf folgende Wohltaten Anspruch:

1. auf Gnadenlohn für sich, wenn er Invalide wird, und für seine Witwe, wenn er stirbt,
2. auf Krankenlohn,
3. auf freie Kur und Medizin, und er beschädigt oder krank wird und er sich die Krankheit nicht durch Schlägerei oder liederliche Lebensart selbst zugezogen hat,
4. auf Unterstützung für seine Kinder, wenn er Invalide wird oder stirbt,
5. auf Beihilfe zu den Begräbniskosten,
6. auf freien Schulunterricht für seine Kinder.

§18.

Derjenige, welcher seinen Verpflichtungen und Obliegenheiten nicht nachkommt, oder ihnen gar vorsetzlich zuwiderhandelt, ist nicht allein zum Ersatz des etwa verursachten Schadens verbunden, sondern er hat auch nach Befinden der Umstände und nach der Beschaffenheit seines Vergehens, Schichtlohnstrafen, höhere Geld- oder sonstige durch die Gesetze verordnete Strafen, auch die Löschung in der Knappschaftsrolle, und mit dieser den Verlust aller den Bergleuten verliehenen Wohltaten zu gewärtigen.

nach: Erich Müller; Die Entwicklung der Arbeiterverhältnisse auf den staatlichen Steinkohlebergwerken vom Jahre 1816–1903. Berlin 1904, S. 145ff.

Mit Hilfe eines Prämiensystems wurde es dem bauwilligen Bergmann im Saarrevier vor allem ab der Mitte des 19. Jhs. ermöglicht, Eigentum zu bilden. Von der Bergbauverwaltung wurden Prämien und zinsgünstige Darlehen für Häuser einer bestimmten Mindestgröße zumeist in unmittelbarer Nachbarschaft zur Grube gewährt. In vielen Bergbaugemeinden an der Saar prägen diese Prämienhäuser bis heute das Ortsbild.

In einem solchen kleinen Prämienhaus ist der Bergmann Johann Meiser (gest. 1918) im Jahre 1855 auf die Welt gekommen. Sein Elternhaus stand in Holz (Gemeinde Heusweiler) am Rande des eigentlichen Industriereviers.

Lebenserinnerungen des Bergmannes Johann Meiser (1855–1918)

44b „Unser Wohnhaus war klein und einstöckig. In der Mitte eine kleine Küche mit dem unzertrennlichen kleinen Backofen. Auf demselben der Feuerherd mit der sogenannten Hohl, einer Kette mit Haken, woran der große eiserne Futterhawen zum Kochen für das Vieh gehangen wurde. Dann war noch der eiserne Dreifuß, welcher auf das Herdfeuer gestellt wurde, auf dem gekocht und die guten Pfannkuchen geschmort wurden. Links von der Küche war unsere Wohn- und Schlafstube. Sie war viel zu klein für unsere Eltern und uns 8 Kinder. Einen Kleiderschrank hatten wir nicht. Eine Kiste, ein altes Erbstück, worin das Wichtigste aufbewahrt wurde, den Hochzeits-Zylinder des Vaters und die Sonntagsbänderkapp der Mutter, die wichtigsten Papiere und in einem angenagelten Kistchen die paar Notgroschen. Ferner befand sich noch darin 1 kleiner Tisch, 1 Bett mit Vorhang für unsere Eltern und das jüngste Kind. Dann war noch ein viereckiger Kasten, an welchem vier kleine Räder waren. Des Morgens wurde der Kasten unter das Bett gerollt und des Abends wieder heraus. Dies war unser Rollbett. Es war mit Stroh, alten Kleidern und Lumpen ausgefüllt. In diesem Himmelbett lagen nun die 3 größten in der Mitte, 2 unten quer und 1 oben quer und alle schliefen den Schlaf des Gerechten."

nach: Klaus-Michael Mallmann u. a. (Hrsg.), Richtig daheim waren wir nie. Entdeckungsreisen ins Saarrevier 1815–1955. Berlin/Bonn 1987, S. 43.

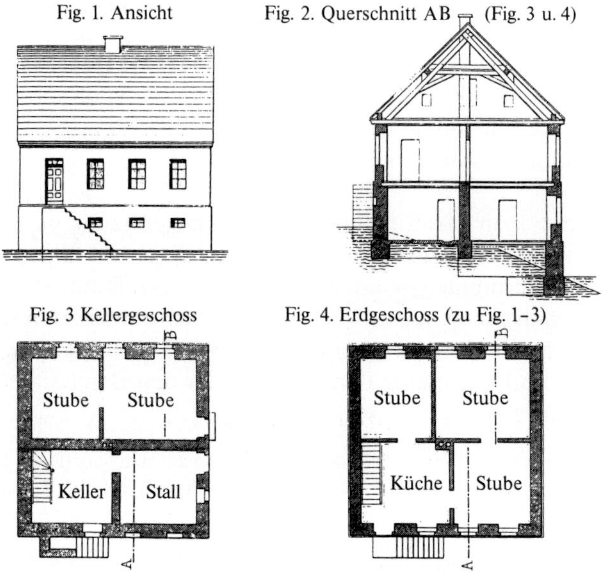

Abb. 12: Ansicht, Grundriß und Schnitt eines Prämienhauses um 1879

9.5 Hüttenindustrie an der Saar: Entwicklung von Produktion, Belegschaften und Arbeitsverhältnissen

Die saarländische Eisenindustrie reicht weit in die geschichtliche Vergangenheit zurück.

Die mittelalterlichen „wald-" und „eisenschmitten" schmolzen saarländisches Eisenerz mit Holzkohle; die Wasserkraft wurde als Antriebsenergie für Blasebälge und Große Schmiedehämmer genutzt. – Gegen Ende des 16. Jahrhunderts, vor allem aber im Zeitalter des Absolutismus, entstanden vielerorts Hütten, Schmelzen, Stahl- und Hammerwerke, so in Geislautern, Neunkirchen, Dillingen, Sulzbach, St. Ingbert, Brebach; besonders gefördert wurde die Hüttenindustrie in der Regierungszeit Wilhelm Heinrichs (1741–1768).

Zum bedeutenden Wirtschaftszweig, der vielen Menschen Arbeit und Brot gab, stieg die Hüttenindustrie erst im 19. Jahrhundert auf, als es aufgrund des technischen Fortschritts gelang, einmal die heimische Steinkohle als Energieträger einzusetzen, zum andern die lothringische Minette zu verhütten. Jetzt wurden die Hütten zu Großabnehmern für Steinkohle und Koks der Bergwerke; die Montanindustrie blieb für Jahrzehnte die tragende Wirtschaftsbasis für die Bevölkerung der Saarregion.

Abb. 13: Zur Entwicklung von Belegschaft und Produktion der Dillinger Hüttenwerke

Jahr	Anzahl der Beschäftigten	Produktion (in t) Roheisen	Fertigprodukte
1801	98	400	41[1]
1810	361	495	749[2]
1841	400	----[3]	2250[4]
1861	597	2036	10811[5]
1891	1781	70417	21007[6]
1910	5634	222762	195425[6]

[1] Fertigprodukte: Sensen, Sicheln, Schaufeln, Bratpfannen, Winden
[2] Kupferplatten und Weißblech als Produktionsschwerpunkte
[3] Keine Angaben in den Quellen
[4] Produktionsschwerpunkte: Schwarz- und Weißbleche
[5] Hier vor allem: Eisengußwaren, Eisenbahnschienen, Bleche
[6] Vornehmlich: Panzerplatten für Kriegsschiffe und Bleche

nach: H. van Ham, 250 Jahre Dillinger Hütte, 1936 und 300 Jahre Dillinger Hüttenwerke, Dillingen 1985.

Abb. 14: Beschäftigungszahl und Produktion der saarländischen Hüttenindustrie

Entwicklung der Saar-Bevölkerung sowie der Beschäftigung und Produktion in Bergbau und eisenschaffender Industrie

Jahr	Bevölkerung in 1000	Bergbau		Eisensch. Ind. Roheisen		
		Besch. in 1000	Förderung in Mio t	Besch. Eisensch. in 1000	Erzeugung Ind. in Mio t	zusammen Besch. in 1000
1816	159	0,9	0,1	0,7	–	1,6
1834	212	1,2	0,2	0,7	–	1,9
1852	244	4,6	0,6	1,6	–	6,2
1861	259	12,2	2,0	3,6	0,04	15,8
1871	287	15,7	2,7	4,6	0,06	20,3
1880	337	23,1	5,2	7,2	0,1	30,3
1890	397	29,3	6,2	12,9	0,4	42,2
1900	512	41,9	10,0	20,1	0,6	62,0
1910	652	53,1	11,7	27,6	1,2	80,7
1913	677	56,2	14,7	30,7	1,4	86,9

nach: R. E. Latz, Die saarländische Schwerindustrie und ihre Nachbarreviere (1878–1938), Saarbrücken 1986, S. 228.

9.6 Die soziale Situation einer Hüttenbergarbeiterfamilie aus Bischmisheim um die Jahrhundertwende

Die sozialen Probleme der Arbeiterfamilien beunruhigten viele Zeitgenossen. Auch Wissenschaftler (Soziologen) haben sich mit der Lage der Arbeiter im Industrierevier an der Saar befaßt. Sie stützten sich für ihre Analysen auf Beschreibungen von beispielhaften Familiensituationen.

Aus einer soziologischen Untersuchung über Hüttenarbeiter im Saarrevier von 1904

45 Hüttenarbeiter aus der Bürgermeisterei Bischmisheim.
Die Familie besteht aus Vater, Mutter (zweite Frau), einer erwachsenen Tochter im Hause, 3 Söhnen im Alter von 29, 16, 15 Jahren, 3 Kindern unter 14 Jahren.

Der Vater ist Schmied auf der Halberger Hütte seit 26 Jahren, war früher in anderen Stellen tätig. Monatsverdienst ca. 100 Mk., in früheren Jahren mehr.

Der älteste Sohn ist Schlosser seit 5 Jahren, Monatsverdienst 75 Mk.

Der 16jähr. Sohn ist Gußputzer seit 2 Jahren, Monatsverdienst 40 Mk.

Der 15jähr. Sohn ist landwirtschaftl. Tagelöhner, Monatsverdienst 20 Mk.

Die Familie besitzt kein eigenes Haus, überhaupt kein Vermögen. Das Erbteil der zweiten Frau mit 540 Mk. wurde bald verbraucht. Schulden sind keine vorhanden, weil niemand borgt.

Die Familie wohnt in Miete; sie wechselt häufig die Wohnung. Nebeneinkünfte hat die Familie nicht.

Die wichtigsten Ausgabeposten der Familie sind: Wohnungsmiete, Beköstigung, Kleidung, Heizung, Beleuchtung. Für Vergnügungen wird über die Verhältnisse ausgegeben. Die Familienglieder gehören mehreren Vereinen an.

Der Vater ist Trinker, als Arbeiter jedoch geschickt und fleißig. Die Tüchtigkeit der Frau läßt zu wünschen übrig. Das Verhältnis der erwachsenen Kinder zu den Eltern ist schlecht. Der Vater genießt keine Achtung. Im Trunke neigt er zu Gewalttätigkeiten.

Hinsichtlich des Patriotismus ist Nachteiliges nicht bekannt. Die Familie ist religiös gesinnt, besucht jedoch die Kirche nicht.

Als besondere Vorkommnisse aus dem Leben der Familie sind zu verzeichnen: Von 16 in zwei Ehen geborenen Kindern sind noch 9 am Leben.

Trotzdem der Vater als geschickter und fleißiger Arbeiter viel Geld verdiente, lebt die Familie stets in Not und großer Armut.

Die Familie steht niedriger als der Durchschnitt der Familien der nämlichen Gemeinde und Beschäftigungsart.

nach: A. von Brandt, Zur sozialen Entwicklung im Saargebiet. Leipzig 1904, S. 162.

9.7 Sozialpolitische Konflikte im saarländischen Industrierevier: „Sozialistengesetz" und „Rechtsschutzverein"

Um die Einflüsse der SPD auf die Arbeiter auszuschalten, schlossen sich die industriellen Arbeitgeber an der Saar am 6. Juli 1877 zu dem „Komitee der Arbeitgeber zur Bekämpfung der Sozialdemokratie" zusammen. Ihre Beschlüsse wurden später von den Gegnern des „Komitees" als „Sozialistengesetz der Saarindustrie" bezeichnet.

Beschluß des „Komitees der Arbeitgeber zur Bekämpfung der Sozialdemokratie", 1877

46 Der Verein zur Bekämpfung der sozialdemokratischen Bewegung.
Die erste Einigung der gesamten saarländischen industriellen Kreise ist eine Organisation aller Unternehmer dieses Gebietes, auch der königlichen Berg-

werksdirektion und der königlichen Eisenbahndirektion zu Saarbrücken, zur Bekämpfung der Sozialdemokratie. Dieser Verein faßte am 6. Juli 1877, nachdem einige sozialdemokratische Agitatoren im Saargebiet tätig gewesen waren, folgende Beschlüsse:

1) Es sollen keine Arbeiter auf den Werken geduldet werden, welche sich an der sozialdemokratischen Agitation direkt oder indirekt beteiligen, insbesondere
   a) sozialdemokratische Blätter lesen oder verbreiten,
   b) an sozialdemokratischen Versammlungen oder Vereinen teilnehmen,
   c) Wirtshäuser frequentieren, in welchen sozialdemokratische Versammlungen abgehalten werden oder Blätter dieser Richtung aufliegen.
2) Arbeiter, welche in Ausführung dieses Beschlusses entlassen werden, sollen auf keinem anderen Werke Aufnahme finden.[1)]

Jeder Arbeiter mußte eine schriftliche Erklärung abgeben, daß er mit diesen Anordnungen einverstanden war.

nach: K. A. Gabel, Kämpfe und Werden der Hüttenarbeiter-Organisationen an der Saar. Saarbrükken/Marburg 1921, S. 70.

Der saarländische Großindustrielle und Reichstagsabgeordnete Carl Ferdinand von Stumm-Halberg (1836–1901) war ein erbitterter Gegner der Sozialdemokratie und der Gewerkschaften. Seine Positionen als Unternehmer und seine sozialpolitischen Vorstellungen hat er häufig in Reden an die Arbeiter seiner Hüttenwerke dargelegt.

Freiherr von Stumm-Halberg, Rede an die Neunkircher Hüttenarbeiter von 1889

47 [. . .] Ich denke, wir alle werden, wie bisher, so auch für die Zukunft zeigen, daß im „Königreich Stumm“, wie unsere Gegner spöttisch unser Gemeinwesen nennen, nur ein Wille regiert, und das ist der Wille Seiner Majestät des Königs von Preußen. [. . .]

Überall, wohin wir sehen, wird die Autorität aufrechterhalten, nötigenfalls durch Strafen gegenüber denjenigen, die sich der notwendigen Autorität nicht fügen. Von der Armee will ich hier gar nicht sprechen. Es wird vielfach behauptet, eine Analogie zwischen den Betrieben und der Armee bestehe nicht. Ich behaupte das Gegenteil [. . .]. In beiden Fällen ist, wenn Erfolge erzielt werden sollen, die Disziplin eine ganz unvermeidliche Voraussetzung. [. . .] Wenn ein Fabrikunternehmen gedeihen soll, so muß es militärisch, nicht parlamentarisch organisiert sein. [. . .] Wie der Soldatenstand alle Angehörigen des Heeres vom Feldmarschall bis zum jüngsten Rekruten umfaßt, und alle gemeinsam gegen den Feind ziehen, wenn ihr König sie ruft, so stehen die Angehörigen des Neunkircher Werkes wie ein Mann zusammen, wenn es gilt, die Konkurrenz sowohl wie die finsteren Mächte des Umsturzes zu bekämpfen. Bleiben wir siegreich, so ist dies zu unser aller Nutzen; unterliegen wir, so haben wir alle den Schaden davon, und Ihr sicherlich weit mehr noch als ich. Zum Siege ist aber bei uns wie in der Armee die strenge Aufrechterhaltung der Disziplin unerläßlich, welche hier wie dort mit treuer Kameradschaft nicht bloß verträglich ist, sondern geradezu deren Unterlage bildet. [. . .]

Das Aufhören der Autorität der Arbeitgeber [. . .] erscheint mir um so gefährlicher, als sie sich auf die Dauer nicht auf diejenigen Stände beschränken wird, um die es sich hier zunächst handelt. Hat der Arbeiter einmal die Autorität des Arbeitgebers über den Haufen geworfen, unterwirft er sich ihr nicht mehr, lacht er ihn einfach aus, wenn er ihn strafen will, [...] dann wird die Autorität auf anderen Gebieten, in Staat und Kirche sehr bald folgen. [...] Geschieht das aber, wird die Autorität auf der ganzen Linie, in allen Erwerbszweigen zerstört, [...] dann wird da, wo die Autorität am nötigsten ist, in der Armee, es auch nicht lange dauern, bis sie angefressen ist. [...]

Ich für meine Person würde keinen Augenblick länger an Eurer Spitze aushalten, wenn ich an die Stelle meines persönlichen Verhältnisses zu jedem von Euch das Paktieren mit einer Arbeiterorganisation unter fremder Führung setzen müßte. [...] Ein solches Verhältnis wie zu einer fremden Macht würden mir schon mein sittliches Pflichtgefühl und meine christliche Überzeugung verbieten. [...] Sollte dies jemals anders und ich in der Tat verhindert werden, den Arbeiter auch in seinem Verhalten außer dem Betriebe zu überwachen und zu rektifizieren, so würde ich keinen Tag länger mehr an der Spitze der Geschäfte bleiben, weil ich dann nicht mehr imstande sein werde, die sittlichen Pflichten zu erfüllen, welche mir mein Gewissen vor Gott und meinen Mitmenschen vorschreibt. Ein Arbeitgeber, dem es gleichgültig ist, wie seine Arbeiter sich außerhalb des Betriebes aufführen, verletzt meines Erachtens seine wichtigsten Pflichten. [...]

Was das Heiratsverbot anlangt, so habe ich [...] konstatiert, daß in meiner Arbeitsordnung von einem Verbot des Heiratens ebensowenig die Rede sei, wie von einem Verbot von Prozessen und Klagen. Es ist lediglich vorgeschrieben: der Arbeiter soll mir vorher seine Absicht anzeigen, damit ich in der Lage bin, wenn ich es für zweckmäßig halte, unnötige Klagen abzuwenden, resp. törichte Heiraten zu verhindern.

nach: E. Schraepler, Quellen zur Geschichte der sozialen Frage, Göttingen 1955

Die Massenstreiks im Mai 1889 begannen im Ruhrgebiet; erst Mitte Mai kam es zu einer ersten großen Protestversammlung in Bildstock. Politisches Ausmaß erhielt der Streik wegen der Masse der Beteiligten, wegen der rüden Zurechtweisung der Dreierdelegation von Ruhrkumpels durch Kaiser Wilhelm II. (eine saarländische Delegation wurde nicht einmal empfangen), wegen der politischen Verdächtigungen von seiten der Arbeitgeber, die Sozialisten seien die Drahtzieher. Entscheidend blieben eine bessere gewerkschaftliche Organisation und eine Stärkung der politischen Arbeiterbewegung: die politische Einstellung der bislang eher konservativen Arbeiterschaft wandelte sich grundlegend.

Zeitungsartikel zur hundertsten Wiederkehr der Gründung des Rechtsschutzvereins, 1989

48 [...] Am 15. Mai 1889 war es dann fast „flächendeckend" so weit: Etwa 3000 Bergleute versammelten sich unter freiem Himmel auf der Wiese Krohn, neben dem heutigen Gasthaus Risch in der Neunkircher Straße und machten ihrer Unzufriedenheit Luft. Die Behörden waren aufgeschreckt und vermuteten sozialistische Drahtzieher hinter diesem Protest. Aber Nikolaus Warken, später mit dem Beinamen „Eckstein" versehen, stellte klar: Die hiesigen Bergleute sind treue

Untertanen und „dürften sich durch etwaige Ausschreitungen keine Unruhe" machen. Als Versammlungsleiter (später auch als Streikkomitee) fungierten an diesem 15. Mai Warken, Mathias Bachmann, Michel Schroth, Friedrich Nackas und Michel Poth. Außer Nackas wohnten diese Männer alle in Bildstock; Nackas wohnte in Merchweiler, war aber geborener Bildstocker.

Wie berechtigt der Massenprotest der Saarbergleute war, geht aus dem Inhalt des am 15. Mai verabschiedeten Bildstocker Protokolls hervor. Darin wurde verlangt:
Achtstündige Schicht einschließlich Ein- und Ausfahrt;
Wegfall der Einsperrungstür an den Ein- und Ausgängen;
die Gedinge so zu setzen, daß der Arbeiter vier Mark verdienen kann;
jugendliche Arbeiter unter 16 Jahren sollten mit 1,50 Mark und die über 16 Jahre nicht unter 2,20 bis 2,40 Mark entlohnt werden;
Abzüge zu den Löhnen zur Kreissparkasse sollen wegfallen;
ungenügend gefüllte Wagen sollen nur noch zu einem Drittel genullt werden (Nullen-Abzug von der Fördermenge und damit Lohneinbuße);
das gleiche sollte für unreine Wagen gelten, wobei allerdings eine Strafe von 25 Pfennig zugelassen wurde;
zum Streichen der Wagen darf nur ein Mann genommen werden, der mindestens 20 Jahre „in Kohlen" gearbeitet hat;
ein Mann in unverschuldeten Notfällen soll nicht mehr bestraft werden, jedoch bei Arbeitern, die mehrere Schichten feiern, ist eine Strafe bis zu 3 Mark zugelassen;
die Anfahrtzeit soll an Tagen nach Sonn- und Feiertagen auf 8 Uhr, an Samstagen jedoch auf vier Uhr vormittags festgelegt werden;
die Anlegung der Bergmannskinder soll in der Reihenfolge der Anmeldung geschehen und zwei ältere Bergarbeiter auf jeder Inspektion zur Kontrolle hierüber zugelassen werden.

[...] Der Mai-Streik bildete die umfangreichste gewerkschaftliche Aktion im Deutschland des 19. Jahrhunderts überhaupt. Über 100 000 Angehörige einer bisher konservativen Arbeiterschicht hatten den Kampf aufgenommen – mehr Arbeiter als in allen Streiks seit Erlaß des Sozialistengesetzes. Sozusagen aus dem Stand (Mallmann) hatten die Bergarbeiter des Saarreviers den Eintritt in die elementare Arbeiterbewegung vollzogen.

Die Vermutung des Landrats in Saarbrücken war falsch, daß die Bewegung unter den Saarbergleuten mit dem 3. Juni 1889 als beendet angesehen werden könne. Stapenhorst (Berginspektion Friedrichsthal) sah es realistischer, als er am 6. Juni feststellte: „Gärung unter den Saarbergleuten dauert fort." Er behielt recht, denn die Bergleute gaben sich nicht zufrieden. Zunächst gründeten sie am 28. Juli 1889 in Bildstock den „Rechtsschutzverein für die bergmännische Bevölkerung des Oberbergamtsbezirks Bonn", der laut Satzung am 4. August des gleichen Jahres ins Leben trat. Sein Präsident war Nikolaus Warken, als Vize fungierte Mathias Bachmann.

Saarbrücker Zeitung, Nr. 112, 17. Mai 1989, S. 16.

10 Preußisch-deutsche Kaiserzeit: Das politische Herrschaftssystem 1860–1914

ab 1860	erste Versammlungen und Gründungen von politischen Parteien (Nationalverein, Konstitutionelle Partei)
1862	Errichtung einer Handelskammer in Saarbrücken
6. 8. 1870	Schlacht bei Spichern
1876	Marienerscheinung in Marpingen
1889	„Entfestung" der Stadt Saarlouis
1891	(wie 1844) große Wallfahrt zum Hlg. Rock nach Trier
1909	Großstadt Saarbrücken

10.1 Unterstützung der Wirtschaft für die preußische Politik: Aus dem Bericht der Handelskammer Saarbrücken, 1866

Der Sieg Preußens gegen Österreich 1866 brachte für die Kaufleute einen wirtschaftlichen Aufschwung. Nachdem sie vorher der preußischen Verwaltung vorgeworfen hatten, sie behindere das freie Unternehmertum durch die Ausübung eines Monopols in der Kohlenförderung, galt Preußen nun als Garant eines nationalen Aufschwungs. Allerdings regte die Handelskammer Reformen in anderen Bereichen an.

Aus dem Bericht der Handelskammer Saarbrücken, 1866

49 Die nationale Idee erfüllt auch unsern Handels- und Gewerbestand und theilt derselbe die Befriedigung, daß durch Stärkung Preußens und die Gründung des norddeutschen Bundes das solide Fundament gelegt ist, auf dem der mächtige deutsche Nationalstaat bald aufgebaut werden kann; außerdem aber haben diese Berufsklassen besondere Ursache, sich über die politische Neugestaltung zu freuen, da dieselbe ihre speziellen Interessen kräftig fördert.

Früher trat bei jedem Gerüchte, daß ein Krieg mit Frankreich drohe, sofort allgemeine Geschäftsstockung ein, da man eine französische Invasion für eine unvermeidliche Folge hielt; jetzt, nachdem durch die Siege unseres Heeres das nationale Selbstgefühl stark geworden ist, fürchtet man einen Krieg mit Frankreich nicht mehr und wird die Überzeugung immer allgemeiner, daß erst jetzt in einem mächtigen Staatswesen, das Schutz gewähren kann, Handel und Industrie vollkommene Sicherheit finden und fröhlich gedeihen können.

Die deutsche Industrie kann für die Zukunft die besten Hoffnungen hegen, wenn Seitens der Regierung der eingeschlagene Weg in Volkswirtschaft und auswärtiger Politik consequent fortgesetzt wird. Es liegt daher ganz im Interesse der Gewerbtreibenden, daß vor allen Dingen danach getrachtet werde, die deutsche Macht zu Lande und zur See möglichst zu heben.

aus: Jahres-Bericht der Handels-Kammer zu Saarbrücken 1866. St. Johann 1867, S. 1f.

10.2 Die Schlacht bei Spichern 1870: Augenzeugen und Erinnerungen

Zu einem nationalen Schlüsselerlebnis wurde der Krieg Preußens gegen Frankreich 1870. Vor den Toren der Stadt Saarbrücken stürmten preußische Truppen am 6. August die Höhen von Spichern.

Aus dem Tagebuch des Lehrers Ludwig Kolb in Sulzbach, 1870/71

50 „2. August. Morgens 11 Uhr griffen die Franzosen unsere Vierziger (Regiment Nr. 40) bei Saarbrücken an; ein erbitterter Kampf. Unser Friedrich (dritter Sohn) kam abends vom Gymnasium nicht nach Hause. Große Unruhe hier in Sulzbach. Abends Patrouillen der Brandenburger Kürassiere. Gespräche: Tadel, daß Saarbrücken zu schwach besetzt sei. Andere meinen, das sei eine List, um den Feind heranzulocken. Jeder will darüber ein Urteil haben!"

„6. August. Da unser General Kamecke die Franzosen bei Spichern angegriffen, so mußte unsere Einquartierung nach kaum eingenommenem Mittagessen rasch wieder fort zum Kampfe. Wie leid tat es ihnen, daß sie nicht wenigstens eine Nacht im Bette schlafen konnten. – Frossard geschlagen; Saarbrücken befreit – große Freude."

„8. August. Ich fuhr nach Saarbrücken und ging zum Schlachtfeld, wurde aber auf dem Berg selbst nicht zugelassen. Welch trauriger Anblick! Überall Blut, blutige Tücher, Uniformstücke, zerbrochene Waffen, Tornister, Helme; zerstampfte, von Kugeln zerwühlte Felder; tote Pferde, tote Soldaten, welche zu 60 und mehr in eine Grube beerdigt wurden; große Grabhügel, auf welchen Haufen Reiser lagen. Die Biwaks der Soldaten, welche kochten, aßen, putzten; vorbeiziehende Wagen mit Toten oder Verwundeten. Die sich unterhaltenden Soldaten- und Zuschauergruppen; die wunderbaren, meist übertriebenen Erzählungen. Dazwischen ein Transport französischer Gefangener von allen möglichen Waffengattungen in ihren abgetragenen zerlumpten Uniformen; die mitunter alten, mageren, derben Gestalten boten einen jämmerlichen Anblick. Witze der Soldaten: ihr geht nach Berlin – wir nach Paris. Fort und fort der Strom auf der Straße nach Forbach: Kavallerie, Infanterie, Artillerie, Fuhrwerk, dazwischen hin- und herspringende Husaren.

In Saarbrücken die Unmasse von Verwundeten und Militär. Der Schmutz, der Mangel an Betten und Nahrung, an Ärzten und Pflegern.

Alle Schulsäle, Gymnasien, Gewerbeschule, Turnhalle voller Verwundeter."

„15. März 1871. Der Kaiser kehrt aus Frankreich zurück. In Saarbrücken wurde ihm von den Gemeinden der Rheinprovinz ein goldener Lorbeerkranz überreicht. Wir evangelischen Lehrer hatten uns mit den Schülern auf hiesigem Bahnhof aufgestellt, und die vielen mit Fähnchen versehenen Kinder grüßten ihn mit jubelndem Hurra. Der Kaiser war äußerst freundlich und dankte sehr herzlich. Die katholischen Lehrer waren nicht anwesend."

nach: Das Erlebnis der „Augusttage" Anno 1870, in: Saarbrücker Zeitung – Heimatblätter, Nr. 95, August 1968.

Obwohl die Schlacht nur von untergeordneter militärischer Bedeutung war, wurde sie in den folgenden Jahren zu einem heldenhaften nationalen Großereignis verklärt. Durch diese Deutung wurde die lokale Geschichte mit einem wichtigen Ereignis der Nationalgeschichte verschmolzen. So wurde einerseits das nationale Prestige der Saarregion erhöht, andererseits die Identifikation der Menschen an der Saar mit den nationalen, von Preußen repräsentierten Wertsystemen gefördert.

Vorwort der Saarbrücker Kriegs-Chronik, 1895

51 Unser Vaterland rüstet sich die 25jährige Jubelfeier des Krieges von 1870/71 zu begehen, des größten und ruhmvollsten, den Deutschland je geführt, der durch seine Erfolge ohne Beispiel in der Weltgeschichte dasteht, der die langersehnte Einigung unserer Nation herbeiführte.

Diese Feier hat für die Bewohner von St. Johann-Saarbrücken ihre besondere Bedeutung: waren sie doch durch den feindlichen Angriff zunächst bedroht; ihre Städte, nach tapferer Verteidigung dem übermächtigen Gegner überlassen, waren die einzigen Deutschlands, die den Feind in ihren Mauern sahen, und in ihrer Nähe fand der furchtbare, siegreiche Kampf statt, durch den das feindliche Heer von unsern Grenzen zurückgeworfen wurde. [...]

Fünfundzwanzig Jahre sind seit jener denkwürdigen Zeit dahingegangen, doch das Gedächtnis der Augusttage von 1870 lebt noch frisch in den Herzen der Bewohner von St. Johann-Saarbrücken. Alljährlich am 6. August ziehen die Schulen und die Kriegervereine ins Ehrenthal und aufs Schlachtfeld hinaus, um die Gräber mit Blumen zu schmücken, und ein großes Kinderfest prägt auch den Kleinen die Erinnerung an Deutschlands große Zeit ein. Und mit Recht. Thut es doch Not, das heranwachsende Geschlecht immer wieder daran zu erinnern, daß das Große und Herrliche, das wir besitzen, nicht etwas Selbstverständliches ist, sondern mit schweren Opfern errungen wurde. Möge diese schöne, pietätvolle Sitte noch lange in unsern Städten gepflegt werden, und mögen die bevorstehenden Fest- und Erinnerungstage dazu dienen, den Geist der Opferwilligkeit und der Hingabe an das große Ganze, der uns 1870 und 1871 von Sieg zu Sieg geführt hat, in den deutschen Herzen neuzubeleben und zu stärken! Dann können wir vertrauensvoll auch an die Aufgaben herantreten, die eine neue Zeit uns stellen mag. Unser Wahlspruch aber bleibe allewege:

Mit Gott für Kaiser und Reich!

nach: A. Ruppersberg, Saarbrücker Kriegs-Chronik, Nachdruck St. Ingbert 1978, Vorwort u. S. 268.

10.3 „Kulturkampf" an der Saar? Die Marienerscheinung von Marpingen 1876

Im Gefolge der Kirchenpolitik Bismarcks während des Kulturkampfes verschärften sich die Spannungen zwischen der preußischen, zumeist protestantischen Obrigkeit und den katholischen Bevölkerungsgruppen, die den Großteil der Arbeiter bildeten. Dieser konfessionelle und zugleich soziale Konflikt führte einerseits zur Stärkung des Zentrums als politischer Oppositionspartei, andererseits zu einer gesteigerten Volksfrömmigkeit.

Zusammenfassender Bericht über die Marienerscheinung von Marpingen 1876

52 Am 3. Juli 1876 gegen Abend, befanden sich drei achtjährige Mädchen aus Marpingen, Margarete Kunz, Susanna Leist und Katharina Hubertus, in dem nahe am Orte gelegenen Härtelwalde, um Heidelbeeren zu sammeln. Plötzlich sieht die Susanna Leist einen hellen Schein und in dessen Mitte eine Gestalt. Sie schreit laut auf; ihre Gefährtinnen eilen hinzu und sehen dasselbe. Nun laufen die Kinder schreiend nach Hause und erzählen ihren Eltern und Geschwistern, sie hätten im Walde eine Frau sitzen sehen, mit einem Kinde auf dem Arm. Die Frau hätte ein weißes Kleid, einen weißen Schleier und weiße Strümpfe getragen. Das Kind sei ebenso gekleidet gewesen, habe aber auf dem Kopfe ein Kränzlein aus roten Rosen und zwischen den gefalteten Händen ein glänzendes Kreuzchen gehabt.

Am 5. Juli abends rief man einen schon längere Zeit kranken und siechen Bergmann in den Wald. Er sah nichts von einer Erscheinung; eines der Kinder legte aber seine Hand an den Ort, wo es den Fuß der Erscheinung sah, und der Bergmann war von dieser Stunde an gesund und lag seinem Berufe wieder ob. – Diese Heilung und die eines siebenjährigen Kindes am 6. Juli erregten großes Aufsehen, sodaß an diesem Abende wohl an 100 Personen im Walde waren. Unter ihnen waren vier Männer, welche bekundeten, die Erscheinung ebenfalls zu sehen, die sie genau und im wesentlichen übereinstimmend schilderten.

Am 13. Juli griff die weltliche Behörde ein und zwar in einer nicht gerade rühmlichen Weise. Geführt von dem Bürgermeister Woytt tauchte gegen 8 Uhr abends im Härtelwald plötzlich eine Kompagnie Soldaten unter Führung eines Hauptmanns auf. Dieser ließ, nach Trommelschlag, die Bajonette aufsetzen, als gälte es einen Sturmangriff auf eine feindliche Stellung. Die Kompagnie stürmte auf die völlig wehrlose Menge ein. Wer nicht rechtzeitig flüchtete oder flüchten konnte, wurde überrannt; einzelne sollen Kolbenstöße und Bajonettstiche erhalten haben. Die flüchtende Menge wurde bis ins Dorf verfolgt und dieses ganz wie ein erobertes in Feindesland behandelt. Den Pfarrer Neureuter, die Eltern der Kinder und die Gemeinderatsmitglieder belegte man mit besonders drückender Einquartierung. Vierzehn Tage blieb das Militär im Orte; der Wald wurde abgesperrt [...]

Die Beschwerden der Gemeinde über das unerhörte Verhalten des Militärs und der Polizei beim Oberpräsidenten und beim Generalkommando, sowie die ausführlichen Berichte in der „Kölnischen Volkszeitung“ und in der „Germania“ in Berlin hatten die nicht erwartete Folge, daß am 27. und 30. Oktober die Pfarrer von Marpingen und Alsweiler in Untersuchungshaft nach Saarbrücken abgeführt wurden, aus der man sie erst am 1. Dezember wieder entließ. Am 7. November wurde diese Sperre aufgehoben, aber am 10. wieder erneuert. Die Kinder waren bis um diese Zeit 14 Verhören unterzogen worden, teils vom Gerichte, teils von einem Berliner Geheimpolizisten, der mit allerlei Schlichen und Ränken den „Schwindel“ aufdecken wollte. Auf Grund eines Urteils des Friedensrichters zu St. Wendel, laut dessen die Kinder alle ihre Aussagen betreffs der Erscheinungen widerrufen haben sollten, wurden dieselben zur „Besserung“ in eine unter protestantischer Leitung stehende Waisenanstalt nach Saarbrücken verbracht.

nach: Nikolaus Obertreis, Stadt und Land des heiligen Wendalin. Saarbrücken 1927, S. 287–89.

10.4 Kaiserglaube und Obrigkeitsstaat: Peter Wust aus Rissenthal/ Merzig und Kaiser Wilhelm II.

Der spätere Philosoph Peter Wust (1884–1944) wurde in bescheidenen Verhältnissen in Rissenthal im Kreis Merzig geboren. In seinen Jugenderinnerungen schildert er, wie er als Kind an Kaiser Wilhelm II. schreibt und ihn um Bücher für seinen Wissensdurst bittet.

Aus den Jugenderinnerungen von Peter Wust (um 1894)

53 Eines Tages (erfuhr ich) von irgendeiner Seite her von der Hilfe [...], die unser Kaiser Wilhelm II. in irgendeiner Angelegenheit hilfesuchenden Kindern gewährt haben sollte. Sofort blitzte in mir der törichte Gedanke auf, daß mir vielleicht von dieser Seite her Hilfe in meiner Büchernot gewährt werden könnte, wenn ich nur imstande wäre, meine Situation in gebührender Weise darzustellen. So veschaffte ich mir denn eines Tages in aller Heimlichkeit einen großen weißen Briefbogen, wie man ihn für Amtszwecke zu benutzen pflegte, und ein Amtskuvert mitsamt der für die Frankierung nötigen Briefmarke und schrieb wahrhaftig ein Gesuch an ‚Seine Majestät, den Deutschen Kaiser Wilhelm II., in Berlin', worin ich vertrauensvoll dem gütigen Landesherrn die sehr kindliche Bitte „um eine ganze Kiste mit Büchern" vorzutragen wagte. Es wurde mir sehr heiß und ungemütlich über der Abfassung dieses wahrlich nicht alltäglichen Schreibens. Sehr vorsichtig wurde dann dieses Bittgesuch im Pfarrort Wahlen in den Briefkasten geworfen, aus Sorge darum, es könnte am Ende doch jemand von meinem abenteuerlichen Unternehmen etwas erfahren. Und nun begannen angstvolle, qualvolle, endlose Wochen eines unendlich langen Harrens und Hoffens. In meiner Phantasie malte sich immer deutlicher das Bild aus, wie eines Morgens der gute alte Briefträger Nicklas von der Poststelle Reimsbach, der wir zugehörten, herüberkommt in unser Dorf, eine kleine Kiste an seinem Knotenstock über die Schulter geschwungen. Mit gemütlichen Schritten nähert er sich unserm Hause und setzt die Kiste vor meiner Mutter nieder mit den Worten: „Die kommt aus Berlin!" Aufgeregt öffnet die Mutter mit Hammer und Meißel die geheimnisvolle Sendung. Und wahrhaftig: sie enthält das Büchergeschenk des lieben Landesherrn, der in so ganz weiter Ferne in Berlin wohnt und ein Freund der Kinder ist [...]

Aber sooft ich auch dem guten alten Briefträger Nicklas auflauern mochte in jenen langen Wochen einer ungeduldigen Wartezeit, er hatte doch nie die so sehnsuchtsvoll erwartete Zauberkiste bei sich, die für mich so etwas wie eine ganz neue Welt bedeutet haben würde. Nach langen Monaten aber – ich hatte längst meine kindlichen Hoffnungen schwermütig zu begraben angefangen – wurde plötzlich mein Vater „in amtlicher Sache" zum Ortsvorsteher zitiert. Als er nach einer Weile von diesem Gange, der ihn beunruhigt hatte, nach Hause kam, machte er ein beängstigend ernstes Gesicht, das nichts Gutes bedeutete, und erhob scheltend den Zeigefinger gegen mich, den kleinen Taugenichts. Und dann gab es eine sehr unangenehme Strafpredigt wegen meines jugendlichen Leichtsinns, der mich zu einem so unbesonnenen Streich wie dem törichten Bittgesuch an den Kaiser verlockt habe. Aufgeregt erzählte er, er habe beim Ortsvorsteher ein Schreiben des Kaiserlichen

Oberhofmarschallamtes unterzeichnen müssen, worin er als Vater dieses bittstellenden Jungen aufgefordert worden sei, seinen Sohn ernstlich vor solchen unnützen Bittgesuchen an ‚Seine Majestät' zu warnen. Es gebe genug andere Möglichkeiten, so hieß es außerdem darin, bedürftigen Kindern, die studieren wollten, den Zugang zum Gymnasium zu erleichtern. Kurz darauf aber bestellte dann auch noch der Kreisschulinspektor Dr. Berief den Vater amtlich nach Merzig, um mit ihm wegen dieser „peinlichen Angelegenheit" Rücksprache zu nehmen und ihm einzuschärfen, daß nur ein beschränkter Junge sich eine solche Albernheit habe einfallen lassen können. Auf den naheliegenden Gedanken jedoch, daß auch schon in einem Kinderherzen der Wissensdämon eine geradezu leidenschaftliche Glut nach den Hilfsmitteln der Erkenntnis auflodern lassen könne, auf diesen Gedanken kam keiner der bei dieser Angelegenheit beteiligten Herren. Ich selbst aber versank von da ab immer mehr in ein dumpfes, qualvolles Brüten und trug meine Büchersehnsucht im stillen mit mir herum, so schmerzlich sie auch zuweilen in meinem jugendlichen Herzen nagen und bohren mochte.

nach: Peter Wust, Gestalten und Gedanken. Rückblick auf mein Leben. München [4]1950.

11 Erster Weltkrieg

9. 11. 1918	Bildung von Arbeiter- und Soldatenräten in Saarbrücken
11. 11. 1918	Einrichtung einer französischen Militärregierung
2. 10. 1919	Versailler Vertrag: Sonderstatus des Saargebietes unter Völkerbundsregierung, Volksabstimmung nach 15 Jahren

11.1 Die Mobilisierung der Bevölkerung: Anweisung an die Schulleiter

Der Ausbruch des Krieges 1914 brachte auch für die Zivilbevölkerung fundamentale Einschnitte in allen Bereichen des Lebens. Durch verschiedene Maßnahmen steigerte die Schule die patriotische Begeisterung. So wurden die Schüler regelmäßig zu Sammlungen herangezogen, und aus Anlaß militärischer Siege gab es schulfrei.

Anweisung der Schulinspektionen von Saarbrücken und Völklingen an die Schulleiter, 1915

54 Die Herren Schulleiter weisen wir darauf hin, dass die gemäss Verfügung Königlicher Regierung [II. C. 1981 vom 12. 12. 1914, Absatz 6] neuaufzustellenden Stoffpläne unverzüglich zu fertigen sind, zunächst für die Monate Januar, Februar und März. [...]

Soweit es noch nicht geschehen ist, sind alle Fächer unter dem Gesichtspunkte eines Kriegslehrplanes mit neuen Stoffen auszustatten: Im Deutschen müssen Poesie und Prosa die Begeisterung atmen, die ähnliche Lagen in früheren Zeiten in unserem Volke ausgelöst haben; was immer im Lesebuche an Brauchbarem sich findet, in das junge Geschlecht die heisse, opfermutige Liebe zum Vaterlande zu pflanzen, ist heranzuziehen.

In der Geschichte muss die alte Zeit zugunsten der neuesten zurücktreten. Das Kaiserreich Deutschland bietet den Hauptstoff, seine Entwicklungsgeschichte den Rahmen für die Behandlung der Gegenwart, nur müssen sowohl Stoff wie Art der Darbietung einsichtsvoll auf die Abteilungen zugeschnitten werden. Wo immer die ältere Geschichte das Verständnis der neuesten erschliesst, wo immer zwanglos Vergleiche sich durchführen lassen, ist in entwickelnden Lehrverfahren Neues und Altes sinnvoll zu verweben und in Beziehung zu setzen, stets unter dem großen Gesichtspunkte, die Geschichte selbst unsere weltgeschichtlichen Erlebnisse erklären zu lassen. Der Verlauf des Krieges ist stetig zu verfolgen. Die Karte der Kriegsschauplätze darf in keiner Klasse fehlen.

Dem Unterricht in der Naturkunde erwächst eine Fülle von Aufgaben. Alle Erzeugnisse, die jetzt so viel besprochen werden, sind nach Wachstum, Herkunft, Bedeutung für die Volkswirtschaft in den Kreis der Betrachtung zu ziehen; Weizen, Roggen, Kartoffel, Baumwolle, Tee, Kakao, Kaffee, Kautschuk, Benzin, Petroleum, Salpeter u. a. m. geben die mannigfaltigsten und dankbarsten Unterrichtsstoffe ab.

Die Massnahmen der Staatsregierung zur Sicherung der Bestände, die eindringlichen Warnungen vor Verschwendung sind immer wieder zu erörtern, die ernste Notwendigkeit jener Massnahmen ist durch den Hinweis auf die drohenden Folgen zu unterstreichen, die Möglichkeit der Mithülfe den Kindern einleuchtend darzutun.

Die Schulleiter mögen eine Anzahl wichtiger Themen schöpfen, deren Erörterung in den einzelnen Klassen, dem Verhältnisse angepaßt, verbindlich sein soll. Solche Themen wären etwa: Wie kann ich dem Vaterlande nützlich sein? Welche Pflichten erwachsen dem älteren Schulkinde gegenüber dem jüngeren? Wie kann ich zur Volksgesundheit beitragen? Die Bedeutung des Goldgeldes für das Vaterland. Warum ist der Krieg mit England besonders gefährlich? Wie ist Deutschland gegen Einfälle von Westen (Osten) geschützt? Warum brauchen wir eine starke Flotte? u. a. m. – Die Bedeutung des Gesangunterrichtes für das Gefühlsleben ist im weitesten Umfange auszubeuten. Unsere herrlichen Vaterlandslieder müssen den Lehrplan ausfüllen, sie sollen möglichst oft in unseren Schulen erklingen. Nicht nur, wenn ein grosses Ereignis die Herzen der Kinder bewegt oder im Stundenplan die Gesangstunde verzeichnet ist, soll gesungen werden: alle Begeisterung möge im Liede ausklingen, die der wahrhaft im Sinne der Verfügung Königlicher Regierung erteilte Unterricht notwendig auslösen muss.

aus: Stadtarchiv Saarbrücken, Best. Großstadt, Nr. 437, Anweisung der Schulinspektionen von Saarbrücken und Völklingen an die Schulleiter v. 15. Jan. 1915.

11.2 Engpässe in der Versorgung: Verfügung über das Schuhwerk der Schüler

Gegen Ende des Krieges wurden einzelne Rohstoffe immer knapper. Die Behörden versuchten durch zahlreiche Verordnungen, Einsparungen durchzusetzen.

Verfügung des städtischen Bekleidungsamts Saarbrücken über das Schuhwerk der Schüler, 1918

55 Mit Rücksicht auf die immer knapper werdenden Vorräte an Leder und Lederschuhwaren mache ich die Herren Rektoren wiederholt darauf aufmerksam, auch in diesem Sommer ihr besonderes Augenmerk auf das Schuhwerk der Schulkinder zu richten. Es ist unbedingt geboten, dass diejenigen Schulkinder, die bereits früher sich an Barfusslaufen gewöhnt haben, sobald gutes Wetter eintritt, ohne Schuhwerk zur Schule zu gehen. Um bei den übrigen Kindern, die das Barfusslaufen nicht gewöhnt sind, Verletzungen der Füsse, insbesondere Wundkrankheiten, Blutvergiftungen und Wundstarrkrämpfe zu vermeiden, müssen sich diese zunächst an das Tragen von Holzsandalen ohne Strümpfe gewöhnen und erst allmählig zu völligem Barfusslaufen übergehen. Dabei mache ich darauf aufmerksam, dass ab 1. 4. 1918 Holzschuhe und Sandalen ohne Bezugsschein verkauft werden dürfen. Im übrigen bitte ich die Schulkinder darauf hinweisen zu lassen, dass in der Verkaufsstelle des städtischen Bekleidungsamtes, Eisenbahnstraße 40a, Holzsandalen und Holzschuhe (sogenannte Holländer) zu mässigen Preisen zu haben sind, und zwar ohne Ausweis.

Das Lederschuhwerk muß unter allen Umständen für die kommenden feuchten Herbst- und Wintermonate aufgespart werden, soll die Volksgesundheit nicht in bedenklichem Masse gefährdet werden.

aus: Stadtarchiv Saarbrücken, Best. Großstadt, Nr. 1655, Verfügung Dr. Pape, Städtisches Bekleidungsamt Saarbrücken, v. 18. April 1918.

11.3 Das Ende des Krieges in Saarbrücken: Aus den Memoiren von Max Ophüls

Nach dem Waffenstillstand vom 11. November 1918 kamen zahlreiche der besiegten deutschen Truppen auf ihrem Rückzug durch das Saarland. Wenige Tage später zogen französische Regimenter in die saarländischen Städte ein. Der Verfasser des folgenden Textes verbrachte seine Jugend in Saarbrücken.

Aus den Memoiren von Max Ophüls

56 Das Ende des Krieges sah so aus: Schon seit drei Tagen zogen durch die Bahnhofstraße hungernde, unrasierte deutsche Heereskolonnen. Die Soldaten hatten den Kopf gesenkt. Die Seile, mit denen die Pferde an die Deichseln gebunden waren, waren aus Papier und rissen oft. Es war gegen Nachmittag, als ein bayrisches Artillerie-Regiment einzog. Da hörte man die Stimmen der Zeitungsverkäufer. Ein Junge reichte einem Kanonier das Extrablatt hinauf auf seinen Gaul. Der Kanonier zieht die Zügel an, stoppt. Dann steigt er ab und sagt zu mir: „Willst 'ne Kanone?“ Er geht quer über die Straße in das Hutgeschäft Korn & Sohn, kommt nach zwei Minuten raus und hat statt eines Helmes einen Filzhut auf dem Kopf.

Infolgedessen dankte der Kaiser ab, die große Stunde des deutschen Volkes hatte geschlagen, die deutsche Republik wurde ausgerufen, und zur Feier der heiligen Stunde spielte man im Stadttheater „Wilhelm Tell“. Wir aber, die Schüler der Kaiserlich-Königlichen Oberrealschule, wurden in der Aula versammelt. Vor uns stand der Direktor, Professor Meinardus, und hielt uns eine Rede. Er sagte, daß er uns verlassen müsse, die Regierung habe ihn ins Innere Deutschlands abberufen, in den nächsten Tagen übernehme der Erbfeind unsere Stadt. „Ihr aber, meine Oberrealschüler, werdet ihm nicht entgegenziehen. Hinter verschlossenen Fensterläden sehe ich euch zu Hause sitzen, die Hand in der Tasche zur Faust geballt. Und nie soll sich diese Hand dem Feind öffnen. Und ihr werdet größer werden und heranwachsen, dann soll eure Faust zum Schwert greifen und den Feind wieder hinausjagen aus unserem Land.“ Wir sangen zum letztenmal „Deutschland, Deutschland über alles“, dann wurden wir hinausgeführt zum Soldatenfriedhof, wo von den Jahren 1870/71 und von 1914/18 viele tausend Tote lagen. Fünf Minuten entfernt von diesem Friedhof war die damalige deutsch-französische Grenze. Wir mußten uns in Reih und Glied aufstellen und fünf Minuten schweigend zur Grenze schauen. Viele Jungen um mich herum weinten. Und ich muß gestehen, daß auch ich, obwohl mein Verstand versuchte, gegen diese Gemütserregung anzugehen, sehr erschüttert war. Vierundzwanzig Stunden später zogen die Franzosen in die Bahnhofstraße. Sie hatten ein sehr gutes Regiment ausgewählt. Die Uniformen waren alle neu, das Lederzeug knackte, alle Soldaten waren frisch rasiert, die clairons (Trompeten) klangen hell und froh. Wir Jungen waren nicht zu Hause geblieben. Aber wir trauten uns auch nicht ganz offen auf den Bürgersteig. Wir standen in Torgängen und in Ecken. Wir wollten uns wahrscheinlich nicht die Sensation entgehen lassen, dabei zu sein. Ich glaube nicht, daß es etwas anderes war, was uns herauslockte an diesem Nachmittag. Es war sicherlich keine politische Opposition gegen den Direktor Meinardus. Wir waren ganz einfach nur sechzehn Jahre alt.

nach: Max Ophüls, Spiel im Dasein. Eine Rückblende, unveränderter Nachdruck der Ausgabe von 1959, Dillingen 1980, S. 40–42.

12 Nachkriegswirren und Völkerbundszeit

1922	Wahlen zum 1. Landesrat
1923	100tägiger Bergarbeiterstreik an der Saar
1923	Einführung des Frankens als offizielles Zahlungsmittel
1925	Eingliederung des Saargebietes in das französische Zollsystem
1925	„Rheinische Jahrtausendfeier“
1928	„Flughafen“betrieb in Saarbrücken

12.1 Ansätze zu einer Revolution: Der Arbeiter- und Soldatenrat in Saarbrücken

Die militärische Niederlage hatte zur Folge, daß am 9. November 1918 in den saarländischen Städten wie auch in den anderen Teilen des Deutschen Reiches Arbeiter- und Soldatenräte die Herrschaft übernahmen. Grundlegende politische, soziale und wirtschaftliche Reformen konnten sie nicht verwirklichen, da die französischen Truppen sofort nach ihrem Einmarsch am 22. November 1918 ihre Auflösung verfügten.

Presseartikel zur Einrichtung des Arbeiter- und Soldatenrats in Saarbrücken, 1918

57 Die soziale Revolution in Saarbrücken.

Saarbrücken, 9. November.

Die von Kiel ausgehende Bewegung der sozialen Revolution, die mit dem Aufstand der Marine begann und unter der Beteiligung der Unabhängigen (USPD) und Mehrheits-Sozialisten gefördert wurde, hat nun auch hier in Saarbrücken sich ausgebreitet unter ähnlichen Umständen wie in Köln, Koblenz, Frankfurt und einer weiteren Reihe von Großstädten Deutschlands, nur mit dem Unterschied, daß sich die Bewegung hier in völlig ruhigen Bahnen vollzog und Ausschreitungen nicht zu verzeichnen waren, wie es dem ruhigen Charakter der Arbeiterschaft des Saarreviers entspricht. Wohl herrschte besonders von den Nachmittagsstunden an ein lebhafter Verkehr auf den Straßen, besonders in der Bahnhof- und Eisenbahnstraße, den Hauptverkehrsadern unserer Stadt, doch vollzog sich alles in durchaus gemessenen Bahnen. Eine Anzahl Geschäfte hatte ihre Läden aus Vorsicht geschlossen; doch war etwa eine Stimmung, sich an fremdem Eigentum zu vergreifen, wie das anderwärts hier und da zu verzeichnen war, nicht wahrzunehmen. Man sah auf den Straßen einige Aufzüge unter dem Vorantritt von Soldaten. Hochrufe auf die soziale Revolution ertönten, den Soldaten und Offizieren wurden, wo sie sich mit Waffen sehen ließen, diese abgenommen. Dies alles geschah in ruhiger Weise, abgesehen von einigen Ausnahmefällen, gegen die der hier gebildete Arbeiter- und Soldatenrat, nachdem ihm davon Kenntnis geworden war, sofort entschieden einschritt, indem er in einem öffentlichen Aufrufe bestimmte, daß die Soldaten die Offiziere anständig zu behandeln hätten. „Der Degen“, so heißt es in dem Aufrufe, „darf den Offizieren nur von den dazu Beauftragten abgenommen werden, im weiteren sind sie nicht zu belästigen!“ Die Bildung des Arbeiter- und Soldatenrates vollzog sich in den Nachmittagsstunden in der jedenfalls vorher festgelegten Form, unter Hinzuziehung von Vertretern der Arbeiterschaft und des Militärs, das dic roten Abzeichen anlegte. Die hiesigen Behörden haben sich diesem Rat bereits unterstellt. Der erste Aufruf der Organisation ermahnt alle zur Aufrechterhaltung der Ruhe und Ordnung. Die Polizeipersonen sind Beauftragte des Arbeiter- und Soldaten-Rates geworden und ihren Anordnungen ist unbedingt Folge zu leisten. Auf Plünderungen sind strenge Strafen gesetzt. Arbeiter und Bürger werden aufgefordert, jeder auf seinem Posten zu bleiben, da die Arbeit aufrechterhalten werden müsse. Ein jeder hat sich den Anordnungen des Arbeiter- und Soldaten-Rates unterzuordnen.

aus: Saarbrücker Zeitung v. 10. November 1918.

12.2 Der Sonderstatus des Saargebietes: Bericht der Regierungskommission an den Völkerbundsrat, 1920

Der Friedensvertrag von Versailles legte erstmals die Grenzen des Territoriums fest, das als „Saargebiet" für die Dauer von 15 Jahren einer Völkerbundsregierung unterstellt werden sollte. Frankreich erhielt die saarländischen Kohlengruben als Ersatz für seine im Krieg zerstörten Gruben. Die politische Führung und Verwaltung des Saargebiets lag in den Händen einer internationalen Regierungskommission, die vom Völkerbund berufen wurde und der jeweils auch ein Franzose und ein Saarländer angehörte.

Die auch von der deutschen Regierung geförderte Opposition gegen die Regierungskommission führte zu Streiks und zahlreichen anderen Auseinandersetzungen, die die Arbeit der Völkerbundsregierung erheblich erschwerten.

Bericht der Regierungskommission des Saargebiets an den Völkerbundsrat vom 1. Juni 1920

58 Trotz ihrer vervielfachten Bemühungen um das Wohlergehen der Bevölkerung und die Ausführung ihres Mandats muß die Regierungskommission leider feststellen, daß man auf diese Bemühungen zu häufig mit Anschwärzungen und Feindseligkeiten antwortet. Unter den Bewohnern des Gebiets gibt es eine große Zahl, die sich weigern, den Friedensvertrag und die Autorität des Völkerbundes anzuerkennen. Diesen widersetzlichen Elementen begegnet man vor allem bei den Beamten, beim Lehrkörper, bei der Geistlichkeit und bei den höheren Klassen der Industrie und des Handels. Diese Elemente haben ihren Einfluß in den Dienst Deutschlands gestellt und sind bestrebt, alle Bemühungen der Regierungskommission, im Saargebiet entsprechend dem Friedensvertrag eine selbständige und von Berlin unabhängige Verwaltung zu organisieren, zum Scheitern zu bringen.

So hat man im Saarbecken die Spur gewisser Organisationen wie des „Heimatschutz" und des „Saarverein" gefunden, die dazu bestimmt sind, in den einer Volksabstimmung unterworfenen Gebieten mit allen Mitteln die Anwendung des Friedensvertrags zu durchkreuzen.

Diese Organisationen haben die verbreitetsten Lokalzeitungen zu ihrer Verfügung. Die Regierungskommission achtet peinlichst die Preßfreiheit. Gegen das

Recht, das sich die Journalisten angemaßt haben, die Loyalität der Regierungskommission zu verdächtigen und ihre Absichten zu entstellen, ist in keiner Weise eingeschritten worden. Die Kommission ist über diese Angriffe weder erstaunt, noch regt sie sich darüber auf. Aber es ist doch zu bemerken, daß die Heftigkeit dieser Angriffe und ihr böser Wille schließlich doch eine bedauerliche Wirkung auf eine im allgemeinen ziemlich einfache Bevölkerung, die den Behauptungen in den Zeitungen Glauben zu schenken geneigt ist, ausüben. [...]

nach: Das Saargebiet unter der Herrschaft des Waffenstillstandsabkommens und des Vertrags von Versailles, Berlin 1921, S. 166f.

12.3 Das Bekenntnis zu Deutschland: Die Jahrtausendfeier der Rheinlande 1925

Einen Höhepunkt im Kampf gegen die Abtrennung des Saargebiets bildete die Feier der tausendjährigen Zugehörigkeit der Rheinlande zum Deutschen Reich. Sie wurde zehn Jahre vor der geplanten Volksabstimmung zu einer nationalistischen Demonstration.

Kommentar der Saarbrücker Zeitung zur Jahrtausendfeier der Rheinlande vom 23. Juni 1925

59 Sieg – überwältigender Sieg auf der ganzen Linie! Als in den späten Nachmittagsstunden des Freitag die Stadt in wahrhaft überwältigender Weise sich in ein bisher nie geschautes Festkleid warf und die frohen Menschenmassen in den Straßen wogten, als deutscher Bürgergeist sieghaft und wunderbar allenthalben glänzende Triumphe feierte, da wußten wir, daß dieses kerndeutsche, vaterlandsliebende, alte und heilige Saarbrücken am Tage der großen Kundgebung sich selbst übertreffen und selbst über sich hinauswachsen würde. Und in der Tat: Was noch keine Stadt in deutschen Landen gefühlt und erlebt, das durften wir erleben, was keine Stadt noch geschaut, das durften wir schauen. Nur bewegten Herzens und in überströmendem Dankgefühl an alle die Tausenden von deutschen Männern und Frauen ist es möglich, die ruhmvolle Kunde jener in der Geschichte des Saarlandes unvergeßlichen Tage aufzuzeichnen, nur mit einem tiefen Gefühl überquellender Liebe für all die Braven und Wackren, die dieses deutsche Saarbrücken in so bezwingender, riesenhaft wuchtiger Weise zum Siege führten! Kein Rückschlag mehr ist denkbar! Unser die Stunde! Unser der Sieg! Unser die Zukunft bis in die fernsten Tage! Unser das Land der Väter, unser das Erbe für Kind und Kindeskinder. [...]

Noch wehen in den Straßen die Fahnen unseres Sieges, die Fahnen der Treue, der Liebe und Zuversicht. Sie sind der letzte Gruß des riesenhaften, unvergänglichen Geschehens, das 40 000 Menschen in überwältigendem Zuge durch die Straßen führte und 15 000 Kinder für Heimat und Vaterland zeugen ließ. Diese Demonstration, diese friedliche Demonstration, diese wuchtige Ballung eines stählernen Willens, hat alles hinweggefegt, was sich an Hemmnis und Hindernis, an niedrigem Gebelfer dem urmächtig emporreckenden Volksdrang entgegenstellte. [...]

Auf denn ihr wackren Saarbrücker, die ihr im Geiste der großen Vergangenheit den Schild schützend über den Boden der Heimat hieltet, auf zur Ueberwindung der Partei durch tätige Bruderliebe. Die Schranken, die an den Tagen der Jahrtausendfeier zwischen den einzelnen Schichten und Klassen gefallen sind, dürfen nicht von neuem errichtet werden. Das Vaterland über die Partei! Wer sich diesem großen Gedanken im Saartal entgegenstemmt, der muß von der Volksverachtung geächtet, aus der deutschen Front vertrieben werden! Deutsch – sei die Parole jetzt und immerdar. In diesem Sinne: Es lebe das Saarland, es lebe Saarbrücken!

aus: Saarbrücker Zeitung v. 23. Juni 1925.

12.4 Wahlergebnisse im Saargebiet 1919–1932

Nach den Wahlen zur Weimarer Nationalversammlung waren im Saargebiet während der Völkerbundszeit nur politische Wahlen zur Nominierung der Landesratsmitglieder möglich. Der Landesrat war jedoch kein echtes Parlament, weil er als Volksvertretung nur sehr eingeschränkte demokratische Mitwirkungsrechte besaß. Die „Verordnung über die Errichtung des Landesrates" vom März 1922 verweigerte den Volksvertretern wichtige parlamentarische Rechte, wie die Immunität der Mitglieder, das Recht zu Anträgen und Anfragen an die Regierung, die Wahl eines eigenen Präsidenten und die selbständige Festlegung der Tagesordnung. Die Wünsche der saarländischen Parteien nach einer echten Teilhabe an der Regierung blieben, auch als sich nach 1926 das Verhältnis zwischen Regierungskommission und Landesrat besserte, unerfüllt.

Ergebnisse der Wahlen im Saargebiet 1919–1932

60

	National-versamml. 1919	Landesrat 1922	Landesrat 1924	Landesrat 1928	Landesrat 1932
Wahlberechtigte	329604	356141	378459	427901	477635
abgegebene Stimmen (%)	87,8	54,5	67,5	66,1	77,3
gültige Stimmen (%)	99,7	99,7	99,7	98,4	98,2
Zentrum (%)[1]	47,05	47,72	42,79	46,39	43,19
ChSP (%)[2]	–	–	–	3,35	1,79
SPD (%)	36,6	15,11	18,45	15,64	9,92
KPD (%)	–	7,52	15,80	16,72	23,19
DDP (%)[3]	13,8	3,90	–	1,41	0,58
DSVP (%)[4]	1,57	12,84	14,75	9,42	6,66
WP (%)[5]	–	8,31	4,24	3,29	3,20
DNVP (%)[6]	0,7	–	1,2	3,78	1,59
NSDAP (%)	–	–	–	–	6,74
Splittergruppen (%)	0,28	4,6	2,77	–	3,14

[1] 1919 im bayer. Teil des Saargebietes Bayer. Volkspartei.
[2] Christliche Soziale Partei.
[3] 1919 Liberale Demokratische Arbeitsgemeinschaft, dann Deutsche Demokratische Partei, 1932 Deutsche Staatspartei.
[4] Liberale Volkspartei, ab 1924 Deutsch-Saarländische Volkspartei.
[5] Vereinigung von Hausbesitzern und Landwirtschaft, seit 1928 Deutsche Wirtschaftspartei.
[6] Deutschnationale Volkspartei.

nach: H. W. Herrmann, G. W. Sante, Geschichte des Saarlandes, Territorien-Ploetz, Würzburg 1972, S. 84.

13 Die Saarabstimmung 1935

1933/4	Zusammenschluß der bürgerlichen Parteien, des Zentrums und der NSDAP-Saar zur „Deutschen Front“
10. 8. 1934	Ernennung des pfälzischen Gauleiters Joseph Bürckel zum Saarbevollmächtigten der Reichsregierung
13. 1. 1935	Volksabstimmung im Saargebiet (90,5% der gültigen Stimmen für den „Anschluß“)
1. 3. 1935	Rückgliederung des Saargebietes an das Deutsche Reich

13.1 Die Abstimmung als Kampf um die „Deutsche Saar“: Propaganda und Aktivitäten der „Deutschen Front“

In vielen Propagandatexten, die die Bewohner des Saargebietes auf den Anschluß an Deutschland einschwören wollen, werden traditionelle Werte wie Treue und Vaterlandsliebe mit der Idee der Volksgemeinschaft und des nationalsozialistischen Führertums verbunden.

Aus einer Propagandaschrift der „Deutschen Front“, 1934

61 Es geht nicht nur um Sein oder Nichtsein des deutschen Saarvolkes. Hier vollzieht sich, wie oft in deutscher Geschichte, im engen kleinen Grenzland deutsches Gesamtschicksal. Die Saarfrage in ihrer heutigen Form ist eine Gesamtfrage des deutschen Volkes. Unser Führer Adolf Hitler hat das in vielen seiner Reden zum Ausdruck gebracht.
„In einem aber gibt es keine Verständigung! Weder das Reich kann verzichten auf Euch, noch könnt Ihr Verzicht leisten auf Deutschland“,
rief er unter brausendem Jubel den Hunderttausend Deutschen von der Saar am Niederwald zu. Damit ist aber zugleich allen Deutschen ihre Aufgabe gestellt. Das Wort des Führers ist unser aller Befehl. Sein Befehl ist unsere Pflicht, und diese Pflicht heißt für das ganze Deutschland: Kampf um die deutsche Saar. Nicht Kanonen, Tanks, Gewehre sind unsere Waffen in diesem Kampf, sondern das gleiche Blut, die gleiche Sprache und Sitte, die gleiche große unendliche Liebe zum gemeinsamen Vaterland, das da heißt:

Ewiges Deutschland!

Lasset die Welt hören, wir sind ewig eins, untrennbar verbunden im gemeinsamen Schicksal der Zukunft wie in der Vergangenheit: das Volk von der deutschen Saar und alle die Söhne und Töchter deutscher Erde. Das wollen und werden wir der Welt beweisen im kommenden Abstimmungsjahr. Und dieser Glaube, der Berge versetzt, wird auch den Deutschen von der Saar heimführen ins große deutsche Vaterland!

Wenn so Millionen deutscher Volksgenossen wissen, daß der Kampf um die Saar ihr eigenes Sein oder Nichtsein bedeutet, müssen sie nun im einzelnen kennenlernen, was das Diktat von Versailles an der Saar schuf. Sie müssen hören von dem treuen Volk, seinen Sitten und Gebräuchen, seiner Arbeit, seinem Leid und seiner Liebe zu Deutschland.

nach: Dr. Heinrich Schneider (Hrsg.): Unsere Saar. Berlin 1934, S. 15.

Die Plakatpropaganda der Deutschen Front versucht über das Gefühl die politische Einstellung der Saarländer zu beeinflussen. Verstand und kritisches Denken sollen ausgeschaltet, Herz und Gefühl gewonnen werden, wobei u. a. geschickt Bezüge zu regionalen Besonderheiten hergestellt werden.

Plakat der „Deutschen Front“, 1934

Abb. 15: „Deutsche Mutter – heim zu Dir“ Plakat der „Deutschen Front“, 1934

NSDAP und Deutsche Front versuchten, mit Unterstützung von Teilen der Industrie, gezielt Druck in den Betrieben auszuüben, um die Belegschaft in ihr Lager zu ziehen. Darüber hinaus sollten die Menschen über die soziale Propaganda für ihre Ziele gewonnen werden. Dazu zählten neben der Arbeitsbeschaffungspropaganda und dem Winterhilfswerk sogenannte „Betreuungsmaßnahmen" für Saarländer.

Erinnerungen eines Mitglieds der Saarländischen Wirtschaftsvereinigung (SWV) zum Abstimmungskampf 1934/35

62 „Abgesehen davon, daß mit ganz wenigen Ausnahmen die Beamtenschaft der Dillinger Hütte sich stark nationalsozialistisch betätigt, ist auch der größere Teil der Arbeiter, die bis vor kurzem sich wenigstens innerhalb des Fabrikgeländes noch neutral verhalten haben, in starke Opposition zu der nichtgleichgeschalteten Belegschaft (Elsaß-Lothringer, naturalisierte Franzosen und Antifaschisten, hauptsächlich Mitglieder der SWV) getreten.

Bis vor die Tore des Dillinger Werkes begrüßen sich Beamte, Angestellte und Arbeiter in geradezu provozierender Form mit dem sogenannten ‚Heil-Hitler-Gruß'. Innerhalb des Hüttenareals, in den Büros und Betrieben trifft dies vielleicht weniger zu, dafür aber werden hier die nichtgleichgeschalteten Personen in jeder nur erdenklichen Form boykottiert und verhöhnt. [...] Es ist eine bewiesene Tatsache, daß auch bezüglich der Arbeit selbst ein gewaltiger Unterschied gemacht wird, denn während die Nationalsozialisten mit leichteren und besseren, dazu auch besser bezahlten Arbeiten beschäftigt werden, wird von Antifaschisten mit Vorliebe eine weniger gut bezahlte und schwere Arbeit verlangt. Dies ist nur möglich, weil Vorarbeiter, Meister, Betriebsleiter und Ingenieure mit wenigen Ausnahmen solches verfügen oder aber billigen und stillschweigend damit einverstanden sind.

Weit wichtiger und mehr zu verurteilen aber ist die Methode der Arbeitereinstellung. In herausfordernder Weise berücksichtigt die von Herrn Georg geleitete Personalabteilung bei Bewerbungen die nationalsozialistischen Bewerber, während Gesuchsteller, welche nicht gleichgeschaltet sind, bis heute noch in keinem Fall berücksichtigt wurden. Bezeichnend dafür ist folgender Vorfall: Ein Antragsteller, dessen Vater geborener Lothringer und Mitglied der SWV ist, erhält von Herrn Georg die Antwort: ‚Gehen Sie in die NSDAP, und ich werde Sie einstellen, andernfalls kann ich für Sie nichst tun.' [...] Zur gleichen Zeit sind auf der Dillinger Hütte umfangreiche Neueinstellungen vorgenommen worden, es handelt sich aber ausnahmslos um Mitglieder der DF oder um solche, die mit derselben sympathisieren."

Bericht eines kriegsbeschädigten Hüttenarbeiters

63 „Niemand hat sich bis heute besonders um ihn, um den kriegsbeschädigten Röchling-Arbeiter gekümmert. Kein Aas. Bis ihn vor wenigen Monaten das Dritte Reich zur Erholung einlud. Ja, die machten es mit ihren Versprechungen ernst. Das Vaterland erstattet, wenn auch mit Verspätung, seinen Dank an seine Veteranen. [...] Keinen Centimes mußte er für die Reise bezahlen. Sogar Registermark durfte er mitnehmen. Er landete in der Sächsischen Schweiz. Die Behandlung war ausgezeichnet. Das Essen war reichlich, so gut hat er in seinem

Leben noch nicht gegessen. [...] Dazu Taschengeld. Einmal 5 Mark, einmal 2,50 Mark. Das war aber nur die Sorge um das ‚Materielle'. Man hat sie mit Auots hin und hergefahren. Die Lustschlösser des August des Starken gezeigt. Den Königstein. Die Natur.

Was soll das bedeuten? Hat Hitler am Ende doch den Sozialismus gebracht?"

13.2 Argumentation für den „Status quo"

Die eher defensive Propaganda der Einheitsfront mobilisierte kaum Gefühle. Der Saarkampf der Linken bot eine Verlegenheitspropaganda mit abstrakten, kalten und unverständlichen Parolen, die kaum anziehend auf Teile der Saarbevölkerung wirkten.

64

STATUS QUO
Was bringt der Status quo?
Teilnahme der Bevölkerung an der Regierung · Selbstbestimmungsrecht · Selbstverwaltung
Bleiben wir immer von Deutschland getrennt?
Die französische Regierung erklärt sich schon jetzt damit einverstanden, sobald die Bevölkerung es wünscht, den Zustand zu ändern. Das heißt, das Saarvolk hat die Möglichkeit, sich später für ein von Hitler befreites Deutschland, neu zu entscheiden
Was wird mit den Gruben?
Wenn sich die Bevölkerung für den Status quo entscheidet, wird ein Teil der Gruben in den Besitz des Saarstaates übergehen. Kommt das Saargebiet an Deutschland, besteht Frankreich, so wie es der Versailler Vertrag vorschreibt, auf voller Bezahlung der Gruben in Gold
Welche Währung kommt?
Die französische Währung. Außerdem werden wir dann wie seither weiter in Frankreich Kredite aufnehmen können
Was wird mit den Renten?
Die Rechte der Sozialrentner sind durch den Völkerbund garantiert. Deutschland muß und wird zahlen. Die Renten in einem freien Saargebiet sind sicherer als in einem von Währungsverfall und Wirtschaftskatastrophe bedrohten Deutschland. Das dritte Reich hat seine Rentenempfänger um 40 Prozent in den Bezügen gekürzt, das heißt, es hat sie betrogen

Abb. 16: Plakat des „Status quo"

Auch Bertolt Brecht engagierte sich im Abstimmungskampf an der Saar. Er schrieb ein antifaschistisches Agitationslied, das „Saarlied". Das Lied wurde zuerst am 27. 10. 1934 mit den Noten Hanns Eislers in der Arbeiter-Zeitung gedruckt. Drei Wochen später erschien es in der sozialdemokratischen „Volksstimme" mit dem Zusatz „Nachdruck erbeten". Es wurde tatsächlich mehrfach in sozialistischen und kommunistischen Blättern nachgedruckt, immer unter dem Titel: „Der 13. Januar".

Bertolt Brecht, „Saarlied", 1934

65 Von der Maas bis an die Memel
Da läuft ein Stacheldraht
Dahinter kämpft und blutet jetzt
Das Proletariat.

Haltet die Saar, Genossen
Genossen, haltet die Saar.
Dann werden das Blatt wir wenden
Ab 13. Januar.

Das Bayern und das Sachsen
Das haben uns Räuber besetzt
Und Württemberg und Baden auch
Sind fürchterlich verletzt.

In Preußen steht General Göring
Der Thyssen räubert am Rhein.
In Hessen und in Thüringen
Setzten sie Statthalter ein.

Die uns das große Deutschland
Zerfleischten ganz und gar
Jetzt strecken sie die Hände aus
Nach unserer kleinen Saar.

Da werden sie sich rennen
An der Saar die Köpfe ein
Das Deutschland, das wir wollen, muß
Ein andres Deutschland sein.

13.3 Die Stellung der katholischen Kirche in der Abstimmungsfrage: Hoffnungen des Bischofs von Trier

Die katholische Kirche kann als wichtiger Faktor im Abstimmungskampf angesehen werden, da der überwiegende Teil der Saarbewohner katholisch war. Die Geistlichkeit war insgesamt für Deutschland eingestellt bei Wahrung der kirchlichen Rechte. So erklärt sich auch die eindeutige Parteinahme des Bischofs für den Anschluß.

Brief des Trierer Bischofs Bornewasser an Hitler am 27. 8. 1934

66 Wenn schon im katholischen Volke Deutschlands die planmäßige Verbreitung der widerchristlichen Lehren Rosenbergs, Bergmanns und anderer in der Partei, in Schulungskursen, in Lagern usw. aufs tiefste erbittert, so ist das noch mehr der Fall bei den katholischen Saarländern, weil sie nicht ohne Grund fürchten, nach der Angliederung auch dem teilweise hemmungslosen Ansturm auf die Grundlagen der christlichen Kultur unseres Volkes ausgesetzt zu werden und dabei auch die Freiheit des Wortes in kirchlichen und außerkirchlichen Versamm-

lungen, die Freiheit der Presse und des Flugblattes zur Aufklärung, Belehrung und Verteidigung in all den religiösen Gefahren der Zeit zu verlieren.

Sehr verehrter Herr Reichskanzler! Ich bin nun fast 13 Jahre Bischof des rheinischen Teiles des Saargebietes. Es ist dies der weitaus größte Teil desselben. Ich bin jedes Jahr in einer Reihe von Städten und Landgemeinden amtlich tätig gewesen. Immer wurde ich, wohin ich kam, öffentlich von den Landräten und Bürgermeistern als der Hort des Deutschtums begrüßt, ohne daß ich mich jemals in die Politik an sich eingemischt habe. Die französischen Zeitungen haben diese Auffassung oft genug bestätigt und mich den „Rocher de bronce" (eherner Fels) für das Deutschtum genannt. Deshalb habe ich geglaubt, mit Freimut und Offenheit auf die Tatsachen hinweisen zu dürfen, die auf eine Deutschland günstige Abstimmung so ungünstig einwirken und – ich muß es mit tiefem Schmerz sagen – auch die Erfolge meiner 12jährigen, oft bitteren und schweren Arbeit zum Teil zerschlagen haben.

Es gibt nur einen Mann in Deutschland, der noch in letzter Stunde in der Saarländischen Gefahr Rettung bringen kann, das sind Sie, Herr Reichskanzler!

Im Interesse der vollen Einigung des deutschen Volkes durch die Heimkehr der Saarländer zum Vaterland würde ich und mit mir die c. 500 000 katholischen Saarländer es dankbarst begrüßen, wenn Sie, verehrter Herr Reichskanzler, diejenigen Maßnahmen treffen würden, die geeignet sind, die gefährlichen und schmerzlichen Wirkungen der in den Punkten II 1–6 von mir geschilderten Geschehnisse für die, wie Herr Gauleiter Bürckel (Pfalz) meint, allernächste Zukunft zu verhindern.

nach: Maria Zenner, Parteien und Politik im Saargebiet unter dem Völkerbundsregime 1920–1935. Saarbrücken 1966, S. 399.

13.4 Eine Feier zum Anschluß des Saargebietes an das Deutsche Reich (1. März 1935)

Programm der Deutschen Front Rockershausen zur Befreiungsfeier am 1. und 2. März 1935

67

1. Tag: 1. März

6.00 Wecken durch die Hitler-Jugend
7.00 Kranzniederlegung durch eine Abordnung am Kriegerdenkmal in Altenkessel
7.15 Anpflanzung der Freiheitslinde an der ev. Schule durch die H.J.
8.00 Dankgottesdienst
11.00 Allgemeine Beflaggung des Ortes
21.30 Höhenfeuer an der Sandgrube Benden
22.00 Volksvergnügen mit Tanz in den Lokalen Zapp und Knopp

2. Tag: 2. März

Vormittags Aufstellung der gesamten Schuljugend nach Klassen auf dem Sportplatz – Abmarsch durch den Ort – anschließend Feier auf dem Schulhof – Betreuung der Jugend mit Wurst-Weck
19.35 Illuminierung sämtlicher Häuser

20.00 Aufstellung des Fackelzuges auf dem Sportplatz in Viererreihen. 1. Kapelle, 2. Fahnenzug mit je **einem** Fahnenträger, 3. Ortsgruppenstab einschließlich Führerrat, 4. Berg- und Hüttenleute in Uniform, 5. Jugend ohne Uniform, 6. Männer, 7. Frauen.

Schlußkundgebung (Sandgrube Benden) Programm:
1. Badenweilermarsch
2. Sängervereinigung Konkordia-Rheingold
3. Sprecherchor H.J. – Fackelreigen T.V.R. (Rockershausen)
4. Es spricht ein Arbeiter
5. Ansprache Ortsgruppenleiter
6. Zapfenstreich

Anschließend Volksvergnügen im Lokal Martin

Heil Hitler!

gez. Stumm
Ortsbürgermeister

gez. Jäger
Ortsgruppenleiter

zitiert nach einem hektographierten Programm aus der Privatsammlung Heckmann

13.5 Diffamierung und Ausgrenzung der Hitlergegner

Die Saarländer, die nicht für den Anschluß an das Deutsche Reich stimmen wollten, wurden als „Saarfranzosen" oder „Statusquoler" verunglimpft, oft auch verfolgt und mißhandelt. In hoher Auflage wurden nach dem Abstimmungstag Postkarten mit Spottexten in Umlauf gebracht.

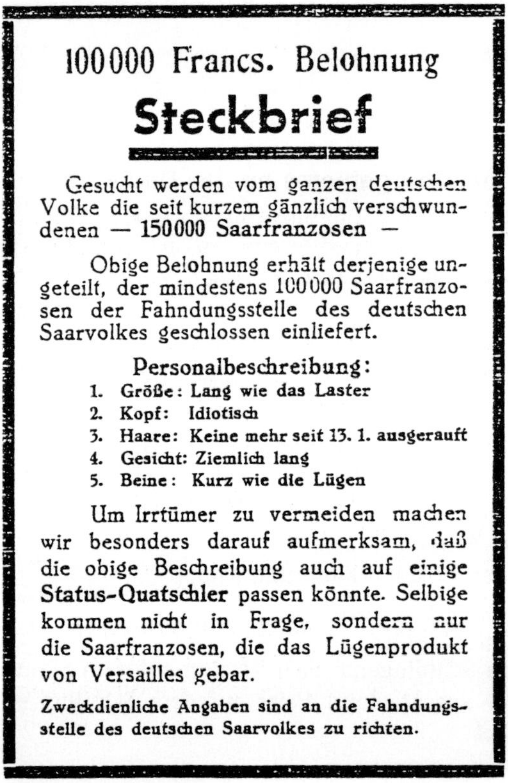

100000 Francs. Belohnung

Steckbrief

Gesucht werden vom ganzen deutschen Volke die seit kurzem gänzlich verschwundenen — **150000 Saarfranzosen** —

Obige Belohnung erhält derjenige ungeteilt, der mindestens 100000 Saarfranzosen der Fahndungsstelle des deutschen Saarvolkes geschlossen einliefert.

Personalbeschreibung:

1. **Größe: Lang wie das Laster**
2. **Kopf: Idiotisch**
3. **Haare: Keine mehr seit 13. 1. ausgerauft**
4. **Gesicht: Ziemlich lang**
5. **Beine: Kurz wie die Lügen**

Um Irrtümer zu vermeiden machen wir besonders darauf aufmerksam, daß die obige Beschreibung auch auf einige **Status-Quatschler** passen könnte. Selbige kommen nicht in Frage, sondern nur die Saarfranzosen, die das Lügenprodukt von Versailles gebar.

Zweckdienliche Angaben sind an die Fahndungsstelle des deutschen Saarvolkes zu richten.

Abb. 14: Postkarte „In Erinnerung an die Saarabstimmung am 13. 1. 1935"

14 Nationalsozialistische Herrschaft und Widerstand an der Saar

Januar 1935	Flucht und Exil für viele Hitlergegner aus dem Abstimmungskampf
1935	Inbetriebnahme des Reichsrundfunksenders Saarbrücken
1937	Frankenholzer Schulstreik
1938	Beginn der Arbeiten im Saarabschnitt der Befestigungslinie „Westwall"
9. 11. 1938	Reichspogromnacht in vielen saarländischen Orten. Zerstörung fast aller Synagogen, „Arisierung" von Betrieben und Läden
20. 10. 1940	Deportation aller im Saarland verbliebenen Juden nach Gurs in den Pyrenäen
19. 4. 1943	Hinrichtung von Willi Graf, Student, Mitglied der Weißen Rose

14.1 Die Aktivitäten der KdF im Gau Pfalz-Saar: Ein Zeitungsbericht

Die „Nationalsozialistische Gemeinschaft ‚Kraft durch Freude'" gestaltete u. a. Urlaub und Reisen der Mitglieder der „Deutschen Arbeitsfront" und arbeitete federführend bei der Durchführung der „Volksbildung". Bereits vor 1935 versuchte KdF im Rahmen des Abstimmungskampfes an der Saar über Gemeinschaftsveranstaltungen vielfältigster Art die Saarländerinnen und Saarländer unter dem Slogan „Heim ins Reich!" zu sammeln.

Ein Zeitungsbericht vom 28. 11. 1935

68 Was Kraft durch Freude im Gau Pfalz-Saar leistete.
Das Amt Reisen, Wandern und Urlaub
hat im letzten Jahr im Gau Pfalz-Saar 233 Fahrten und Züge mit insgesamt 95 739 Teilnehmern gegenüber 25 Fahrten mit 16 000 Teilnehmern im Jahre 1934 durchgeführt. Die Fahrten teilen sich in sog. Wochenfahrten und Wochenendfahrten. Wochenfahrten führte das Amt 21 mit 12 880 Urlaubern durch. Von diesen 21 Fahrten waren drei Hochseefahrten mit etwa 2500 Teilnehmern. Die übrigen 10 000 wurden in die Gaue Westfalen-Süd (Sauerland), Allgäu, Oberbayern (Chiemgau), Baden (Bodensee), in den württembergischen Schwarzwald, Schlesien, Berlin, Mecklenburgische Ostseeküste, Pommersche Ostseeküste und Lübecker Bucht verschickt.

83 749 Volksgenossen wurden durch unsere Wochenendzüge und Omnibusse befördert, z.T. innerhalb, z.T. auch außerhalb unseres Gaugebietes. Bei den Fahrten innerhalb des Gaues wurden nach Möglichkeit die Notstandsgebiete berücksichtigt. Naturgemäß war auch das rückgegliederte Saarland ein großer Anziehungspunkt für Wochenendfahrten auch aus anderen Gauen. Das Amt für Reisen, Wandern und Urlaub hat noch während des Abstimmungskampfes an der Saar erreicht, daß vom Reichsamt die Mittel zur Verfügung gestellt wurden, 6000 mittellose Volksgenossen völlig kostenlos in einen achttägigen Urlaub zu schicken. [...]

aus: Saarbrücker Zeitung, 28. 11. 1935

14.2 Saarländische Wirtschaft im Dienste der Nationalsozialisten: Brief des Beauftragten für den Vierjahresplan an Dr. h.c. Hermann Röchling

Hermann Röchling hatte als Eigentümer der Röchling'schen Eisen- und Stahlwerke die Produktion seiner Werke frühzeitig auf die Bedürfnisse der Kriegsplanung der Nationalsozialisten umgestellt. Göring übertrug ihm als Vorsitzenden der Reichsvereinigung Eisen 1942 die Aufgabe des „Reichsbeauftragten für Eisen und Stahl in den besetzten Gebieten".

Brief des Beauftragten für den Vierjahresplan Göring an Dr. Hermann Röchling vom 18. 6. 1942

69

Der Reichsmarschall des Großdeutschen Reiches
Beauftragter für den Vierjahresplan
V.P. 11118/4

Berlin W 8, den 18. Juni 1942
Leipziger Str. 3

Für die besetzten Westgebiete, für Norwegen, für die den Chefs der Zivilverwaltung in Elsaß, Lothringen, Luxemburg, Südsteiermark, Süd-Kärnten und Bialystock unterstehenden Gebiete, für das Protektorat Böhmen und Mähren, für das Generalgouvernement und für die Reichskommissariate Ostland und Ukraine sowie für Serbien bestelle ich den Vorsitzer der Reichsvereinigung Eisen, Kommerzienrat Dr. h.c. Hermann Röchling, zum „Reichsbeauftragten für Eisen und Stahl in den besetzten Gebieten".

Der „Reichsbeauftragte für Eisen und Stahl in den besetzten Gebieten" hat die Aufgabe, durch Weisungen und Richtlinien alle Maßnahmen zu treffen, die der Förderung der ihm in seiner Eigenschaft als Vorsitzer der Reichsvereinigung Eisen übertragenen Arbeiten dienen. Der Reichsbeauftragte kann für diesen Zweck die Träger und Organe der Eisenwirtschaft in den genannten Gebieten zu Arbeitsgemeinschaften zusammenfassen und mit Weisungen versehen.

Entscheidungen von grundsätzlicher Bedeutung hat der Reichsbeauftragte nach Fühlungnahme mit den deutschen Leitern der einzelnen Gebietsverwaltungen zu treffen.

gez. Göring
Siegel Beglaubigt: Schütze
Verwaltungsassistent

an
Reichsbeauftragten für Eisen und Stahl
in den besetzten Gebieten
Kommerzienrat Dr. h.c. Hermann Röchling
in
Berlin W 8

Bundesarchiv Koblenz, R3, Nr. 1596.

14.3 Erziehung und Ausbildung im Dienste des NS-Staates: Auszüge aus Rechenbüchern für Volksschulen

Nach 1937 wurden im ganzen Deutschen Reich die Schulbücher im Sinne der nationalsozialistischen Erziehungsprinzipien umgeschrieben. Die folgenden Beispiele sind dem „Rechenbuch für Volksschulen" aus dem Diesterweg-Verlag entnommen, das für die Volksschulen des Gaues „Westmark", also auch für das Saarland verpflichtend war.

Auszüge aus Rechenbüchern für Volksschulen, 1943

70 Von 709 Abkömmlingen der verbrecherischen Familie Juke waren 131 Trinker, 64 Geisteskranke, 77 Schwerverbrecher, 12 Mörder und 174 Menschen mit einem liederlichen Lebenswandel.

a) Wieviel % waren insgesamt minderwertig?

b) Die Kosten, die dem Staate durch diese Minderwertigen verursacht wurden, betrugen etwa 12,5 Mill. R.M. Wieviel entfielen davon durchschnittlich auf einen Minderwertigen?

nach: Rechenbuch für Volksschulen Gau Westmark, 1942, 8. Schuljahr.

71 Deutsch die Saar!

Stimmberechtigte Personen	539 541
Abgegebene Stimmen	528 005
Gültige Stimmen	525 756
Für Deutschland abgegebene Stimmen	477 119
Für Beibehaltung des Zustandes stimmten	46 513
Für Frankreich stimmten	2 124

a) Wieviel % der gültigen Stimmen kamen auf Deutschland?

b) Auf Frankreich?

c) Stelle das Ergebnis nach Hunderteln in folgendem Quadrat auf Seite 50 zeichnerisch dar! (1 qcm = 1 %.)

nach: Rechenbuch für Volksschulen Gau Westmark, 3. Aufl., 1943, 7. Schuljahr.

14.4 Die Reichspogromnacht 1938

Der Augenzeuge Dr. H. berichtet 1987 Homburger Schülern und Schülerinnen über die Ereignisse des 9. November 1938 in Homburg. Aus seiner subjektiven Perspektive erlebt er noch einmal Ausschreitungen und Zerstörungen der Reichspogromnacht am Beispiel der Verwüstung des Geschäftes von Aron Salomon und der Inbrandsetzung der Homburger Synagoge.

Ein Augenzeugenbericht aus Homburg

72 Herr Dr. H.

Am 9. Nov. 1938 bin ich sehr wahrscheinlich gegen 9 Uhr auf dem Weg zum Amtsgericht Homburg gewesen. Dabei sah ich etwas, das mich beunruhigt hat dort an dem Geschäft Salomon. Ich habe den Eindruck gehabt, daß irgend eine Aktion dort gemacht wird. Ich war bei der NSDAP, wie man so sagt, sehr unbeliebt und wollte mich keiner peinlichen Situation gegenüber sehen. Ich bin auf die andere Straßenseite gegangen und habe gerade den Herrn R. aus der Karlsbergstraße, ein kleiner SA-Mann, dort drin herumtanzen gesehen mit einem Damenhöschen. Er machte einen Tanz, einen höhnischen Tanz. Erst später bei Gericht natürlich ist er zu diesem Thema noch befragt worden, und er hat sich sehr geschämt. „Was haben Sie sich denn da gedacht?" hat der Vorsitzende gefragt. Und er hat gesagt: „Ach, Herr Vorsitzender, es war eine Dollerei", so etwas ähnliches, dem Sinn nach. Er hat sich also geschämt.

Ich war natürlich insofern verärgert, weil ich damals schon wußte, wir sind in einer Notlage wegen der Rohstoffe, und vor allen Dingen auch Spinnstoffsachen, die hier kaputtgemacht werden. Dort in dem Laden habe ich niemanden gesehen als den R.; der Herr K. R. hat mir später erzählt, die Familie Salomon, die sich jetzt sehr beängstigt gegenüber einer größeren Menge von Personen sah, suchte, ein bißchen Schutz zu finden, und er sagt, er hätte gesagt, sie sollten beruhigt sein, es geschehe ihnen nichts. Es ist auch persönlich ihnen nichts geschehen.

Aber da wußte ich noch nichts von der Synagoge. Als ich dort hinaufgegangen bin, so gegen Leysers Eck zu, sah ich dort oben Feuerwehr und auch wieder einen Auflauf, etwas Rauch aus der Tür. Ich bin näher gegangen, und wenn ich mich nicht ganz irre, war der Baurat H. schon dort gestanden. Uniformen habe ich keine

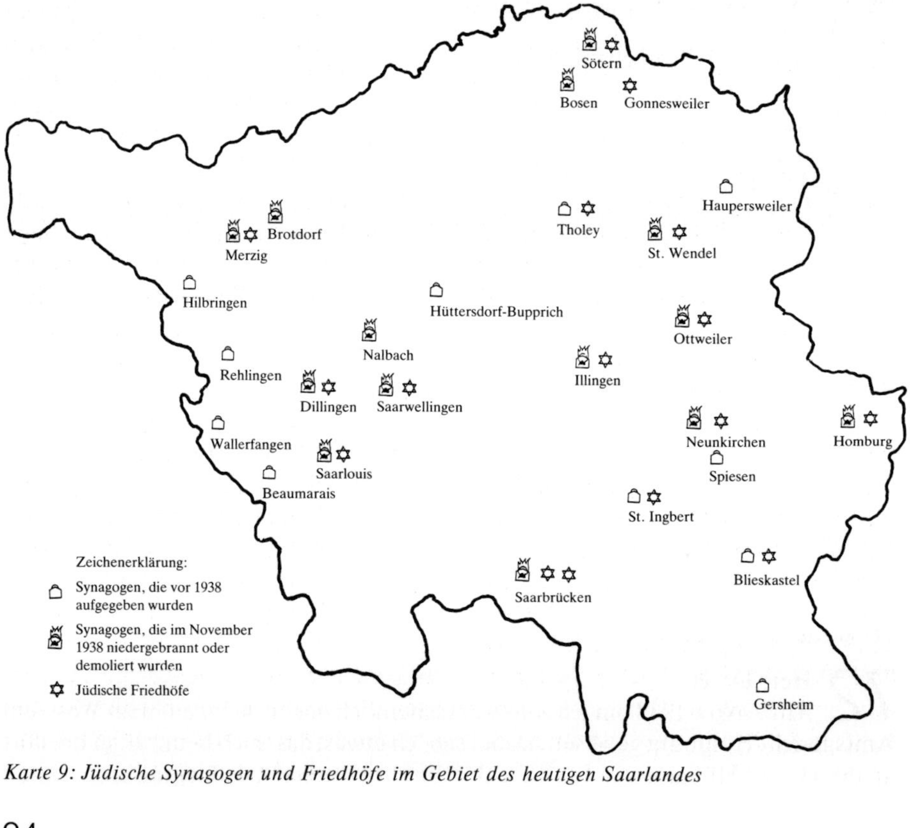

Karte 9: Jüdische Synagogen und Friedhöfe im Gebiet des heutigen Saarlandes

gesehen. Ich bin auch nicht so nah herangegangen, weil ich gesehen habe, das ist eine Aktion gegen die Juden, und da ich ohnehin mit der Partei Schwierigkeiten hatte, habe ich gedacht: „Entziehst dich der Sache am besten und gehst weg.“ Das habe ich auch getan.

Das war meine ganze Begebenheit, die ich zu dieser Sache selbst erzählen kann.

aus: Augenzeugenberichte, aufgezeichnet 1987 im Rahmen einer Projektwoche des Saarpfalz-Gymnasiums, Homburg, durch den Fachlehrer G. Imsweiler.

14.5 Widerstand und Leiden: Anna Meier und ihre Erfahrungen mit der Gestapo im Saarbrücker Schloß, 1942

Anna Meier, 1896 geboren, arbeitete mit beim Aufbau der Kreiswohlfahrtsämter Homburg und St. Ingbert, nachdem sie in ihrem eigentlichen Beruf als Lehrerin nicht mehr arbeiten konnte. Im Januar 1942 wurde sie wegen ihres Einsatzes als Gauführerin der katholischen Pfadfinderinnen der Saarpfalz von der Gestapo verhaftet, im Hauptquartier der Gestapo im Saarbrücker Schloß verhört, gequält, schließlich 10 Wochen im Frauengefängnis Lerchesflur und bis Kriegsende im KZ Ravensbrück gefangengehalten.

Anna Meier und ihre Erfahrungen mit der Gestapo im Saarbrücker Schloß, 1942

73 „Dann kam ich in noch ein anderes Zimmer rein usw., und da anschließend haben sie micht runter in die Zelle gesperrt. Jetzt weiß ich heute nicht mehr, war ich in dieser Zelle drei Stunden oder vier Stunden oder wie lang, das weiß ich heute nicht mehr, jedenfalls war ich da einige Zeit drin, und dann bin ich zu einem Gestapo-Mann gekommen, der dann das sogenannte Verhör durchgeführt hat. Und als es dann nicht nach seinem Willen geklappt hat, daß ich ihm keine Namen verraten habe und so, da haben sie mich dann so zusammengeschlagen, daß ich nicht mehr konnte. Dann anschließend haben sie mich wieder in diese Bude reingeschmissen und nach ein paar Stunden haben sie mich wieder rausgeholt und gesagt, so, für heute haben Sie genug. Ich möchte noch etwas zur Zelle sagen: also diese Zelle war eine kahle Zelle, da war kein Tisch drin und nichts wie in der Zelle, in der man im Gefängnis saß. Sie war nicht groß, wie groß, weiß ich jetzt auch nicht mehr, da waren nur Wände, die ganz beschrieben waren, jeder hatte schon da seinen Namen hinterlassen. Ich möchte sagen – ich weiß nicht, wie es anderen ging – in dieser Zelle bin ich nicht mißhandelt worden, da bin ich nur reingeschmissen worden und nach einer gewissen Zeit hat man mich wieder rausgeholt. Ich glaube, man muß das in Zusammenhang mit den Schlägen, die man bekommen hat, sehen. Die Zelle dann dazu als Einschüchterung, daß der Mensch psychisch ganz fertig gemacht werden sollte, daß er willenlos sein sollte, um bei der Vernehmung nur noch zu dem Ja zu sagen, was ihm der betreffende Gestapo-Mensch in den Mund gelegt hat: so war es doch, keine direkten Fragen; meistens war es so, da hat man die Sachen in den Mund gelegt bekommen, und wenn du dann nicht Ja gesagt hast, dann hat es natürlich Fänge gegeben. Wie gesagt, ich sehe das so, daß das mit den anderen Maßnahmen zusammen eine noch größere Einschüchterung sein sollte, damit du die Aussagen dort nach ihren Wünschen machen solltest.

Dann ging's auf die Lerchesflur in eine Zelle – also zuerst bin ich auf den Schloßplatz gekommen und dann auf die Lerchesflur, da haben sie micht dort eingesperrt. Und dann nach ein paar Tagen, waren es zwei oder wieviel, kam ich noch einmal da hin. Dort haben sie mich als erstes in die Zelle gebracht, und von der Zelle haben sie mich dann zum Verhör gebracht. Dort bin ich dann noch mal mißhandelt worden, indem sie mir rechts und links mit der Faust ins Gesicht geschlagen haben.

nach: Raja Bernard/Dietmar Renger, Neue Bremm. Ein KZ in Saarbrücken. Frankfurt/M. 1984, S. 87f.

14.6 Das KZ „Neue Bremm“: Bericht eines ehemaligen Lagerinsassen

Das Gestapolager „Neue Bremm“ wurde wahrscheinlich 1943 als Sammellager für Häftlinge vor allem aus Frankreich errichtet, die in große Konzentrationslager (häufig Mauthausen) verschickt werden sollten. Gleichzeitig wurde die „Neue Bremm“ als Disziplinierungslager für Deutsche, Kriegsgefangene und ausländische Zwangsarbeiter benutzt.

Bericht des ehemaligen Lagerinsassen Pierre Verdumo über das KZ „Neue Bremm“

74 [. . .]
Das Lager ist quadratisch und von Stacheldraht eingezäunt. Im Zentrum liegt ein großer Platz, in dessen Mitte sich ein mit Wasser gefülltes Becken befindet. Es ist quadratisch, hat eine Seitenlänge von 15 Metern und eine Tiefe von 1,50–1,80 m. Um das Becken läuft ein 1 Meter hohes Geländer aus Holz. Es ist aus groben Bohlen gefertigt. Lange Stangen, dazu bestimmt, Gefangene, die man ins Becken gestoßen hat, herauszuziehen, liegen am Boden. Um dieses Becken herum müssen die Häftlinge den ganzen Tag laufen. [. . .]

Ich habe nie die Gesamtzahl der Lagerinsassen erfahren, da es sich im Prinzip um ein Durchgangslager handelte und ständig ein großes Kommen und Gehen herrschte. Man kann aber eine Zahl zwischen 70 und 100 Häftlingen schätzen. Ich sage extra schätzen, denn ich sehe uns noch um das Becken laufen. Wir gingen in Fünferreihen und das in 12, 13, 14, 15 Reihen hintereinander. Das hing von den täglichen Neuzugängen ab. Das Lager war von Stacheldraht umgeben. [. . .]

Wir wurden von dem empfangen, der der Chef des Lagers zu sein schien. Seinen richtigen Namen erfuhr ich nie, aber er besaß einen Rufnamen, „DER PANTHER“. Er besaß nur noch einen Arm, den rechten oder linken, daran erinnere ich mich nicht. Dieser Arm – oder vielmehr der ehemalige, jetzt invalide – war eine Prothese. Damit sah ich ihn Häftlinge schlagen vor allem ins Gesicht. Er war eine Bestie, die willkürlich drauflosprügelte. Man mußte sich hüten, ihm zu nahe zu kommen. Eines Tages, morgens, hatte man einen deutschen Juden gebracht. Der Panther stieß ihn, nachdem er ihn reichlich mit dem „GOUMI“ geprügelt hatte, ins Wasserbecken. Nach diesem Schauspiel im „Schwimmbad“, zog man ihn heraus, schlug ihn wieder und steckte ihn dann in den Desinfektionsofen, ja in den Desinfektionsofen. Er verließ ihn in einem sehr traurigen Zustand, natürlich übersät mit Brandwunden, aber nur soweit, daß das Ganze ohne Pause bis in die Mitte des Nachmittages wiederholt werden konnte. Der arme Jude konnte sich nicht mehr auf den Beinen halten, war überall verbrannt und ertrank, nachdem man ihn ein weiteres Mal ins Becken geworfen hatte. Die Stangen in der Nähe des Bassins hatten zum Ertränken gedient und beigetragen. Dazu mußte man nicht mehr viel tun, denn es war eine arme Jammergestalt, die da unter Schlägen versuchte, den Kopf über Wasser zu halten. Innerhalb von fünf Stunden hat man diesen Mann mit ziemlich robuster Konstitution vom Leben zum Tode befördert. Der „PANTHER" wurde von einigen andern Wächtern unterstützt. An zwei von ihnen werden sich die ehemaligen Insassen des Lagers NEUE BREMM immer erinnern. Ich meine MOLOTOV und DROCKUR.

Diese beiden Monster ließen uns von morgens bis abends pausenlos um das Becken laufen. Auf das Kommando von Pfiffen oder Schreien mußten wir im Schritt, im Lauf, auf allen Vieren, im Entengang gehen, in der Hocke hüpfen und uns schließlich flach auf den Bauch werfen. Sie, diese Bestien, wählten für diese letzte Übung stets die Stelle aus, an der es am meisten Schlamm oder Pfützen gab. Diese Gymnastik vollzog sich unter Schlägen mit dem „GOUMI" und bedroht durch einen Hund, den einer dieser Terroristen an der Leine hielt. Einige Male ließen sie den Hund auf Nachzöglinge in der Kolonne los. [...]

Persönlicher Bericht des Lagerinsassen Pierre Verdumo, 3 Clos du Jalouvre, 74100 Annemasse. Häftlingsnummer 64587. An „Patriote Résistant", 1981.

15 Zweiter Weltkrieg

Sept. 1939 bis Sommer 1940	1. Evakuierung nach Beginn des Krieges gegen Frankreich
ab 1942	Beginn der Luftangriffe auf Städte und Industrieanlagen
1944	Schwere Luftangriffe auf Saarbrücken und andere Städte und Orte
bis 21. 3. 1945	völlige Besetzung des Saarlandes durch amerikanische Truppen

15.1 Evakuierung und Wiederbesiedlung der „Roten Zone" 1939–1940 nach Augenzeugenberichten

Ende August 1939 häuften sich die Anzeichen für den bevorstehenden Krieg. Dem Bekanntwerden des Hitler-Stalinpakts am 23. August folgten die Mobilmachung und die Rationierung von Lebensmitteln. Die Bevölkerung der „Roten Zone", zu der auch Saarbrücken gehörte, wurde evakuiert. Die „Rote Zone" war ein Gebietsstreifen von ca. acht bis zehn Kilometer Breite zwischen der deutsch-französischen Staatsgrenze und der Hauptkampflinie des Westwalls. Die Evakuierung erfolgte in mehreren Phasen. Man unterschied zwischen marschfähigen und nicht marschfähigen Gruppen. Am 1. September 1939, dem Tag des deutschen Überfalls auf Polen, wurden Frauen und Kinder ins Reichsinnere abtransportiert. Die Männer folgten zwei Tage später, als nach der Kriegserklärung Englands und Frankreichs an Deutschland die Evakuierung endgültig vollzogen wurde. Wegen der vielfach überhasteten Räumung gingen zahlreiche Nutztiere zugrunde, viele Lebensmittel verdarben. Nach dem Waffenstillstand mit Frankreich am 22. Juni 1940 begann die schrittweise Wiederbesiedlung der „Roten Zone".

Augenzeugenbericht aus Püttlingen zum 1. 9. 1939

75 [...] „Donnerstag abend – 31. August – meldete das Radio: Die Polen haben auf das Ultimatum des Führers nicht geantwortet. Nun stand für mich fest: Der Krieg ist unvermeidlich. Unser Artillerieoberfeldwebel, den wir im Quartier hatten, wollte es zwar nicht wahr haben. Aber der Freitagmorgen brachte die Mitteilung vom Einrücken unserer Truppen in Polen – 1. September 1939 –. Am Vormittag dieses Tages kamen denn auch die gelben Marschzettel zur Auswanderung. Wir waren Marschblock No. 60. [...] An ein Arbeiten und Essen war nicht mehr zu denken. Es schmeckte nicht mehr. [...] Gegen 11 Uhr wurde bekanntgegeben: Alle Frauen mit ihren Kindern unter 16 Jahren haben sich gegen 2 Uhr auf dem Marktplatz einzufinden. Um 3 Uhr begann der Abtransport. Auch die Männer über 60 Jahre sollten sich dorthin begeben. Jetzt wurde gepackt. Das Notwendigste in einen Koffer, der höchstens 30 Pfund schwer sein durfte. So warteten wir der Dinge, die da kommen sollten, gewärtig, daß jeden Augenblick der Befehl zum Abmarsch kommen sollte.

Auf dem Marktplatz herrschte unterdessen ein großes Getümmel. Viele Frauen und die älteren Männer stritten sich um die Autos, Weinen und Klagen. Die

Männer schafften zum Teil noch in der Grube, während viele Frauen kein Geld hatten. Die Männer sollten es mitbringen. Die Frau war nun fort. Die älteren Jungen und Mädchen liefen noch überall herum. So wurden die Familien aufs furchtbarste zerrissen. Ich konnte persönlich nicht hingehen. Das Bild hätte ich nicht ertragen können.

nach: Peter Lermen, Die Geschichte der Pfarrei Unserer Lieben Frau (Püttlingen) im Kriege, bearbeitet von Hans-Joachim Kühn und Norbert Scherer (Beiträge zur Geschichte des Köllertals 1), Püttlingen 1987, S. 8f.

Aus der Schulchronik Altenkessel-Rockershausen zum 3. 9. 1939

76 [...] „und dann ging es los. Ein letzter Blick wurde auf die Heimat geworfen, und dann wurde marschiert über Neudorf, Riegelsberg nach Hierscheid, dem Marschziel des ersten Tages zu. Kaum waren wir $1^1/_2$ Stunden unterwegs, da verfinsterte sich der Himmel, gleichsam als wollte er das Elend und den Jammer, die sich da unten dahin bewegten, zudecken, und ein Gewitter brach los mit wolkenbruchartigem Regen, wie wir es selten erleben. Und in diesem strömenden Regen zogen die Menschenschlangen mit ihren Habseligkeiten dahin: durchnäßt bis auf die Haut, Hab und Gut, die Ersparnisse eines ganzen Lebens, in einem zusammengeschnürten Päckchen tragend. [...]“

Schulchronik Altenkessel-Rockershausen

Aus der Schulchronik Altenkessel-Rockershausen zum 4. 9. 1939

77 „[...] Am Montag, den 4. Sept., ging der Marsch nun weiter über Eppelborn, Dirmingen, Marpingen nach Winterbach. Dort erfolgte zum ersten Male Verpflegung der Evakuierten. Nachmittags ging es von dort weiter nach Tholey. Tausende von Flüchtlingen umlagerten dort den Bahnhof und harrten des Abtransportes. Kam ein Zug an, so stürzten sich die Harrenden darauf, um sich einen Platz zu sichern. Durch die Einteilung der Leute in marsch- und nichtmarschfähige, und dann durch das wahllose Einsteigen in die Züge wurden die Bewohner der einzelnen Ortschaften schon hier in der Heimat auseinandergerissen, so daß im Bergungsgebiet in den einzelnen Ortschaften die Evakuierten aus den verschiedensten Dörfern kunterbunt durcheinander gewürfelt waren [...]“

Schulchronik Altenkessel-Rockershausen

In der Ortschaft Naßweiler hatten sich einige Bewohner nicht evakuieren lassen.

Privatbrief aus Naßweiler vom 15. 8. 1940

78 „[...] bei Pannewitze Bertsche steckte ein Schwein in der Aportgrube [...] die Geißen liefen in Gärten und Wiesen, waren dick, voll gefressen und wollten gemolken sein [...] 60—70 kamen angelaufen, die Euter waren zum Zerspringen hart. Die Milch trugen wir überall in die Schweineställe [...] die Hunde hatten Kirb (Kirmes, Kirchweih), fraßen Hühner und Karnickel [...]. Alles Vieh schrie und suchte seine Herrschaft. Abends waren wir todmüde. Nachts lag ich mit

offenen Augen und forschte. Jeden Abend gingen wir an die Grenze spekulieren. Am 7. Sept. abends, wir saßen beim Essen, gingen plötzlich Tür u. Fenster auf, vor uns standen 1 dutzend Marokaner, die Gewehre auf uns gerichtet. Meine Lieben, den Schrecken könnt Ihr Euch denken! Ein Straßburger Unteroffizier frug zuerst, habt Ihr Hitlerfahne oder Hitlerbilder. Antwort brauchten wir ja nicht zu geben, die Wand hing ja voll [...]"

Privatbrief vom 15. 8. 1940, Landesarchiv Saarbrücken, Einzelstücke Nr. 77.

Aus der Kriegschronik Emmersweiler zum Sommer 1940

79 Alle hatten gehofft, eine blank geputzte Wohnung wiederzufinden, auf dem fein gedeckten Tisch einen Blumenstrauß und einen Kuchen, auf dem Ofen das kochende Kaffeewasser! Der schöne Wunsch war leider nur ein Traum, den die Volksgenossen im Reich uns vorgeträumt hatten. Die Herde standen zum größten Teil zerschlagen auf der Straße. Die Fensterscheiben waren, wo es möglich war, vorher von einem Kommando eingesetzt worden. Aber an vielen Häusern fehlten nicht nur die ganzen Fenster, sondern neben den Zimmertüren auch noch die Haustüren!

Kriegschronik Emmersweiler, Heimatkundlicher Verein Warndt.

15.2 Die Folgen der Luftangriffe

In der Nacht vom 29. zum 30. Juli 1942 erfolgte der erste Großangriff durch die britische Luftwaffe auf Saarbrücken. Er forderte 185 Todesopfer, insgesamt starben während des Zweiten Weltkrieges in Saarbrücken über 1200 Menschen. Seit Frühjahr 1944 häuften sich Luftalarme und Luftangriffe derart, daß sich die Bevölkerung in Stollen und Kellern wohnlich einrichten mußte. Die ersten Angriffe lösten eine Welle von Hilfsbereitschaft aus, die dauernde Lebensgefahr begann jedoch, die Menschen zu zermürben. Durchhalteparolen der NS-Propaganda sollten die Moral der „Heimatfront" stärken. An der Saar wurden über 60% der Wohnungen und 40% der Industrieanlagen und Geschäftsbauten durch Kriegseinwirkungen zerstört.

Sonderbericht des SD-Abschnittes Saarbrücken zum Luftangriff vom 29./30. 7. 1942

80 Vorausgeschickt werden muß, daß eine ernsthafte Schädigung der kriegswichtigen Industrie trotz der Stärke des Angriffes nicht zu verzeichnen ist. Die Zivilbevölkerung hatte die Hauptlast des Angriffes zu tragen. An großen und wirklich kriegswichtigen Werken erlitten nur die Burbacher Hütte und die Maschinenbau AG., vorm. Ehrhardt und Sehmer erhebliche Schäden.
[...]
Die vorbildliche Haltung, welche die Bevölkerung Saarbrückens nach dem Luftangriff gezeigt hatte, hält weiterhin an und wird durch die Furcht vor neuen Luftangriffen keineswegs beeinträchtigt.
[...]
Gerüchte:

Die von der Presse angegebene Verlustziffer von 77 Personen ist der Gegenstand einer lebhaften Aussprache innerhalb der Bevölkerung. Die Zahl wird als zu niedrig angenommen. So wird behauptet, daß allein in der Moltkestraße bis zum Nachmittag des 31. 7. 1942 30 Tote geborgen worden seien, während weitere 50 noch unter den Trümmern liegen sollten. Diese Erörterungen werden nicht in der Annahme geführt, daß die Bevölkerung bewußt im Unklaren über die wirkliche Verlustzahl gehalten wird.

Stadtarchiv Saarbrücken, Best. Großstadt, Nr. 5692.

Aufruf Gauleiter Bürckels an die Bevölkerung von Saarbrücken vom 30. 7. 1942

81 An die Bevölkerung von Saarbrücken!

Die Engländer haben in Fortsetzung ihrer sinnlosen Terrorangriffe in ausgedehntem Maße heute nacht Saarbrücken und die nächste Umgebung durch einen starken Bombenangriff heimgesucht. Der Angriff hat einer größeren Zahl unserer Volksgenossen aus der Gauhauptstadt das Leben gekostet. Hunderte wurden verwundet, eine beträchtliche Anzahl ihrer Häuser ganz oder teilweise zerstört. Das Gautheater, die persönliche Schenkung des Führers, auf das wir so stolz waren, ist ausgebrannt. So schwer auch die Opfer sind, eines möchte ich vor aller Öffentlichkeit heute feststellen:

Die Bevölkerung in ihrer Gesamtheit und vor allem die vom Angriff Geschädigten und Getroffenen, hat ein Verhalten gezeigt, das an die Treue und die Zuverlässigkeit jener vergangenen Tage erinnert, auf die wir alle so stolz sind. Hätte der Engländer die Möglichkeit zu erleben, wie die Bevölkerung auf seinen Terror antwortet, müßte er zu der Erkenntnis kommen, wie wenig die Anwendung so niedriger Mittel das Volk in seiner deutschen Haltung zu erschüttern vermag.

Ich weiß, Volksgenossen und Volksgenossinnen von Saarbrücken und Umgebung, daß Ihr es ablehnt, für eine selbstverständliche Haltung Dank entgegenzunehmen. Es genügt, wenn ich euch zur Kenntnis bringe, daß ich heute dem Führer, der sich persönlich telefonisch in das Hauptquartier Bericht erstatten ließ, melden konnte, daß er sich auf seine Saarländer, wie immer, verlassen kann.

Der Führer läßt auch durch mich seine Anerkennung aussprechen und seine herzlichen Grüße übermitteln.

Daß ich und meine Mitarbeiter aber auch alles tun werden, um euch zu helfen, ist selbstverständlich.

Saarbrücken, den 30. Juli 1942 Heil Hitler! Euer Bürckel, Gauleiter

Stadtarchiv Saarbrücken, Best. Großstadt, Nr. 5692.

Bekanntmachung des Saarbrücker Polizeipräsidenten vom 4. 8. 1942

Photographieren der Schadenstellen verboten. Der Polizeipräsident von Saarbrücken als örtlicher Luftschutzleiter teilt mit: Aus gegebener Veranlassung weise ich darauf hin, daß jegliches Photographieren der durch feindliche Abwurfmittel entstandenen Schadenstellen verboten ist. Zuwiderhandlungen werden bestraft.

in: Stadtarchiv Saarbrücken, Best. Großstadt, Nr. 5692

Schilderung eines Luftangriffs auf Altenkessel, 1942

82 Wenn abends das Radio aussetzt – Vorwarnung für Flieger – wird allerlei für die zu erwartende Nacht bereitgelegt. Man darf ja kein Licht entzünden. Kleidungsstücke – Schuhe – Halstuch – eine Wolldecke – Schlüssel zu den Aktenstücken – Streichholz. (Sand und Löschgeräte stehen in jedem Stockwerk bereit). Wenn dann die Sirene ertönt, tappt man nach seinen Sachen, schleicht in den feuchten Keller, wo Sitzgelegenheit geschaffen ist; auch liegen Bretter auf dem Boden, um die Füße aufzustellen. Nun beginnt die Luftschlacht, Bomben stürzen, daß Türen und Fenster erzittern (wir öffnen die Fenster, damit die Scheiben nicht zerbrechen. Männer bleiben zur Wache oben im Hause (Wenn nämlich Brandbomben fallen, kann ein beherzter Mann (oder wie die Schwester Oberin im Saarbrücker Langwiedstift) die entzündete Bombe ergreifen und zum Fenster hinausschmeißen; dadurch kann ein Großbrand verhütet werden. Die Frauen und Kinder im Keller beten; es sind 4 Familien in unserem Schulkeller; ein 9jähriges Mädchen schläft auf der Holzbank. Phosphor ist giftig – wie greift man das an? Im 4klassigen Schulhaus hinter unserem Garten ist der Luftschutzraum nach Vorschrift ausgebaut: Sanitätswache – Abort – Kinderbettchen – Bänke – Licht – ob da still gebetet wird? (15 bis 20 Familien).

Schulchronik Altenkessel, Heimatkundlicher Arbeitskreis Altenkessel.

Bericht des Bürgermeisters von Sulzbach über den Luftangriff am 27. 9. 1944

83 Der Schüler Friedrich Kaiser, geb. 14. 12. 1932 zu Saarbrücken, wohnhaft in Schnappach, Kreis St. Ingbert, Mariannenthalerstraße Nr. 2, der dortselbst im Haushalt seines Onkels, des Uhrmachers Nikolaus Peters, lebte, war seit dem Luftangriff auf Altenwald am 27. ds. Mts. nicht in die Wohnung seines Onkels zurückgekehrt. Am 28. September, in den Nachmittagsstunden, wurde der Junge unter einem zusammengestürzten Bretterhäuschen, das von spielenden Kindern an der Giebelseite des Hauses Querstraße Nr. 3 in Altenwald errichtet war, tot aufgefunden. Dieses etwa 1 m hohe Häuschen hatten die Kinder mit Erdmassen bedeckt. Da die Querstraße in Altenwald in der Zeit des Luftangriffes unter Brodwaffenbeschuß lag, hat der Schüler vermutlich in diesem Häuschen Schutz suchen wollen. Durch den Luftdruck der in etwa 200 bzw. 500 m entfernten Bombeneinschläge und durch umherfliegende Steinbrocken ist ohne Zweifel das Bretterhäuschen mit den darauf lagernden Erdmassen eingestürzt und führte den Tod des Jungen herbei. Der hinzugezogene Arzt Dr. med. Vivroux, Sulzbach, hat als Todesursache einen Schädelbasisbruch festgestellt. Der Tod des Schülers Friedrich Kaiser ist anscheinend eine indirekte Folge des am 27. 9. 1944 auf Altenwald erfolgten Luftangriffes.

Stadtarchiv Sulzbach, ungeordneter Bestand.

15.3 Die Stimmung der Bevölkerung nach den Lageberichten der Bürgermeister

Bis zum Winter 1941/42 war die Zustimmung der Bevölkerungsmehrheit zum NS-Regime relativ ungebrochen. Erste Versorgungsengpässe, die Kürzungen der Lebensmittelrationen, die Kapitulation der 6. Armee in Stalingrad im Januar 1943 und die zunehmenden Luftangriffe führten zu einer wachsenden Kriegsmüdigkeit und begannen die Zweifel am „Endsieg" zu verstärken. Anzeichen einer schleichenden Distanzierung vom NS-Regime wurden deutlich.

Lagebericht des Sulzbacher Bürgermeisters vom 30. Juni 1941

84 Das bedeutsamste Ereignis im Berichtsmonat, die Aufnahme der Kriegshandlungen gegen Rußland, hat einen nachhaltigen Widerhall in der ganzen Bevölkerung gefunden. Aus den Gesprächen konnte man immer wieder entnehmen, daß das bisherige Vertragsverhältnis doch als eine unnatürliche Erscheinung empfunden wurde und lediglich hingenommen wurde, weil der Führer aus realpolitischen Erwägungen heraus diesen Zustand herbeigeführt hatte. Man kann sich des Eindrucks nicht erwehren, daß ein Aufatmen durch alle Kreise der Bevölkerung ging, als der Kampf gegen den Bolschewismus endlich in schärfster Form wieder aufgegriffen wurde. Vielleicht mag auch in dem einen oder anderen Fall die Erwägung mitspielen, daß durch die Niederschlagung des Bolschewismus und die Gewinnung großer fruchtbarer Landstriche in Rußland die Versorgungslage eine merkliche Verbesserung erfahren wird.

Stadtarchiv Sulzbach, Lageberichte des Bürgermeisters 1940–1943.

Lagebericht des Sulzbacher Bürgermeisters vom 1. Februar 1943

85 Die Bevölkerung steht ganz unter dem Eindruck der schweren Kämpfe an der Ostfront und der dort zur Zeit unverkennbaren Krisen. Die Stimmung ist nicht nur gedrückt, sondern ausgesprochen schlecht und kriegsmüde und in vielen Schichten sogar hoffnungslos, da niemand mit einem solch ungeheuren Einsatz an Menschen und Material beim Gegner gerechnet hat. Nun sieht die Bevölkerung plötzlich eine riesenhafte Gefahr aufsteigen, für die sie bisher nicht das richtige Gefühl hatte, und ist in wirklicher Sorge, ob es uns überhaupt noch gelingen könne, diese Gefahr zu bannen und ihrer Herr zu werden. Es ist also eine ausgesprochene Vertrauenskrise, die sich zur Zeit in der Bevölkerung bemerkbar macht, heraufbeschworen durch die völlig falsche Propaganda, die ja nur einen minderwertigen, degenerierten, schlecht ausgerüsteten und organisationsunfähigen Gegner gepredigt hat und darüber hinaus den Fehler beging, eigene Schwächen und Rückschläge viel zu lange der Bevölkerung vorzuenthalten.

Stadtarchiv Sulzbach, Lageberichte des Bürgermeisters 1940–1944.

Lageberischt des Brebacher Amtsbürgermeisters vom 1. März 1944

86 Die fast pausenlosen Fliegeralarme der verflossenen Woche haben eine starke Nervosität hervorgerufen und sich auf die Betriebe und auf die Arbeitsleistung sehr nachteilig ausgewirkt. [...] Aber auch die Ernährungslage beunruhigt die Bevölkerung, vor allem die Frage, wie sie in der kommenden Zeit angesichts des Verlustes so erheblicher Erzeugungsgebiete gemeistert werden könne. Die Klagen über mangelhafte Ernährung nehmen zu. Das ist nicht nur durch die Kartoffelknappheit bedingt, sondern auch durch das fast vollkommene Fehlen von Gemüse und durch die Fettkürzung. Fische gibt es hier auch nicht, sodaß die Hausfrauen oft nicht wissen, was sie auf den Tisch bringen sollen. [...]

Stadtarchiv Saarbrücken, Best. Bürgermeisterei Brebach, Nr. 151.

15.4 Zum Schicksal der „Fremdarbeiter“

Während des Zweiten Weltkrieges wurden im Deutschen Reich in der Kriegswirtschaft über sieben Millionen „Fremdarbeiter“ eingesetzt. Die Schätzungen für das Gebiet des heutigen Saarlandes schwanken zwischen 60 000 und 70 000 ausländischen Arbeitskräften. Überwiegend handelte es sich um Kriegsgefangene und Verschleppte oder mit falschen Versprechungen angelockte Zivilpersonen. Über das gesamte Saarland zog sich ein dichtes Netz aus Wohnlagern und Massenunterkünften. Allein in Saarbrücken gab es mehr als 50 Lager und Unterkünfte. Die „Fremdarbeiter“ wurden in Industrie, Landwirtschaft, Handel und Gewerbe, aber auch in Privathaushalten eingesetzt.

Die Lebensbedingungen der „Fremdarbeiter“ waren bei weitem schlechter als die der Deutschen. Die Hungerrationen, die unter dem Verpflegungssatz der deutschen Bevölkerung lagen, verursachten eine dauernde Unterernährung. Die schwere, 10–12stündige körperliche Arbeit schwächte die Widerstandskräfte des Körpers weiter. Katastrophale hygienische Verhältnisse in den Lagern begünstigten Seuchen. Unmenschliche Quälereien durch die Wachmannschaften der Lager waren keine Ausnahme. Selbst kleinste Vergehen konnten mit dem Tod bestraft werden.

Razzia auf Brotmarken; Bericht des Altenkesseler Bürgermeisters vom 10. Januar 1944

87 Ich habe am Samstag von 17–19 Uhr eine Kontrolle unter Zuhilfenahme von SA-Männern durchgeführt und dabei folgende Feststellungen gemacht:

1) Der italienische Arbeiter aus dem Lager am Josefaschacht Lunkki Siro, Paß Nr. 2277, hatte auf Marken 1 Brot im Kolonialwarengeschäft Gottlieb gekauft. Das Brot wurde gegen Rückzahlung des Kaufpreises zurückgegeben und die Brotmarken (1500 g) beschlagnahmt.

[...]

4) Der Ostarbeiter Kradenko Nikolas, Nr. 635, Lager Eisenbahnwerkstätte, wurde in demselben Geschäft gefaßt; er hatte 3100 g Brotmarken, die ihm abgenommen wurden.

[...]

Die Ostarbeiter, denen ich die Brotmarken abnahm, sagten alle aus, die Marken von deutschen Mädchen auf der Arbeitsstelle während die Italiener übereinstimmend angaben, sie von ihren deutschen Kameraden in der Grube erhalten zu haben. Die letzteren hatten fast alle grüne Marken (Selbstversorger), die wahrscheinlich von Bergleuten stammen, die zu Hause Landwirtschaft treiben, sogenannte „Kuckucksbauern", die die Brotmarken eher entbehren können als ihre Arbeitskameraden aus den reinen Industriedörfern, die ganz auf ihre Lebensmittelmarken angewiesen sind. Daß dies so ist, wurde mir von Bergleuten, die unter Tage arbeiten, bestätigt. Für gute Leistungen würden die ausländischen Arbeiter mit Brotmarken belohnt und angespornt.

Stadtarchiv Saarbrücken, Gemeinde Altenkessel, ungeordneter Bestand.

Aus einem Polizeibericht aus Dudweiler vom Dezember 1945

88 Schon vor längerer Zeit wurde der hiesigen Polizeiabteilung mitgeteilt, daß mehrere russische Zivilarbeiter, die in dem Lager Kitten untergebracht waren, im Winter 1944–45 dort verstorben und im Walde am Gegenortschacht verscharrt worden seien. Wie die angestellten Ermittlungen ergeben haben, beruhen diese Angaben auf Wahrheit. In der Nähe des Brennenden Berges, im Walde am Eingang zum Steinbruch, konnten 2 Grabstätten aufgefunden werden, die Knochen und Kleidungsstücke russischer Gefangenen enthalten. Ob mehrere Leichen in diesen Grabstätten enthalten sind, wurde nicht festgestellt. Die Leichen sind etwa 60 cm tief in der Erde vergraben. Die Fundstellen sind von den Polizeibeamten gekennzeichnet worden.

Etwa im Januar dieses Jahres wurden 4 russische Mädchen, die angeblich in Saarbrücken geplündert hatten, in dem russischen Zivilarbeiterlager am Pasqualschacht erschossen. Die Grabstätte dieser Mädels befindet sich tatsächlich innerhalb der Umzäunung des früheren Schlafhauses Ostschacht. Das Grab ist deutlich erkennbar, da ein Hügel von 1 x 2 m aufgeworfen ist und am Kopfende 2 Tannenbäumchen gepflanzt sind.

Stadtarchiv Saarbrücken, Best. Bürgermeisterei Dudweiler Nr. 830.

15.5 Das Kriegsende im Saarland

Mit der Invasion der Normandie durch amerikanische und englische Truppen am 6. Juni 1944 begann die letzte Phase des Zweiten Weltkrieges. Seit Ende September war an der Saar der Geschützdonner der Front zu hören. Die „Rote Zone" wurde ein zweites Mal evakuiert. Ein Teil der Bevölkerung befolgte den Räumungsbefehl nicht und versteckte sich in Stollen, Kellern und Häuserruinen, um sich von den Amerikanern überrollen zu lassen. Dieses Verhalten wurde von Parteidienststellen, Polizei und SS als Landesverrat eingestuft. Bis zum 31. März 1945 besetzten amerikanische Truppen das gesamte Gebiet des heutigen Saarlandes.

Aufzeichnungen eines Geistlichen über den Versuch, den Stollen in Gersheim zu räumen, Dezember 1944

89 So erschien am 11. Dezember 1944 zum ersten Mal Polizei und SS im Stollen mit der Aufforderung, der Stollen muß geräumt werden. Der Landrat von St. Ingbert hat bei dieser Gelegenheit dem Pfarrer Schindler ganz kategorisch erklärt, er müsse den Leuten klar machen, sie müßten hier heraus unter allen Umständen, der Aufenthalt bedeute sicheren Tod. [...]

Am nächsten Tag, 12. Dezember. Gegen 11 Uhr Polizei und SS wieder da. Sie suchte den Volkssturm. Nebenbei bemerkt, war in den umliegenden Dörfern noch kein Volkssturm eingezogen. Sie fanden 2. Diese mußten mit nach St. Ingbert. Behandlung: als Verbrecher. Bei Lehrer Vinzent hätte nicht viel gefehlt und sie hätten ihn erschossen. Die beiden kamen Ende Februar krank zurück.

Am 13. Dezember. Wieder um die Mittagszeit. Der NSKK Führer Westmark ist mit einigen Lastautos angefahren. Befehl: der Stollen muß geräumt werden. Arbeitsfähige Männer und Mädchen sollen mit. Alte und Kranke können dableiben. Können also zu Grund gehen. Durch Drohungen und Versprechungen ist nichts mehr zu erreichen. Am selben Nachmittag erscheinen noch Landrat und Kreisleiter und geben die Versicherung, es brauche nicht geräumt zu werden.

Am 14. Dezember war Höhepunkt. Gegen 11 Uhr erscheint Polizeihauptmann Litorf mit 60 Polizisten – schwer bewaffnet. Es ergeht die Aufforderung, der Stollen muß geräumt werden. [...]

Ein direkt Untergebener von Litorf mit blassem, gelben Gesicht kam nun heran: Wir werden einige umlegen müssen, dann wirds schon gehen. Er ging in meinen Stollen zurück. Inzwischen hatten sich im Stollen 6 hochdramatische Szenen abgespielt. Frauen wurden an den Haaren gepackt, ein Mann auch tatsächlich mißhandelt. Da fingen die Leute laut den Rosenkranz an zu beten. Sogar ein u. der andere der Polizisten betete mit. Es sind sogar von Polizisten in diesen Augenblicken Bemerkungen gefallen: „Nur standhaft bleiben, wir können euch dann nichts wollen". Nun war die Schlacht geschlagen. Die Polizisten zogen ab. Hauptmann Litorf erklärte auf dem Heimweg: Das kostet mich meinen Kopf. Er hat ihn aber heute noch. In Kastl (Blieskastel) bekamen sie noch einen Volltreffer ins Auto. Sie sind niemals mehr erschienen. Litorf erklärt nach der Besetzung durch die Amerikaner: Es war doch das Gescheiteste, daß Ihr geblieben seid.

Auszug aus den Aufzeichnungen eines Gersheimer Geistlichen, Privatbesitz.

Aus der Schulchronik zum Einmarsch der Amerikaner in Niederlinxweiler, 19. März 1945

90 Am Morgen des 19/3 in aller Frühe hielten auf einmal zwei Amerikaner auf Krädern (Abk.: Krafträder) in unserer Straße: die französ. Gefangenen, die bei den Bauern arbeiteten, begrüßten sie als ihre Befreier. Was würden uns die nächsten Stunden bringen? Alles verließ die Luftschutzkeller. Viele Frauen hatten alle Nächte in der letzten Zeit in den Stollen zugebracht, sodaß vielfach das ganze Familienleben aus dem Gleise gekommen war. Da die Panzersperren an den Dorfein- und Ausgängen offen geblieben waren, spielten sich dort keine Gefechte mehr ab. Aufeinmal war die Straße („Gasse") voller Panzer. Die Amis fuhren sie dicht an

die Häuser und legten eine Eßpause ein. Da lief manchem das Wasser im Munde zusammen beim Anblick der köstlichen Speisen, die denen zur Verfügung standen.
[...]

Die Sonne brannte am 19/3 vom Himmel. Dichter Staub lag seit Tagen auf den Straßen. Um Mittag marschierten Amis in funkelnagelneuen Uniformen und auf weichen Gummisohlen in Gänsemarsch mit schußbereitem Gewehr in langen Reihen die Gasse herunter.

nach: Schulchronik Niederlinxweiler, Adolf-Bender-Zentrum St. Wendel.

16 Die Nachkriegszeit

Ab 27. 7. 1945	Verwaltung des Saarlandes durch die französische Militärregierung
2. 1. 1946	Übernahme der Saargruben durch französische Verwaltung
Januar 1946	Wiederzulassung politischer Parteien
1947/49	Begründung der Saarländischen Universität in Homburg und 1949 Verlegung nach Saarbrücken
5. Oktober 1947	1. Landtagswahl (Verfassungsgebendes Parlament): Christliche Volkspartei (CVP) 51,2%, Sozialdemokratische Partei des Saarlandes (SPS) 32,1%. Kommunistische Partei (KP) 8,4%, Demokratische Partei (DPS) 7,6%
8. 11. 1947	Annahme der Verfassung
18./31. Dez. 1947	1. Regierung Hoffmann und Ende der französischen Militärregierung
23. Juli 1955	Zulassung der oppositionellen „Heimatbundparteien" CDUSaar, Deutsche Sozialdemokratische Partei (DSP) und DPS
23. 10. 1955	Volksabstimmung über das Saar-Statut (67,7% gegen die Annahme); Rücktritt der Regierung Hoffmann
1. Januar 1957	Politische Angliederung der Saar an die Bundesrepublik
5. Juli 1959	Wirtschaftliche Angliederung (Tag X)

16.1 Alltagsprobleme nach dem Kriegsende: Wohnungsbeschaffung

Durch den Krieg waren viele Häuser zerstört oder beschädigt worden. Deshalb war die Wohnungsbeschaffung eines der größten Probleme.

Anordnung des Landrates von Ottweiler an den Bürgermeister von Neunkirchen betr. Beschaffung einer Wohnung vom 16.9.1945

91 Die Eheleute Gottfried Meier (Schweizer Staatsangehörige) bewohnen mit 4 Personen (1 Junge von 12 Jahren und 1 Mädchen von 17 Jahren) möbliert in Neunkirchen, Mackensenstr. 65 in 1 Küche und 1 Zimmer mit dürftiger Ausstattung (nur 1 Bett), die Kinder schlafen am Boden. Nun ist die Hausbesitzerin zurückgekehrt und verlangt ihre Wohnung. Es wäre also dringend notwendig, Familie Meier eine andere Wohnung zu beschaffen. Die Familie wünscht eventuell in Wellesweiler wohnen zu können, weil sie dort ein Grundstück bewirtschaften, das für die Ernährung der Familie einen großen Vorteil bietet. Es wird gebeten, selbst unter Anwendung polizeilichen Zwanges in Wellesweiler eine Wohnung für die Familie Meier freizumachen (Nazi müssen zusammenrücken!). Das Schweizerische Konsulat in Bad Godesberg tritt für alle Schweizer ein und erwartet, daß die deutschen Behörden ihren schweizer Landsleuten die nötige Hilfe bei der Beseitigung der durch den Krieg eingetretenen Mißstände angedeihen lassen.

Sie wollen das Notwendige tun, um der Familie Meier zu einer Wohnung und auch zu den notwendigsten Mobilar zu verhelfen. Letzteres ist ebenfalls bei Nazi-Familien zu entnehmen, wozu Ihnen hiermit Vollmacht erteilt wird.

Städtisches Archiv Neunkirchen

16.2 Entnazifizierung

Bestrafung der Kriegsverbrecher und Umerziehung der Nationalsozialisten waren Ziele der Alliierten nach dem Krieg. Um die Entnazifizierung (im Saarland auch „Epuration" genannt) zu erreichen, sollten alle ehemaligen Mitglieder der NSDAP aus ihren Ämtern entfernt und eventuell bestraft werden.

Eingabe eines Pfarrers wegen entlassener Lehrer 1947

92 Sehr geehrter Herr Direktor Müller!

[...] Ich habe das Urteil für zu hart gehalten, zumal die Leute keine Gelegenheit hatten, sich zu verteidigen. Verurteilt, ohne dem Angeklagten die Möglichkeit der Verteidigung zu geben, hat man m.W. nur zur Nazi-Zeit! – Durch solche Urteile und die dadurch hervorgerufene Unsicherheit ist eine große Unruhe in weite Kreise der Bevölkerung gekommen. Es wäre endlich an der Zeit, unser armes Volk zur Ruhe kommen zu lassen. Das waren die sachlichen Gründe meines Vorgehens.

Nun zur persönlichen Seite gerade bzgl. der hier betroffenen Lehrer. Zunächst allgemein: Ich kenne meine Lehrer seit 20 Jahren, einige seit 24 Jahren. Ich habe auf dem Schulhof viel mit ihnen gesprochen; ich kann wohl sagen, ich kenne sie besser als einer in Illingen. Viel Mut haben sie nicht und haben auch in dieser Frage des Anschlusses an die NSDAP keinen Mut gezeigt. Man muß aber bedenken, in welchem Abhängigkeits-Verhältnis die Lehrer überhaupt sich befinden: nicht nur der Rektor und der Schulrat sind ihre Vorgesetzten, sondern auch der Bürgermeister und der Landrat. Infolgedessen ist vielfach das Rückgrat gebrochen und man hat Angst für seine Stelle und sein Brot. Das ist wohl nicht mutig, aber menschlich. Als nun 1933 gedroht wurde, wenn ein Lehrer 1933 nicht in der Partei sei, werde er 1935 entlassen, da kam wieder die Angst. Als nun das Konkordat zwischen Rom und Hitler zustande kam, glaubte mancher, nun sei die Sache in Ordnung. Der kleine Staatsbürger konnte nicht ahnen, daß auch das Konkordat gelogen war. So sind sie in die Partei hineingeschlittert, z.T. in der Absicht, den katholischen Einfluß geltend zu machen. Ihre Haltung mir gegenüber blieb dieselbe, und ich konnte mich ohne Bedenken mit ihnen über die Nazis unterhalten, ich brauchte keinen Verrat zu befürchten, weil sie selber sich mehr als offen aussprachen. Als uns Geistlichen der Unterricht in der Schule untersagt wurde, und wir die Seelsorgestunden ansetzen mußten, erhielt ich von der Schule die Stundenpläne, so daß ich meine Stunden mit der Schule verbinden konnte, die Lehrpersonen bekamen meinen Stundenplan und schickten mir vielfach von der Schule die Kinder in die Seelsorgestunden, was gewiß nicht Absicht der Nazis war. So blieb also unser Zusammenarbeiten bestehen. [...]

Ergebenst
Fiseni, Pfarrer

Landesarchiv Saarbrücken

16.3 Saarländische „Autonomie": Eine programmatische Rede Johannes Hoffmanns 1951

Trotz des engen wirtschaftlichen Anschlusses an Frankreich wollte das Saarland unabhängig bleiben. Johannes Hoffmann (Joho), der von 1947 bis 1955 Ministerpräsident des „autonomen" Saarlandes war, strebte eine übernationale, europäische Lösung der Saarfrage an, während die Bundesrepublik die „Wiedervereinigung" forderte.

Rede des Ministerpräsidenten Johannes Hoffmann in der 100. Sitzung des saarländischen Landtags am 6. April 1951

93 [...] Die erste Zielsetzung der saarländischen Politik war also die Sicherung der wirtschaftlichen Existenz der im Saarland lebenden und schaffenden Menschen, wobei zu berücksichtigen bleibt, daß das Saarland soziologisch eine wesentlich andere Struktur hat als benachbarte Gebiete oder Länder.

Wenn Sie wollen, diente diese Zielsetzung materiellen Bedürfnissen, auf die jedoch weder der Einzelmensch, noch die Gemeinschaft verzichten kann. Hinzu kommt jedoch das ethische Ziel unserer Politik, basierend wie das erste auf der gegebenen geschichtlichen Situation, das darin besteht, gerade in diesem so umstrittenen Grenzraum, in dem deutsch geborene Menschen leben, ein vertrauensvolles Verhältnis zwischen Frankreich und Deutschland zu schaffen. Das war und ist uns möglich geworden durch die eindeutige und wohl für jeden inzwischen erwiesene Absage Frankreichs an eine Annexion des Saarlandes, ein Verdienst Frankreichs gegenüber Deutschland, gegenüber dem Saarland, das ja betroffen gewesen wäre, aber auch ein Verdienst gegenüber Europa.

Frankreich konnte jeden Gedanken an eine unmittelbare und direkte Einflußnahme auf die Saar um so leichter und um so schneller beiseite stellen, als die saarländischen Politiker ihrerseits, auf Grund der vorgefundenen Verhältnisse, eine konstruktive Lösung anzubieten in der Lage waren, realisiert durch den wirtschaftlichen Anschluß an den Wirtschaftsraum des westlichen Nachbarn – ein Schritt, der den natürlichen Gegebenheiten einfach Rechnung trägt – und durch die Verselbständigung des Saarlandes in der Form eines autonomen Staates, bei voller Wahrung und Achtung seiner traditionsgebundenen Lebensform, der Erhaltung seiner deutschen Sprache, der Pflege und Bewahrung seiner deutsch geprägten Kultur und seiner heimischen Sitten und Gebräuche.

Darin liegt ein geschichtliches Verdienst der saarländischen Politiker, nämlich als erste deutsch geborene Menschen den Forderungen der Gegenwart Rechnung getragen zu haben, die das Kriegsende aufwarf gerade für das Verhältnis zwischen Frankreich und Deutschland. Der gute Wille der saarländischen Politiker hat damit die politische Eingliederung dieses Raumes in Frankreich verhindern können und ihn in seiner wesentlichen Eigenart erhalten. Es begegneten sich der gute Wille ehrlicher Franzosen und der gute Wille saarländischer Menschen mit dem Ziele, das Saarland frei zu machen für die Begegnung der beiden Völker und ihm seinen Grenzcharakter für alle Zeiten zu nehmen.

In diese zweite Zielsetzung hineingewoben ist das dritte Ziel der saarländischen Politik, die Vertiefung des europäischen Gedankens, die Bereitschaft, Baustein zu sein für ein zu schaffendes, geeintes und befriedetes Europa, und endlich ein kleines, aber nicht unbedeutendes und nicht wertloses Beispiel zu geben für die Möglichkeiten, die erstrebte größere Einheit zu schaffen, wenn alle guten Willens sind.

So ist der Saarstaat kein Staat alter Vorstellungswelt. Er ist der Versuch einer neuen Ordnung, staatsrechtlich oder völkerrechtlich gesehen ein Staat, der von seiner Souveränität abzugeben bereit ist, was einer höheren Souveränität, nämlich der Gemeinschaft aller europäischen Völker, übertragen werden muß, wenn die Vereinten Staaten Europas Wirklichkeit werden sollen. Auf dem Wege zu Europa ist die Saarfrage und damit auch der Saarstaat kein Hindernis, wenn man die Entwicklung, die sich als geschichtliche Notwendigkeit herausgestellt hat, im richtigen Zusammenhang sieht [...].

nach: Wille und Weg, hrsg. vom Informationsamt der Regierung des Saarlandes, 1951, S. 15.

16.4 Zeichen gesellschaftlicher und wirtschaftlicher Veränderungen in den 50er Jahren

Mit steigendem Einkommen wurde es immer mehr Menschen möglich, motorisierte Fahrzeuge zu kaufen. Die Motorisierung brachte zwar viele Probleme mit sich, doch wurde es dadurch möglich, daß sowohl weiter entfernte Arbeitsplätze als auch Ausflugs- und Urlaubsziele erreicht werden konnten; die Saarländerinnen und Saarländer wurden mobiler.

Erinnerungen an die „Vespa"-Zeit

94 Es war die schönste Zeit in meinem Leben. 1952, da war ich gerade 21 Jahre alt, hab' ich mir meine erste Vespa gekauft; eigentlich für den Beruf, um besser zu meinen verschiedenen Arbeitsstellen zu kommen. Mein Mann, der hat sich auch eine gekauft. Zusammen hätten wir uns auch einen Kleinstwagen kaufen können, ein Goggomobil oder so, aber so waren wir doch unabhängiger. [...]

Der Führerschein für eine Vespa war gar nicht so einfach zu kriegen. Ich war die einzige Frau unter neun Männern, und bei Frauen, da haben sie immer besonders streng geguckt, da mußte man besser sein als die Männer. Als ich meinen Führerschein gemacht hatte, da hat der Fahrlehrer zu mir gesagt: ‚Donnerwetter, das hätt' ich nicht gedacht, daß du das so gut schaffst'. [...]

Wir haben viel geschafft damals, aber am Wochenende oder wenn ich 'mal Ferien hatte, dann sind wir überallhin gefahren, nach Mettlach, in die Vogesen, an den Bodensee, in die Schweiz. Einmal haben wir Ferien gemacht in Montafon, da haben sie die Silvrettastraße gebaut. Morgens bin ich immer Brot und Weck holen gefahren, an der Baustelle vorbei, und alle haben sie hinter mit hergepfiffen. Eine Frau auf einer Vespa, das hatten die noch nie gesehen. [...]

Wir waren immer unterwegs, aber mit den Ersatzteilen, das war gar nicht so einfach, ich hatte doch eine echte Vespa; draußen im Reich die, die kannten die doch nicht, das war ganz schön schwierig, wenn da 'mal was kaputt ging, das mußte dann immer extra gemacht werden. Einmal mußten wir sogar zusätzlich übernachten, weil die Benzinleitung undicht war und wir nicht weiterfahren konnten. [...]

Mit den Fahrten und dem Urlaub das ging so bis 1957 – immer in der Gruppe oder mit Freunden oder mit der Familie. Allein in meiner Familie, da hatten wir fünf Vespas. Und die Kinder, die waren meistens auch dabei; ich hatte das Kleine vorne im Körbchen am Lenker, und die Große, die saß hinten bei meinem Mann mit drauf. Ja, das war schön damals, und mein Paß, da konnte man keine leere Seite mehr finden, so viele Visa und Stempel waren da drin. [...]

Hilde Schmitt

Interview mit Mitarbeitern des Regionalgeschichtlichen Museums, Saarbrücken.

Die Wirtschaftsunion mit Frankreich brachte für das Saarland – zumindest zunächst – große Vorteile. Als aber in der Bundesrepublik das „Wirtschaftswunder" begann, wollten viele Saarländerinnen und Saarländer auch davon profitieren und fuhren zum Einkaufen nach „drüben". Das Schmuggeln war nicht ungefährlich, wurde aber zu einem regelrechten „Volkssport".

„Schmuggel-Geschichte"

95 In den 50er Jahren bin ich mit meiner Mutter regelmäßig von Homburg mit dem Bus nach Zweibrücken zum Einkaufen gefahren. Damals gab es in Zweibrücken Kleidung, Schuhe, Elektrogeräte günstiger zu kaufen und ein besseres Angebot als in Homburg. Ich hab' dort meine Schuhe bei Salamander gekauft. Dann mußte ich anschließend – deshalb kann ich mich auch noch so gut erinnern – immer durch den Dreck und den Batsch gehen, damit die Schuhe nicht so neu aussahen, wenn wir an die Grenze nach Einöd gekommen sind und von den Zöllnern kontrolliert worden sind [...]"

Walter Delarber, Saarbrücken

Interview mit Mitarbeitern des Regionalgeschichtlichen Museums, Saarbrücken.

16.5 Plakate und Erklärungen zum Abstimmungskampf um das Saarstatut 1955

Weil die Bundesrepublik Mitglied von Nato und WEU und damit souverän werden wollte und da Frankreichs Interesse am Saarland zurückgegangen war, waren beide Staaten kompromißbereit und einigten sich im „Saarstatut" mit der saarländischen Regierung auf die Europäisierung der Saar. Die saarländische Bevölkerung sollte am 23. Oktober 1955 darüber abstimmen. In dem dreimonatigen Abstimmungskampf kam es zu harten Auseinandersetzungen zwischen „Ja"- und „Nein"-Sagern.

Abb. 18: Plakat der Europa-Bewegung[1] *zum Abstimmungskampf 1955*

[1] Europa-Bewegung: der CVP nahestehende Vereinigung

Die DPS war als oppositionelle pro-deutsche Partei 1952 verboten worden, mußte für den Abstimmungskampf jedoch wieder zugelassen werden. Ihr Hauptangriffsziel war weniger das „Saarstatut", sondern vielmehr Ministerpräsident Johannes Hoffmann, der – wie sein mitabgebildeter Justizminister Heinz Braun – während des Dritten Reiches hatte in die Emigration gehen müssen.

Abb. 19: Plakat der DPS zum Abstimmungskampf 1955

Der Streit um das „Ja" oder „Nein" zum Saarstatut spaltete die saarländische Bevölkerung in zwei Lager. Der Riß ging sogar durch die bestehenden Parteien. Sowohl Sozialdemokraten als auch Christdemokraten bildeten neue Parteien: SPD und CDU entstanden neben SPS und CVP.

Stellungnahme der CDU (Egon Reinert) zum Saarstatut, 7.8.1955

96 Wir befürchten es nicht nur, wir sind sicher, daß eine Billigung des Statuts auch diesmal wieder von der herrschenden Macht als eine Rechtfertigung für die Vergangenheit und als eine Generalvollmacht für die Zukunft mißdeutet werden wird. Es ist nicht die Folge falscher Beeinflussung, es ist der elementare Ausdruck des so lange unterdrückten Rechtgefühls unserer Bevölkerung, wenn sie in den wenigen Tagen, seit ihr die Freiheit des Wortes gestattet ist, ihrem Herzen in so echter und überzeugender Weise Ausdruck gibt. Niemand wird überhören, wie einmütig das Volk der Meinung ist, daß Ordnungen, wie sie die Zugehörigkeit und die Liebe zum Vaterland bedeuten, sich nicht ungestraft länger stören und verfälschen lassen. Wir wissen, daß unsere Gegner uns nun als Nationalisten, als Europafeinde und als Störer der deutsch-französischen Verständigung verleumden werden. Wir wissen uns frei von diesen Vorwürfen und glauben uns am ehesten von jedem echten Franzosen verstanden, der es unter seiner Würde halten und überhaupt nicht verstehen würde, wenn ihm die Frage einer zeitlich unabsehbaren oder gar ewigen Abtrennung von seinem Vaterland zugemutet würde. Glaubt aber jemand, an uns deutsche Saarländer, andere Maßstäbe anlegen zu müssen, weil wir die Besiegten sind, so mag das Recht des Stärkeren entscheiden, niemals aber hat das dann etwas mit einer echten Europäisierung zu tun, und unsere Zustimmung hierzu wäre unfrei, unaufrichtig und deshalb wertlos.

Wir befürchten aber auch, daß bei späteren Friedensverhandlungen unser Ja zu dem Statut als eine Vorabentscheidung für die endgültige Trennung von Deutschland gewertet wird. Je stärker dieses Ja zu dem Statut wäre, umso eher würde sich Frankreich bei einem Friedensvertrag auf dieses Ja berufen und die Frage der staatsrechtlichen Zugehörigkeit des Saarlandes zu Deutschland überhaupt nicht mehr zulassen, geschweige hierüber verhandeln.

Es steht vor uns eine nicht mehr bloß wirtschaftliche Frage. Es steht vor uns nicht mehr eine nur politische Frage, etwa die Frage der Einordnung in Europa und die innere Gestaltung des Staatswesens und seine europäische Oberaufsicht. Es steht vor uns die Gewissensfrage: Ist es Dir erlaubt, auf unabsehbare Zeit Dich von Deinem Vaterland, von Deinem Volk und dessen Schicksal loszusagen und freiwillig Dich aus einer Gemeinschaft zu entfernen, die eben dabei ist, durch Wiedererlangung der Freiheit und Einheit die Wiedervereinigung zu verwirklichen?

nach: Nachgefragt: 23. Oktober 1955. Zeugnisse und Dokumente zum 25. Jahrestag der Volksbefragung im Saarland. Zusammengestellt von Klaus Altmeyer und Franz Rudolf Kronenberger, Saarbrücken 1980, S. 30f.

16.6 Die politischen Parteien im Saarland nach der Eingliederung in die Bundesrepublik

Wahlergebnisse im Saarland seit 1955

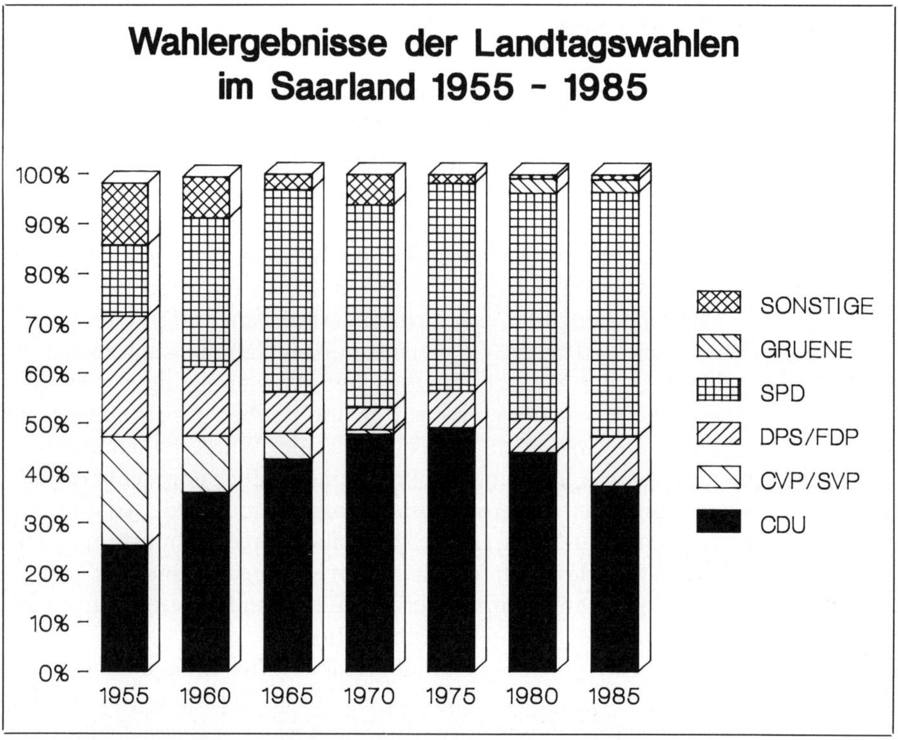

Abb. 20: Wahlergebnisse der Landtagswahlen im Saarland 1955–1985

Sachliche Hinweise und didaktischer Kommentar

1 Die Kelten im Saarraum

Die Kelten waren das erste Volk in unserer Heimat, das wir namentlich kennen. Die häufig gestellte Frage nach ihren Ursprüngen läßt sich nicht befriedigend beantworten, da entsprechende schriftliche Quellen fehlen und die archäologischen Quellen allein zur Klärung nicht ausreichen – die Spuren der Kelten verlieren sich im Dunkel der Vorgeschichte.

Die vorherrschende Lehrmeinung ist heute, daß man die Kelten mit einiger Sicherheit bis in die späte Hallstattzeit, das heißt etwa bis ins siebte vorchristliche Jahrhundert zurückverfolgen kann. (Die Hallstattzeit, benannt nach einem österreichischen Fundort, ist der ältere Abschnitt der vorrömischen Eisenzeit.) Aus dieser Zeit stammen auch die Grabhügel, die in der ersten Quelle beschrieben werden.

zu 1.1 Bodenfunde als Quelle der Vorgeschichte: Die Ausgrabungen eines Gräberfeldes im Bliesgau

Wegen der vergänglichen Holz-Lehm-Bauweise der keltischen Häuser sind Siedlungsreste kaum jemals gefunden worden – sieht man einmal von den weiter unten erwähnten Befestigungsanlagen ab. Einen indirekten Aufschluß über die Siedlungsverteilung geben aber die keltischen Hügelgräber, von denen es im Saarland – trotz häufiger zwischenzeitlicher Zerstörung – immer noch Hunderte gibt [Text 1]. Die dichte Konzentration vorgeschichtlicher Grabhügel speziell im Bliesgau zeigt, daß der fruchtbare Muschelkalkboden die frühe Besiedlung begünstigte.

Schon in früheren Jahrhunderten wurden viele Hügel von Grabräubern durchwühlt, die vom Reichtum der den Toten mitgegebenen Schätze angelockt wurden. Bei der hier geschilderten Ausgrabung allerdings waren die Archäologen von der Bescheidenheit der Grabbeigaben enttäuscht. Andere hallstattzeitliche Gräber waren wesentlich reicher ausgestattet – mit Eß- und Trinkgeschirr, Schmuck und Waffen, ganz allgemein mit Dingen, die die Toten auch im Jenseits nicht vermissen sollten. In der darauffolgenden La-Tène-Zeit (benannt nach einem Fundort in der Schweiz) entstanden auch im Saarland die reichen Fürstengräber, deren berühmtestes das von Reinheim, ebenfalls im Bliesgau, ist.

Die Grabungstechnik hat sich übrigens in der Zwischenzeit gewandelt. Heute trägt man die Hügel nicht mehr, wie von Mehlis beschrieben, in konzentrischen Kreisen ab; man trichtert sie auch nicht mehr an, wie es früher oft geschah, sondern man läßt zwei Stege in Kreuzform stehen, die sich in der Mitte des Hügels treffen, um den Aufbau im Profil beobachten zu können.

Richtig erkannt hat Mehlis, daß in der fraglichen Zeit zwei verschiedene Bestattungsformen nebeneinander bestanden, nämlich die Körper- und die Brandbestattung. Auch die Zeitbestimmung „vorrömisch“ trifft zu; für eine genauere Datierung fehlten noch die Grundlagen.

Der in der Quelle am Rande erwähnte Menhir „Gollenstein“ (oder „Galgenstein“) hat entgegen einer häufig anzutreffenden Meinung höchstwahrscheinlich nichts mit den Kelten zu tun, sondern wurde vermutlich in einer viel früheren Epoche, am Ende der Jungsteinzeit, errichtet.

zu 1.4 Keltische Festungsanlagen: Der Ringwall von Otzenhausen

Neben den Grabhügeln sind die Festungen die zweite Kategorie von Bauwerken, die aus keltischer Zeit stammen und bis heute erhalten blieben. Man unterscheidet zwischen „oppida“ (größeren, stadtähnlichen befestigten Siedlungen) und „castella“ (kleineren Fluchtburgen, die nicht für Dauerbesiedlung gedacht waren.) Eine Kette solcher Höhenfestungen liegt auf dem Bergrücken des Schwarzwälder Hochwaldes. Die besterhaltene, eindruckvollste und bekannteste dieser Anlagen ist der Ringwall von Otzenhausen. Der irreführende Name „Hunnenring“ geht vielleicht auf romantische Vorstellungen des 19. Jahrhunderts zurück, die den Ringwall mit den Hunnen oder aber mit „Hünen“ in Verbindung brachten. In Wirklichkeit stammt der Wall aus der späten La-Tène-Zeit, d. h. aus dem ersten vorchristlichen Jahrhundert [Abb. 1].

Interessant ist, daß wir in diesem Fall den archäologischen Befund mit einer schriftlichen Quelle vergleichen können, nämlich mit Caesars vielzitierter Beschreibung aus dem „Gallischen Krieg“ [Text 3]. Wir befinden uns hier schon an der Schwelle zur Frühgeschichte. Als „Vorgeschichte“ wird nämlich üblicherweise der riesige Zeitabschnitt bezeichnet, für den keine – oder jedenfalls keine unmittelbaren – schriftlichen Quellen vorliegen; „Frühgeschichte“ ist dagegen nach dieser Definition die Übergangsphase von der Vorgeschichte zur schriftlich bezeugten Geschichte. Es leuchtet ein, daß diese Periodisierung in verschiedenen Räumen unterschiedlich ausfallen muß: so beginnen z. B. in Griechenland sowohl die Frühgeschichte als auch die schriftliche Geschichte früher als in Mitteleuropa; und für unseren Raum, das linksrheinische Deutschland, markiert eben die römische Eroberung die Trennungslinie zwischen Vor- und Frühgeschichte.

Die schriftlichen Quellen verraten übrigens nicht, ob der Ringwall von Otzenhausen im Gallischen Krieg eine Rolle gespielt hat. Archäologisch bezeugt ist dagegen eine Nachbenutzung in der darauffolgenden Gallo-römischen Epoche, als z. B. im Innern des Walls ein kleiner Tempel errichtet wurde.

2 Leben in der römischen Provinz

zu 2.1 Straßen und Siedlungen der Römerzeit (Karte)

Die Übersichtskarte verzeichnet nur eine kleine Auswahl aller römerzeitlichen Siedlungsstellen im Saarland; in Wirklichkeit geht deren Zahl in die Hunderte. Ein Hauptgrund für die Häufigkeit der Funde ist, daß die einheimischen Kelten von den römischen Eroberern die Steinbauweise übernahmen, so daß römerzeitliche Siedlungsreste sehr viel eher zu finden sind als vorgeschichtliche. Die weiträumige Verteilung der Fundstellen wiederum weist auf das Siedlungsschema hin. Einzelhöfe überwiegen bei weitem, Gruppensiedlungen waren die Ausnahme.

Man unterscheidet die Siedlungen in:

- Villae rusticae: „einfache“ Bauernhöfe, die aber – auch im Vergleich mit heutigen – durchaus beachtliche Ausmaße haben konnten: die Hauptgebäude sind oft über 30 m lang, teilweise sind noch zusätzliche Nebengebäude nachgewiesen, vermutliche Betriebsflächen von 50–100 ha wurden rekonstruiert. Auch die „einfachen“ Villen verfügten oft über Fußbodenheizungen und Bäder.
- Großvillen übertrafen die einfachen Villen in Ausmaßen und Ausstattung bei weitem. Man nennt Prunkvillen, bei denen die Wohn- und Repräsentationsfunktion ganz die Wirtschaftsfunktion verdrängte, gelegentlich „villae urbanae“. Manche dieser Anlagen hatten regelrecht den Charakter von Palästen. Kennzeichnend sind Mosaike, Wandmalereien, Portale und Innenhöfe mit großen Säulen, Wasserbecken und große Bäder. Das bekannteste Beispiel im Saarland ist die Villa von Nennig [Text 4]. An die Darstellung dieser Villa wurde zur zusätzlichen Illustration die zeitgenössische Schilderung vom Leben in einer Luxusvilla in Innergallien hinzugefügt [Text 5].
  Die Großvillen waren vermutlich Zentren von Latifundien. Die Bauern der benachbarten kleineren Höfe waren möglicherweise in irgendeiner Form abhängig von den Großgrundbesitzern.
- Vici dagegen waren Gruppensiedlungen, kleinstädtische Zentren von Handwerk und Handel, Marktorte für die ländliche Umgebung. Im Saarland sind vier vici sicher bekannt. Der am besten erforschte ist der von Schwarzenacker, wo sich Bauweise und Funktion einzelner Häuser und sogar ganzer Gebäudekomplexe und Straßenzüge rekonstruieren lassen [Abb. 3].
- Kastelle waren Militärlager. Im Gegensatz zum rechtsrheinischen Südwestdeutschland, wo wegen der Nähe der germanischen Grenze Militärsiedlungen seit Beginn der Römerzeit gebaut wurden, lag das Saarland im Hinterland; hier gab es daher in den ersten Jahrhunderten nur Zivilsiedlungen. Dies änderte sich erst, als seit der zweiten Hälfte des dritten Jahrhunderts der Druck der Germanen wuchs – auch der vicus Schwarzenacker wurde damals bei einem Germaneneinfall zerstört. Am Rande der vici Dillingen-Pachten und Saarbrücken-Halberg wurden daraufhin Kastelle errichtet, die auch die wichtigen Flußübergänge sichern sollten. Das zeitliche Verhältnis von Zivil- und Militärsiedlung wird auch dadurch deutlich, daß in Saarbrücken das Kastell Teile des vicus überbaute und in Dillingen Teile eines ehemaligen Theaters im Kastell vermauert wurden.
- Von den Kastellen zu unterscheiden sind die Höhenbefestigungen, die ebenfalls in spätrömischer Zeit entstanden und die den Bewohnern benachbarter Villen als Zufluchtort dienten. Auch ältere, vorgeschichtliche Anlagen wurden damals wieder instandgesetzt. Tatsächlich sind bei den meisten Bergfestungen mehrere Bauphasen nachgewiesen oder zu vermuten.
- Zu den Siedlungsresten im weiteren Sinne zählen schließlich auch Gewerbebetriebe wie das Kupferbergwerk von St. Barbara, die Töpfereien von Blickweiler und vom Eschweilerhof u. a., die den hohen Entwicklungsstand der römerzeitlichen Wirtschaft auch in unserer Heimat belegen.

Literaturhinweise:

Caspar, Arthur: 16 Ausflüge zu den alten Römern an Mosel und Rhein; Essen (Magnus) 1985.
Freis, Helmut: Das Saarland zur Römerzeit (Saarland-Hefte 1); Saarbrücken (Institut für Landeskunde im Saarland) 1991.
Stöver, Hans Dieter/Gechter, Michael: Report aus der Römerzeit – Vom Leben im römischen Germanien; Stuttgart (Theiss) 1989.
Ternes, Charles-Marie: Die Römer an Rhein und Mosel – Geschichte und Kultur; Stuttgart (Reclam) 1975.

3 Kloster, Burg und Stadt im Mittelalter

Das Mittelalter ist in dem Quellenband mit drei Themenbereichen repräsentiert: Kloster als Wirtschafts- und Herrschaftszentrum, politische Auseinandersetzungen um die Rechte an einer Burg, Rechte und Pflichten der Stadtbürger. Die Arbeitsmaterialien sind jeweils um ein regionales Zentrum oder ein herausragendes Ereignis konzentriert: Kloster Mettlach, die Fehde zwischen Erzbischof Balduin von Trier und Jacob von Montclair und die Stadt Saarbrücken.

Im Frühmittelalter gehörte die Saarregion zum austrasischen Kernland, zur regionalen Basis für den Aufstieg der Dynastie der Karolinger. Für eine Reihe von bedeutenden Geschlechterverbänden aus dem Umkreis der Adelssippen, die den politischen und wirtschaftlichen Aufstieg der arnulfingisch-karolingischen Dynastie begleiteten und z.T. unterstützten, lassen sich Besitz- und Herrschaftsrechte dem Raum an Mosel, Saar und Blies zuweisen. Hervorzuheben sind insbesondere die Chrodoine (Fulrad von S. Denis) und die Widonen.

zu 3.2 Grundherrschaftliche Abgaben und Dienste im 10. Jahrhundert

Die Gründung des Klosters Mettlach geht auf die Familie der Widonen zurück, die in enger politischer und auch verwandtschaftlicher Beziehung mit der mächtigsten Führungsgruppe in der austrasischen Kernzone des Merowingerreiches, den Arnulfinger/Pippiniden stand. Die Widonen hatten an der unteren Saar, aber auch an Maas und Mosel Besitz und Herrschaftsrechte konzentriert. Ihr Name ist ein Hilfsbegriff der modernen frühmittelalterlichen Adelsforschung. Er wird als „Leitname" zurückgeführt auf den Sohn des Gründers der Abtei Mettlach, einen gewissen Wido.

Mitglieder dieser Familie hatten im Karolingerreich hervorragende politische Stellungen und übernahmen Verwaltungs- und Militärfunktionen in Burgund und in Italien. Im späten 9. Jahrhundert stellten sie sogar im italischen Teilreich Könige und Kaiser.

Mettlach war als adeliges Eigenkloster gegründet und Liutwin, der Gründer hatte als Klosterbischof wohl auch die Leitungsfunktionen eines Abtes inne. Den Mönchen des unmittelbar an der Saar gelegenen „monasterium" wurden nach Aussagen der Vita des Heiligen Liutwin eine beträchtliche Anzahl (1000) Bauernstellen mit abhängigen Hörigen als materielle Grundlage des klösterlichen Lebens übertragen. Diese Übertragung bildete den Grundbestand des Klosterbesitzes, der bis zum späten Mittelalter noch beträchtlich erweitert wurde.

Liutwin wurde nach seinem Tode in seiner Stiftung Mettlach begraben. Seine Grabkirche wurde der vor 993 erbaute sogen. „Alte Turm". Das Grab des Heiligen war wegen der zahlreichen von den Mönchen propagierten Wunder und Heilungen während des ganzen Mittelalters hindurch Zielpunkt einer jährlichen Wallfahrt. Mettlach war ein sakrales Zentrum mit erheblicher regionaler Ausstrahlung in der Erzdiozese Trier und in der Saarregion.

Die abgedruckten Quellen zeigen die Stellung Mettlachs innerhalb der mittelalterlichen Ordensniederlassungen an der Saar (Karte 3).Eine gediegene und informative Einführung in die Klosterlandschaft im saarländisch-lothringischen Grenzraum findet sich bei Stefan Flesch, Joachim Conrad und Thomas Bergholz, Mönche an der Saar. Die mittelalterlichen Ordensniederlassungen im saarländisch-lothringischen Grenzraum. Saarbrücken 1986.

zu 3.3 Die Errichtung der Burg Montclair

Die Quellen zur Errichtung der Burg Montclair und zur Fehde zwischen Erzbischof Balduin von Trier und Jacob von Montclair lassen im Zusammenhang mit dem Ausbau der Territorialherrschaft im ausgehenden Mittelalter interpretieren.

Seit dem 12. Jahrhundert versuchte das Erzbistum Trier, seine Herrschaft schwerpunktmäßig nicht nur an der Mosel sondern auch nach Süden und Südosten auszudehnen. Über die Hochwaldbarriere hinaus betrieb es z. B. den Ausbau der Herrschaft über St. Wendel die Blies entlang, ohne auf nennenswerten Widerstand der territorialen Herrschaftskonkurrenten zu stoßen. Der Vorstoß an der unteren Saar über Saarburg hinaus mußte notwendig mit den Interessen der Herzöge von Lothringen kollidieren, die ihrerseits ihre Herrschaft in diesem Raum zu konsolidieren suchten.

Die herrschaftliche Verdichtung zum institutionellen Flächenstaat und die intensivere Nutzung der Herrschaftsrechte war begleitet durch Maßnahmen der militärischen Sicherung vor allem durch den Ausbau von Burgen. Diese waren seit dem Hochmittelalter zu Zentren für Wirtschaft, Verwaltung und auch die Finanzverwaltung geworden [Text 9].

zu 3.4 Die Fehde zwischen Erzbischof Balduin von Trier und Jakob von Montclair 1351

Die hier dokumentierte Fehde um den Zugang zur Burg Montclair resultiert aus den konkurrierenden Interessen der Territorialmächte Lothringen und Kurtrier. Die Burg Montclair beherrschte die Saarschleife bei Mettlach. Von ihr aus waren die Zolleinnahmen auf der unteren Saar zu kontrollieren. In der Hoffnung auf Rückendeckung durch den Herzog von Lothringen betrieb Jacob von Montclair hartnäckig eine den territorialen und finanziellen Interessen des Trierer Bischofs zuwiderlaufende Politik, indem er u. a. einen Warenzoll installierte und dem Trierer die Zugangsrechte zur Burg verwehrte. Erst nach einer außergewöhnlich langen Belagerung von 8 Monaten konnten die Trierischen Truppen die Burg einnehmen. Die Herren von Montclair verloren alle ihre Trierischen Lehen [Text 10].

Der Sieg Balduins und die in den späteren Jahrhunderten verfallende Burg waren die Kristallisationspunkte für Sagen und Legenden.

zu 3.5 Freiheiten und Pflichten der Stadtbürger von Saarbrücken und St. Johann im 14. Jahrhundert

Die Stadt Saarbrücken verdankt ihren Namen dem bereits Ende des 10. Jahrhunderts existierenden „Castellum Sarabruca", das auf einem am linken Saarufer aufragenden Sandsteinfelsen errichtet war. Dieser Felsen war wohl auch für die spätere Burg namengebend. Im 12. Jahrhundert entstand westlich des Burgfelsens eine befestigte Ansiedlung. Diese stand unter der Obhut der Saargaugrafen (seit 1123 „Grafen von Saarbrücken") und nahm seit der Mitte des 13. Jahrhunderts einen enormen wirtschaftlichen Aufschwung. Ursache für diesen Aufschwung war die Verlagerung einer wichtigen europäischen Fernhandelsstraße. Denn mit der Öffnung des Gotthardpasses (1234) führte der unter dem Namen „Lampertinische Straße" bekannte Nord-Süd-Fernhandelsweg von Flandern nach der Lombardei jetzt über Luxemburg durch das Saartal in Richtung Straßburg und in die Schweiz.

Ausdruck dieser gewachsenen wirtschaftlichen Bedeutung Saarbrückens war die Verleihung des Freiheitsbriefes 1322 durch Graf Johann I. von Saarbrücken-Commercy [Text 12]. Dieser war eine Bestätigung der städtischen Privilegien für Saarbrücken und das Dorf St. Johann und verband die beiden Orte rechts und links der Saar zu einem kommunalen Gemeinwesen mit gemeinsamem Stadtrecht. Die Bürger waren „gefreit", wählten gemeinsam das Gericht, unterhielten und verteidigten die Stadtbefestigung. Der Graf beanspruchte für sich das Hochgerichtsrecht, die Wald-, Wasser- und die Bannrechte für Öfen und Mühlen.

zu 3.6 Lehrer und Lernstoff in einer mittelalterlichen Stadtschule

Der Anstieg der Bevölkerung und der Ausbau des städtischen Lebens (1398 eine erste Münze, 1424 ein Hospital, wenig später eine Fleischbank, Backstube, Rathaus und Ende des 15. Jahrhunderts eine Schloßkirche) brachten es mit sich, daß im 14. Jahrhundert auch eine Schule für die Bürgerkinder in der Stadt errichtet wurde. Aus einer Notiz über den Vertrag mit dem Stadtschullehrer Johann Krahe [Text 13] lassen sich Aussagen über den Lernstoff, die Unterrichtsorganisation und die Stellung des Lehrers im Sozialgefüge der mittelalterlichen Stadt erarbeiten.

4 Bauernaufstände und Reformation in der Saargegend

Schon in den frühen 1520er Jahren erreichte die Reformation die Saargegend. Ihre Vorboten waren die gewalttätigen Unruhen der Bauern, die sich in unserem Raum vor allem gegen die Klöster als Herrschafts- und Wirtschaftszentren richteten [Text 14]. Die Reformatorische Bewegung konnte aber zunächst nur im Herzogtum Pfalz-Zweibrücken Wurzeln schlagen. In Nassau-Saarbrücken sind reformatorische Tendenzen erst kurz nach der Mitte des Jahrhunderts erkennbar. Sie wurden unterstützt von dem Straßburger Reformator Johannes Marbach und konkretisierten sich in den Reformbestrebungen der Augustinerchorherren des Stiftes St. Arnual. Erst im Jahre 1575 führten die Grafen von Nassau-Weilburg das lutherische Bekenntnis in der ganzen Grafschaft ein. Die junge nassauisch-saarbrückische Landeskirche blieb angesichts der gegenreformatorischen Bestrebungen im Herzogtum Lothringen und im Kurfürstentum Trier eine Exklave des Luthertums im

Westen des Deutschen Reiches. Ein besonderes Problem stellte die Gewinnung und Ausbildung künftiger Theologen lutherischen Glaubens dar. Die 1602 von dem Grafen Ludwig von Nassau-Saarbrücken erweiterte Saarbrücker Lateinschule (später Ludwigsgymnasium) [Text 15] war lange Zeit das einzige regionale Bildungszentrum an der Saar.

5 Angst, Krieg und Not in der Zeit des 30jährigen Krieges

Der Dreißigjährige Krieg zerstörte in dem Land an der Saar die Ansätze zu einer wirtschaftlichen und kulturellen Aufwärtsentwicklung, die seit dem späten Mittelalter vor allem durch den Handelsverkehr entlang der Saar und auf den großen Straßen von Flandern nach Süddeutschland und Oberitalien in Gang gekommen war. Er kann als entscheidende Zäsur für das wirtschaftliche Wachstum und die kulturellen Tätigkeiten in den Dörfern und Städten an der Saar angesehen werden. Dabei sind es weniger kriegerische Handlungen und Zerstörungen als die Folgen des Durchzugs und der Einquartierung der Soldaten, unter denen die Bevölkerung zu leiden hatte. Bereits im ersten Kriegsjahrzehnt hatte die Bevölkerung Einquartierungen, Repressalien von durchziehenden Kriegsvölkern zu dulden. Um 1620 hatten die spanischen Truppen Spinolas in die Gegend um Saarbrücken die Pest gebracht. Das Jahr 1635 war ein gräßliches Schreckensjahr, das die Bevölkerung zwischen Seille und Rhein der entfesselten Soldateska von gleich drei Kriegsherren auslieferte: den Kaiserlichen unter Graf Gallas, den Lothringern und den mit den Franzosen verbündeten Schweden. Die Saargegend hatte zusammen mit der Pfalz, Hessen, Württemberg, Mecklenburg und Pommern die größten Bevölkerungsverluste in den deutschen Landschaften zu beklagen.

zu 5.1 Ein Hexenprozeß aus dem Ende des 16. Jahrhunderts

Ein Sonderkapitel ist der Repräsentation eines Hexenprozesses aus der unteren Saargegend gewidmet, der sowohl in der Struktur der als Hexerei verschrieenen Handlungen als auch in dem Prozeßverlauf: Kläger, Sachverhalt, Beklagte, Androhung der Folter, Folterung, Geständnis, Verurteilung usw. als typisch angesehen werden kann [Text 16].

zu 5.3 Aus den Stadtgerichtsprotokollen von Saarbrücken zur Zeit des 30jährigen Krieges

In den Quellen repräsentiert sind die Leiden der Menschen im Krieg, die immer größer werdenden materiellen Nöte, Teuerung und der zunehmende Lebensmittelmangel. Unregelmäßige Soldzahlungen aber auch Rauflust und Raubgier führten bei den Soldaten zu Exzessen, Übergriffen und Gewaltanwendungen gegenüber der hilflosen Bevölkerung. Es herrscht das Faustrecht, weil die bisherige Rechtsordnung durch die Abwesenheit des Landesherren aufgehoben scheint [Text 17]. Auch Stadtgerichtsprotokolle [Text 18, 19 und 20] erscheinen als „Sittenspiegel der Zeit". Sie zeigen die Auswirkungen der kriegerischen Ereignisse auf die Bevölkerung. Die Unsicherheiten und die materielle Not lassen Unrechtsbewußtsein und Rechtsnormen der betroffenen Menschen immer weiter auseinanderklaffen.

zu 5.4 Die Schrecken des Kriegsjahres 1635 an der Saar im Spiegel von zeitgenössischen Berichten

Das Unterkapitel: „Schrecken des Krieges“ reiht Quellen aneinander, die die Folgen der Ausplünderung der Bevölkerung und des absoluten Lebensmittelmangels in der Saarregion zeigen [Texte 21 und 22]. Herausgearbeitet werden kann das Ausmaß der flächendeckenden Verwüstungen und der Entvölkerung in einzelnen Dörfern und Städten [Text 23]. Dabei faßt die Grafik [Kap. 5.5] in einer statistischen Auswertung die Bevölkerungsverluste in der gesamten Region zusammen. Die exemplarisch zusammengestellten Texte zeigen die verheerenden Auswirkungen des Krieges, obwohl es in der Saarregion zu keinen nennenswerten kriegerischen Kampfhandlungen gekommen ist.

6 Absolutistischer Staat und merkantilistische Wirtschaft

Während England und Frankreich schon im 17. Jahrhundert ihre nationale Staatlichkeit erlangten, konstituierten sich die deutschen Territorien erst spät zu staatlichen Gebilden mit Staatsgebieten, Staatsmacht und Staatsvolk. Am ehesten kann man solche Staaten im Heiligen Römischen Reich deutscher Nation in den größeren Territorien des 18. Jahrhunderts, in der Zeit des fürstlichen Absolutismus, erkennen, etwa im Kurfürstentum Bayern, im Kurfürstentum Brandenburg, im Kurfürstentum Pfalz etc.

Die Saargegend ist am Ende des 18. Jahrhunderts gekennzeichnet als ein territorial zersplittertes Gebiet. Absolutistische Fürsten mit überregionaler Geltung finden sich nur im Saarlouis-Dillinger Raum, mit seiner Zugehörigkeit zum Herzogtum Lothringen und damit zu Frankreich und im Zweibrücken-Homburger Raum, wo die Herzöge von Pfalz-Zweibrücken 1777 die bayerische Kurfürstenwürde erlangen. Kurtrier und Nassau-Saarbrücken, sowie die kleineren Fürstentümer und Reichsherrschaften haben nur regionale Bedeutung.

Nicht nur der 30jährige Krieg, sondern auch die französischen Reunionskriege hatten Bevölkerung und Land an der Saar mehr als ein Jahrhundert demographisch, ökonomisch und kulturell ruiniert. Eine Wiederbelebung des städtischen und wirtschaftlichen Lebens kam jedoch bereits zu Ende des 17. Jahrhunderts wieder in Gang. Die von Frankreich besetzten Saarlande wurden 1680 als „Saarprovinz“ organisiert, zu deren Vorort die 1680 gegründete Festung Saarlouis ausersehen wurde. Mit einem Bündel von Förderungen bemühte sich die Provinzverwaltung um eine Wiederbelebung der Wirtschaftskraft des Landes. Die Landwirtschaft wurde durch Gewinnung von abgabenfreiem Neuland durch Rodung gefördert, darüber hinaus bemühte sich die Provinzverwaltung um eine Wiederbesiedlung des Landes („Repeuplierung“), um den infolge des Krieges und der damit verbundenen Pest und der Hungersnöte entstandenen Bevölkerungseinbruch auszugleichen. Mit dem Versprechen auf Abgabenfreiheit wurden auch Neusiedler aus der Schweiz, Oberdeutschland und Tirol angeworben.

Aber nicht von dem kurzlebigen Experiment der französischen „Saarprovinz“ gingen die entscheidenden wirtschaftlichen und kulturellen Impulse aus, sondern von den alten Territorien, dem Fürstentum Nassau-Saarbrücken und dem Herzogtum Pfalz-Zweibrücken.

Insbesondere die letzten beiden Grafen von Nassau-Saarbrücken bemühten sich in merkantilistischem Geist die natürlichen Reichtümer des Landes, vor allem die Steinkohlen besser zu erschließen. Einer der wichtigsten Schritte war die Zentralisierung der Kontrolle über die „wilden“, weitgehend im Tagebau betriebenen „Gruben“, in denen die bäuerliche Bevölkerung Kohlen abbaute. Diese Bauerngruben wurden 1751 per Edikt verstaatlicht.

zu 6.1 und 6.2 Leben und Finanzgeschäfte am Hof des Fürsten von Pfalz-Zweibrücken

In Homburg baute Herzog Christian IV. von Pfalz-Zweibrücken in den Jahren 1777–1791 ein gewaltiges Schloß, das sich in Aussehen und Ausmaßen das Schloß von Versailles des Sonnenkönigs Ludwigs XIV. zum Vorbild nahm.

Einen Einblick in das Leben am Hof Herzog Christians von Pfalz-Zweibrücken ermöglichen die Auszüge aus der Autobiographie Johann Christian Mannlichs, der Hofbaumeister und künstlerischer Berater seines Herzogs war. Ihm ist es zu verdanken, daß zumindest ein Teil der Kunstschätze, die in Schloß Karlsberg versammelt waren, aus den Stürmen des französischen Revolutionskriegs nach München gerettet werden konnten. Die beiden Auszüge [Text 24 und 25] spiegeln die erste Begegnung des 15jährigen Mannlich mit dem Herzog wider und beleuchten das Finanzgebaren am herzoglichen Hof. Die Finanzlage am Hofe der Fürsten war stets angespannt. Häufig war kein Geld vorhanden für die Löhne und Gehälter der Bediensteten. Hofhaltung und Anlagen des Schlosses Karlsberg verschlangen Unsummen von Geldern.

zu 6.3 Ein Heiratsvertrag aus dem 18. Jahrhundert

Die bäuerliche Bevölkerung, die die Hauptlast der absolutistischen Prachtentfaltung zu tragen hatte, ist mit einem zweiten Ensemble von Quellen repräsentiert. Der abgedruckte „Heiratsvertrag“ [Text 26] läßt etwas über den materiellen Besitzstand der bäuerlichen Oberschicht erkennen. In der bäuerlichen Gesellschaft heiratete in der Regel nur, wer auch einen Hausstand gründen konnte. Das bedeutete oft, daß das Haus von den Eltern übernommen wurde. Die Bedingungen dieser „Hausübernahme“ wurden, um künftige Streitigkeiten zwischen den Familien zu vermeiden, detailliert festgehalten und vor dem Gericht beurkundet. Die Gerichtsbarkeit erster Instanz lag noch lange Zeit vielfach in den Händen der Patrimonialherren und wurde in mittelalterlicher Weise durch ungelehrte Richter und Schöffen ausgeübt. Den Bauerngerichten blieben nur die Aufstellung der Vermögensinventare bei Nachlässen und Vormundschaften und die Testamente. In Kriminalfällen führte das Amt die Voruntersuchung, die Prozesse wurden von den Hofgerichten zu Trier und Koblenz geführt und entschieden.

zu 6.4 Zwangssoldaten und „Loskauf“ im 18. Jahrhundert

Eine Belastung besonderer Art für die kleinen bäuerlichen Betriebe war die Verpflichtung zum Heeresdienst, die den Familienwirtschaften wichtige Arbeitskräfte oft über Jahre entfremdete. Für den oberrheinischen Kreis mußten im 18. Jahrhundert auch die Fürsten von Nassau-Saarbrücken Soldaten stellen. Von der Verpflichtung zum Militärdienst konnte man sich gegen die Zahlung von 2–6 Talern an die fürstliche Kasse „loskaufen“ [Text 27]. Der „Loskauf“ eines schon dienenden Soldaten war allerdings wesentlich teurer.

zu 6.5 Aus der Schulordnung für das niedere Schulwesen im Fürstentum Nassau-Saarbrücken 1783

In Nassau-Saarbrücken hatten sich die Fürsten im 18. Jahrhundert in der Pflege des Schulwesens nicht sonderlich hervorgetan. Zwar gab es bereits Verordnungen über den pflichtgemäßen Schulbesuch. Aber erst 1783 erließ der Sohn Wilhelm Heinrichs, Ludwig, eine Schulordnung für die Volksschulen in Nassau-Saarbrücken [Text 28]. Die Ausbildung der künftigen Untertanen durch kirchlich-kontrollierte Lehrer zielte neben kirchlich-religiösen Inhalten auf eine gewisse Schreib- und Rechenfertigkeit.

zu 6.6 Genehmigung zu Errichtung und Betrieb der Dillinger Hütte von 1685

Die Anfänge des Eisenhüttenwesens im späteren Industrierevier an der Saar gehen bis in das absolutistische Zeitalter zurück. Das Bemühen der Fürsten um Belebung der Wirtschaft und die Ausbeutung von Bodenschätzen ist repräsentiert in der Genehmigung zur Errichtung und zum Betrieb der Dillinger Hütte durch den französischen König von 1685 [Text 29]. Auf lothringischem Gebiet wurde zwischen 1685 und 1690 die Dillinger Hütte auf Rechnung des Seigneur de Lenoncourt von Arbeitern aus Wallonien erbaut und bis zur Jahrhundertwende in Gang gehalten. Die Genehmigung zum Bau und Betrieb der Eisenhütte mußte der französische König geben.

Nutznießer der Anstrengungen der absolutistischen Herrscher um Hebung der Wirtschaftskraft ihrer Territorien nach der merkantilistischen Maxime waren letztlich die Bürger der Handels- und Gewerbestädte.

7 Französische Revolution und napoleonische Herrschaft

zu 7.1 Ein Beschwerdebrief Lothringischer Bauern am Vorabend der französischen Revolution

Die neuere Forschung hat herausgestellt, wie durch die Auswirkungen der französischen Außenpolitik seit dem Beginn der Revolutionskriege das vorrevolutionäre Konfliktpotential zum Ausbruch gebracht worden ist. Die Reformdefizite und Mißstände des Ancien Regime im Rechts- und Finanzwesen wie in Wirtschaft und Verwaltung gehen aus der Vielzahl der Cahiers de doléance der ländlichen Gemeinden hervor. Es sind fast immer ähnliche oder vergleichbare Beschwerden, die vorgetragen werden. Sie betreffen vor allem die Salzsteuer, die Praktiken der Steuerpacht, die Waldnutzung und die Belastung durch grundherrliche Pflichten und Lasten, wie den Mühlenbann und als besonders drückend empfundene Frondienste. Illustriert werden können diese Klagen mit dem cahier de doléance aus der lothringischen Gemeinde Gerlfangen [Text 31]. Wie in anderen Beschwerdeschriften ist auch in Gerlfangen erstaunlich, daß bei allen Klagen das gläubige Vertrauen der Landbevölkerung auf die helfende Hand des allmächtigen Monarchen zum Ausdruck gebracht wird.

zu 7.3 Die Revolution kennt keine Grenzen: Handwerkerunruhen in Saarbrücken 1790

Mißstände und Reformdefizite waren auch in den nichtfranzösischen linksrheinischen Territorien an der Saar Ausgangspunkte der Konfrontation mit dem feudalen Regime. Im Fürstentum Nassau-Saarbrücken herrschten trotz der allumfassenden Reformversuche die letzten beiden Saarbrücker Fürsten Wilhelm Heinrich und Ludwig im Inneren nur scheinbar stabile Verhältnisse. Die latenten Konflikte zwischen den Untertanen und der Obrigkeit entzündeten sich unter dem Eindruck der revolutionären Ereignisse des Sommers 1789. Einen besonderen Angriffspunkt stellte das korrupte Willkürregiment des Regierungspräsidenten von Hammerer dar. Hauptbeschwerdepunkte waren bei den Bürgern wie den Bauern die drükkenden Finanzlasten sowie die in der „Landkasse“ zusammenfließenden Mittel, die für den Unterhalt des fürstlichen Militärs und die Besoldung der herrschaftlichen Bediensteten aufgebracht werden mußten [Text 32]. Neben Abgaben- und Frondenverweigerung und der traditionellen Protestform der Petition an den Fürsten kamen unter dem Eindruck der revolutionären Ereignisse auch tumultuarische Aktionen hinzu, wie die Revolte der St. Johanner Handwerksgesellen, die nur durch Militäreinsatz beigelegt werden konnte [Text 33]. Die Erinnerungen aus dem Saarbrücker Bürgertum lassen dabei deutlich die soziale Distanz erkennen, aus der das Bürgertum auf die tumultuarischen Aktionen der Handwerker und Bauern herabblickte. Waren die Bürger doch weitgehend Nutznießer der fürstlichen Kompromißbereitschaft gewesen.

zu 7.4 Krieg den Palästen – Friede den Hütten? Besatzungspraxis der Revolutionstruppen an der Saar

Von den kriegerischen Auseinandersetzungen blieb das Fürstentum Nassau-Saarbrücken trotz des Einmarsches der französischen Truppen im Herbst 1792 weitgehend verschont. Die französische Besatzungsherrschaft wurde weniger als Befreiung denn als Machtdemonstration der neuen Herren empfunden [Text 34]. Die Radikalisierung der Revolution in Frankreich und der Übergang zu einer offensiven und aggressiven Außenpolitik schlug sich in einer immer rücksichtsloseren Besatzungspraxis auch in der Saargegend nieder. Im Mai 1793 wurde Fürst Ludwig, dessen Neutralität bislang respektiert wurde, zum Feind der Französischen Republik erklärt. Während er selbst auf das jenseitige Rheinufer fliehen konnte, wurden die herrschaftlichen Schlösser Opfer von Plünderung, Raub und Brand.

zu 7.5 Die Guillotine in St. Arnual im Dezember 1873

Die im Grenzland an der Saar unmittelbar erfahrbare Bedrohung von außen durch die österreichischen und preußischen Truppen und militante Emigranten, die Absetzung des Königs und die Begründung der Republik führten auch in den Saarstädten zu einer Radikalisierung insbesondere bei den Mittel- und Unterschichten, die ein Ventil für die drückenden Lasten des Besatzungsalltags suchten. Diese Radikalisierung schlug sich auch in einer Reihe von Todesurteilen und Hinrichtungen von vermeintlichen Revolutionsfeinden nieder [Text 35].

Auf der anderen Seite sind vor allem aus den französischen Territorien an der Saar, wie aus der Stadt Saarlouis, eindrucksvolle Zeugnisse über die rasche Adaptation an die neue revolutionäre Mentalität und die neue repräsentative Symbolik überliefert [Abb. 8].

zu 7.6 Die politische Gliederung der Saargegend in französischer Zeit (Karte)

Die Auswirkungen der französischen Revolution markieren einen Einschnitt in der Geschichte der Saargegend in territorialer, rechtlich-sozialer und auch in wirtschaftlicher Hinsicht. Mehr als ein Jahrhundert waren die Territorien an der Saar und ihre Einwohner von den Folgen der politischen Umwälzungen der nachrevolutionären und der napoleonischen Zeit unterworfen.

Nachdem die französischen Revolutionstruppen 1793 der Territorien an der Saar überrannt hatten und das Ancien Regime zusammengebrochen war, erhielt die politische Ordnung mit der Departement-Gliederung einen Modernisierungsschub. Es wurden die Fundamente für einen neuen Saarraum gelegt, der nicht mehr durch die Zersplitterung der Territorialherrschaft begründet war, sondern sich auf neuen wirtschaftlichen Grundlagen zusammenfinden sollte [Karte 5].

Infolge der französischen Annexionen auf dem linken Rheinufer wurden in einer „Revolution von oben“ die Verwaltungs- und Herrschaftsverhältnisse vereinheitlicht. Wesentlich für die künftige rechtliche und soziale Entwicklung wurde, daß die nach 1815 den Saarraum beherrschenden Großmächte des Deutschen Bundes das französische Erbe in weiten Zügen übernommen haben. Insbesondere die Rechtsneuerungen durch die französische Revolution, die Zusicherung der persönlichen und wirtschaftlichen Freiheiten, die volle Mobilität des Grundeigentums und der Wegfall vieler ökonomischer Hemmnisse blieben grundlegend für die Entwicklung des Rechts-, Wirtschafts- und Soziallebens. Auch die Neuerungen in der Verwaltung: Geschworenengerichte, Trennung von Justiz und Verwaltung, Öffentlichkeit und Mündlichkeit der Gerichtsverfahren usw. blieben in den Grundzügen auch in der Restaurationszeit bewahrt.

8 Vormärz und Revolution von 1848/49

Im Vormärz verlangte auch das zahlenmäßig sehr kleine Bürgertum der Saarstädte demokratische Rechte und Freiheiten und schloß sich 1848 den Forderungen der Revolution nach Schaffung eines deutschen Parlamentes und der Umwandlung Preußens in eine konstitutionelle Monarchie an. Gewiß war das politische Leben in den preußischen Saarkreisen vor 1830 „unterentwickelt“. Vor allem im Vergleich mit der politisch völlig anders strukturierten „Rheinpfalz“ oder dem coburgischen Lichtenberg-St.Wendel zeigen sich in den preußischen Saarkreisen nur vereinzelte Auftritte und Äußerungen der Frühliberalen. Erst die Julirevolution von 1830 und die Auswirkungen des polnischen Aufstandes brachten etwas Unruhe in die Verhältnisse an der Saar. In der Regel sind jedoch in den preußischen Saarkreisen nur isolierte und lokalbegrenzte Einzelaktionen zu verzeichnen, die eher eine antipreußische als eine politisch-liberale Färbung aufweisen.

Eine andere Rolle spielte die frühliberale Bewegung in den seit 1815 bayerischen Teilen des heutigen Saarlandes, in den Bezirksämtern Homburg, Zweibrücken und dem späteren von St. Ingbert. Dort waren die Errungenschaften der französischen Revolution noch in Geltung: Die Trennung von Justiz und Verwaltung, die Aufhebung der Privilegien des Adels, die Einrichtungen der Schwurgerichte. Hier herrschte insgesamt ein freiheitlicherer Geist. Homburg und Zweibrücken hatten sich schon früh zu Zentren der liberalen Bewegung entwickelt. Ihren ersten Höhepunkt hatte die Bewegung 1832 in der radikal-liberalen Massendemonstration des Hambacher Festes. Bereits 1830 war es im damals noch Coburgischen St. Wendel zu Unruhen gekommen, die 1832 erneut aufflammten und nur durch preußisches Militär, das aus Saarlouis heranrückte, unter Kontrolle gebracht werden konnten.

zu 8.1 Die Denunziation eines protestantischen Pfarrers in Homburg 1832

Die ausgewählte Quelle beleuchtet die Vorgänge in Homburg, wo der Journalist und Verleger Georg Wirth mit dem wortgewaltigen ehemaligen Landrat Siebenpfeiffer die Wortführer des liberalen Protestes darstellten. Sie zeigt, wie der repressive Blick der Obrigkeit, Spitzelberichte und polizeiliche Vernehmungen ein Klima von Protest und Unterdrückung geschaffen haben, das auch in St. Wendel in gewaltförmigen Aktionen sich Luft verschafft hat.

zu 8.2 „Hambacher Fest" in St. Wendel

In St. Wendel lassen sich Ansätze zu einem festen Zusammenschluß der Liberalen Wortführer finden. Die politische Agitation in St. Wendel ging aus von der sog. „Kellerschen Gesellschaft", einer lockeren, national-liberal orientierten Gruppierung, die sich in der Gastwirtschaft „Keller", im „Roten Haus" neben der katholischen Kirche zu ihren Versammlungen traf. Neben den Lehrern des Lyzeums war vor allem der Advokat Hallauer der führende politische Kopf. Die Aktivitäten dieser Gruppe gipfelten in einer Parallelveranstaltung zum Hambacher Fest, dem St. Wendeler „Nationalfest" von 1832, das, wie Hambach selbst, Anlaß zum staatlichen Eingreifen wurde. Hallauer selbst hatte am Hambacher Fest teilgenommen und eine vielbeachtete Rede gehalten.

Der preußische Staat, der durch die Übernahme der seit 1751 verstaatlichten Kohlengruben mit einem Schlage zum größten Unternehmer an der Saar geworden war, konnte die sich formierende frühliberale Opposition jedoch teils mit militärischer Machtdemonstration, teils durch Polizeiaktionen zum Schweigen bringen.

zu 8.3 Eine Petition aus der Saargegend an die Paulskirchenversammlung

Auch 1848 gehörte die Saarregion trotz der Grenzlage zu Frankreich nicht zu den revolutionären Zentren, wie etwa das Großherzogtum Baden. Als Fernwirkungen der revolutionären Veränderungen lassen sich aber eine Reihe von lokalen Unruhen, Protestaktionen und Tumulten interpretieren, die auf dem Land ein lang angestautes soziales Konfliktpotential aufbrechen ließen. In den Städten, vor allem in Saarbrücken nahmen liberale, demokratisch bzw. konstitutionell ausgerichtete Bürgervereine z. T. auch durch Petitionen regen Anteil an der parlamentarischen Arbeit der Nationalversammlung [Text 38]. Bürgerwehren wurden in den Saarstädten gebildet, hauptsächlich zum Schutz des Bürgertums vor der vermeintlichen Bedrohung durch die städtischen Unterschichten.

zu 8.6 Lebenszeichen von Auswanderern nach Übersee. Briefe aus Amerika

Das Scheitern der Revolution und die Niederschlagung des badischen Aufstandes wurde an der Saar wie auch andernorts apathisch und resigniert hingenommen. Wichtiger als die Bildung eines Deutschen Nationalstaates „von unten" wurde für die Bevölkerung die Lösung der drängenden ökonomischen und sozialen Probleme der Region. Der einzige Ausweg für viele Menschen aus dem Elend des Pauperismus war auch in der Saargegend die Auswanderung, vornehmlich nach Amerika.

Insbesondere zeigen die Texte, mit welchen Hoffnungen und Erwartungen die Auswanderer nach Amerika kamen, und wie sie sich mit den Realitäten des Lebens in der Neuen Welt auseinandergesetzt haben.

9 Industrialisierung und soziale Frage

Bis in die Gegenwart hinein haben Bergbau und Hüttenwesen die Industrielandschaft Saar maßgeblich geprägt.

Die Komplexität des Industrialisierungsvorganges macht eine Reduktion der Ereignisse, Fakten und Zusammenhänge unumgänglich. Sie erfolgt in diesem Kapitel durch die Präsentation exemplarischer Quellen vor allem zu den Bereichen Bergbau und Hüttenwesen.

An Hand dieser Quellen kann ein Einblick gewährt werden in die demographischen, ökonomischen und sozialen Veränderungen an der Saar, welche durch den Prozeß der Industrialisierung ausgelöst worden sind.

Aus den Quellen lassen sich eine Reihe von Merkmalen gewinnen, die für die Industrialisierung in Deutschland allgemein gelten, gleichzeitig werden aber auch saarländische Besonderheiten erkennbar wie z. B. die für die Saarregion typische „Halbproletarisierung": der Zwang zum agrarischen Nebenerwerb und die Verwurzelung der Industriearbeiterschaft im agrarisch-dörflichen Sozialbereich.

zu 9.2 Die Bevölkerung in der Saarregion: Entwicklung und Verteilung 1823–1925

Zu Beginn des 19. Jhs. lebten im Gebiet des heutigen Saarlandes etwa 160 000 Einwohner, am Ende des 19. Jhs. über dreieinhalb Mal soviel. Auch hatten sich – wie der Kartenvergleich [Karte 7 und 8] zeigt – die Hauptsiedlungsgebiete zugunsten des mittleren Saartales verschoben. Das Kernzentrum der Industrie, der Saarbrücker Raum mit dem mittleren Saartal bis Dillingen, wurde auch das Gebiet der stärksten Bevölkerungszunahme.

zu 9.3 Zur Entwicklung des Eisenbahnnetzes im Saarraum

Die Industriezone bot zahlreiche Arbeitsplätze für die dort lebenden Menschen, aber auch für die ländlichen Gebiete des Umlandes.

Der Ausbau des Schienennetzes an der Saar ermöglichte es Pendlern aus dem ländlichen Raum, eine Beschäftigung in der Industrie aufzunehmen und gleichzeitig einem landwirtschaftlichen Nebenerwerb nachzugehen [Karte 9].

Viele Arbeiter kamen aus der Eifel, dem Hunsrück und der Pfalz, einige auch aus dem nahe gelegenen Lothringen.

Arbeiter, die nicht jeden Tag nach Hause zurückkehrten, wurden während der Arbeitswoche in fabrikeigenen „Schlafhäusern“ oder als „Kostgänger“ privat untergebracht.

Literaturhinweise:

Hoppstädter, K.: Die Entstehung der Saarländischen Eisenbahnen, Saarbrücken 1961.
Karbach, J.: Bevölkerungszahlen des Saarlandes 1800–1910. In: ZGS 34/35, 1986/87, S. 186–275.

zu 9.4 Bergbau im Saarrevier: Förderung, Belegschaft, soziale Lage der Bergarbeiter

Mit dem 2. Pariser Frieden kam ein Großteil der Saarregion zu Preußen. Für den Saarbergbau bedeutete dies den Beginn des Staatsbergbaus. Unter Direktor Leopold Sello wurde der saarländische Bergbau planvoll und zielstrebig modernisiert und nahm einen gewaltigen Aufschwung.

Die Bergbauverwaltung kümmerte sich zunehmend auch um das Wohl der im Bergbau Beschäftigten und griff wiederholt auch reglementierend und disziplinierend in das Knappschaftswesen ein[1].

Eine „Arbeitsordnung des Kgl.-Preuß. Bergamtes“ (1819) [Text 44] bieten die Möglichkeit, sich ein Bild von der realen Situation der Arbeiter an ihrem Arbeitsplatz im 19. Jh. zu verschaffen.

Man kann fragen, in welchen Paragraphen des Reglements die Abhängigkeit des Arbeiters besonders deutlich wird. Von der Betriebsordnung her lassen sich auch Auswirkungen der „Disziplinierung“ auf andere Bereiche und auf die Gesamtgesellschaft diskutieren.

Unterschiedliche Arbeiterkategorien und subtile Lohnmethoden stellten vor allem die bergmännische Solidarität immer wieder auf eine harte Bewährungsprobe. Die Disziplinierungsmaßnahmen der Bergbauverwaltung – ähnliches gilt für die saarländische Hüttenindustrie – reichten weit über das eigentliche Arbeitsverhältnis hinaus und waren häufig dazu angetan, die viel später ergangenen Polizeiverordnungen zu ersetzen.

Worterklärungen zum Text 44

Knappschaft: Die Gesamtheit der ständigen Bergleute. Die Belegschaft einer Grube besteht grundsätzlich aus ständigen und unständigen Bergleuten. Voraussetzung für einen „Ständigen“ Bergmann waren: ein Mindestalter von 16 Jahren, eine gute Führung und berufliche Geschicklichkeit.

Später auch der zunftmäßige Zusammenschluß von Bergleuten (= Knappen), insbesondere zur gegenseitigen Unterstützung bei Unfall, Krankheit u. ä. Frühzeitig wurde als Selbsthilfeeinrichtung die Knappschaftskasse gegründet.

Gedinge: Bezeichnung für eine dem Akkord ähnliche Leistungsentlohnung im Bergbau (Gegensatz = Schichtlohn).

Unter Leitung des Obersteigers wurden zumeist am Beginn des Monats einzelne bergmännische Arbeiten an den (die) Mindestfordernden vergeben. Bei der Gedingevergabe waren die Bergleute dem Steiger mehr oder weniger bedingungslos ausgesetzt. Mit kleinen „Geschenken“ (zumeist Naturalien aus dem landwirtschaftlichen Nebenerwerb) versuchten sie seine Gunst zu erwerben.

Der Grundriß eines Prämienhauses [Abb. 12] um 1870 zeigt die zweckrationale Funktion der inneren häuslichen Aufteilung und läßt Rückschlüsse zu auf die

Lebensverhältnisse einer Bergmannsfamilie, zumal wenn die Aufstellung des Durchschnittverdienstes eines Bergmannes [Abb. 10] und die Lebenshaltungskosten [Abb. 11] hinzugezogen werden.

Prämienhaus: Die Siedlungspolitik des preußischen Staatsbergbaus an der Saar war darauf ausgerichtet, den Bergmann in der Nähe seiner Arbeitsstätte anzusiedeln und ihn über eine Förderung des Wohnungsbaues noch enger an den Betrieb zu binden.

Von 1842 bis 1918 entstanden fast 8000 sogenannte Prämienhäuser an der Saar, zumeist auf eigens vom Bergfiskus zur Verfügung gestelltem Siedlungsland, woraus die sog. Bergmannskolonien entstanden sind.

Für den Bau derartiger Prämienhäuser wurden zinsgünstige Darlehen mit einer langen Laufzeit gewährt. Die Tilgung erfolgte aufgrund von regelmäßigen Lohnabzügen. Trotz mancher Mängel wohnten die Bergleute gemessen an den Zeitverhältnissen relativ günstig.

Die Angaben lassen erkennen, daß so gut wie keine Rücklagen für Notfälle getätigt werden konnten und die Mitarbeit von Frau und Kindern in der Nebenerwerbslandwirtschaft dringend notwendig war.

Ähnliches gilt für die soziale Situation des Hüttenarbeiters.

zu 9.5 Hüttenindustrie an der Saar: Entwicklung von Produktion, Belegschaften und Arbeitsverhältnissen

Die beiden Tabellen sollten Anlaß geben zur Frage nach den Gründen für die Produktionssteigerungen im Bergbau und in der Hüttenindustrie (z. B. Zusammenlegung von Gruben, Einsatz neuer Maschinen zur Kohleförderung, zunehmende Nachfrage nach Rohstahl z. B. durch Eisenbahn u. a., neue Verfahren bei der Rohstahlgewinnung u. a.).

Literaturhinweise:

AG der Dillinger Hüttenwerke (Hrsg.): 300 Jahre Dillinger Hüttenwerke, Dillingen 1985.
Haßlacher, A.: Geschichtliche Entwicklung des Steinkohlenbergbaues im Saargebiet, Berlin 1904.

zu 9.6 Die soziale Situation einer Hüttenbergarbeiterfamilie aus Bischmisheim um die Jahrhundertwende

Im Zuge der Industrialisierung entstand auch an der Saar ein Industrieproletariat. Das Überangebot an Arbeitskräften bedingte elende Arbeitsbedingungen, überlange Arbeitszeiten, Niedriglöhne und eine rigorose Disziplinierung.

Durch unternehmerische Fürsorge (z. B. Bau von Werkswohnungen, Einrichtung von Betriebskrankenkassen) und die Möglichkeit für Berg- und Hüttenarbeiter, landwirtschaftlichen Nebenerwerb zu betreiben, kam es an der Saar erst relativ spät zu nennenswerten sozialpolitischen Konflikten.

zu 9.7 Sozialpolitische Konflikte im saarländischen Industrierevier: „Sozialistengesetz" und „Rechtsschutzverein"

Der patriarchalische Herr-im-Haus-Standpunkt vieler Unternehmer bedingte eine starke, auch politische Abhängigkeit des Arbeiters vom Unternehmer. Dies ging so weit, daß selbst die Stimmabgabe der Arbeiter bei Wahlen kontrolliert wurde und wer „falsch" (d. h. sozialdemokratisch) wählte, mit der Entlassung aus dem Betrieb bedroht wurde. Begriffe wie „Saarabien" oder „Königreich Stumm" kennzeichnen die Situation.

In den 80er Jahren bekundeten die Bergleute als erste ihre Unzufriedenheit mit den bestehenden Verhältnissen.

Am Beispiel des Bergarbeiterstreikes an der Saar im Jahre 1889 läßt sich exemplarisch der Sozialkonflikt zwischen Arbeiter und Unternehmer im 19. Jh. dokumentieren [Text 47 und 49].

Carl Ferdinand von Stumm-Halberg (1836–1901):
Unternehmer und konservativer Politiker, Gründer der Deutschen Reichspartei, langjähriger Reichstagsabgeordneter und enger Vertrauter des deutschen Kaisers; einer der reichsten Männer Preußens.

Ihm gehörten zahlreiche Hüttenwerke, darunter die saarländischen Hütten in Neunkirchen, Brebach und Dillingen.

Nikolaus Warken (1851–1920):
Bergmann aus Hasborn, genannte „Eckstein", Sohn eines Landwirtes, Vorkämpfer der Arbeiterschaft an der Saar, 1889 Mitverfasser des „Bildstocker Protokolls", in welchem die Bergleute ihre sozialpolitischen Forderungen fixierten.

1889 gründet er den sogenannten Rechtsschutzverein, wird mehrfach vor Gericht gestellt und kommt des öfteren wegen seines unerschrockenen Eintretens für die Belange der Bergleute ins Gefängnis. Aufgrund seiner Tätigkeit im Rechtsschutzverein wird er von der Grube entlassen („abgelegt") und fristet bis zu seinem Tode ein ärmliches Dasein.

Literaturhinweise:

Becker, B.: Der „König von Saarabien". Das System Stumm. In: Geschichte und Landschaft 315, 1985.
Mallmann, K.-M. / Steffens, H.: Lohn der Mühen. Geschichte der Bergarbeiter an der Saar, München 1989.

10 Preußisch-deutsche Kaiserzeit (1860–1914)

Die zweite Hälfte des 19. Jahrhunderts war nicht nur die Zeit grundlegender technischer Neuerungen und der daraus resultierenden Entwicklung einer Industriegesellschaft. Zeitgleich vollzog sich in der politischen Kultur ein Wandel, in dessen Verlauf die Menschen in der Saarregion zu loyalen und ergebenen Anhängern des preußischen Herrscherhauses wurden, die stolz darauf waren, Bürger eines machtvollen deutschen Kaiserreichs zu sein.

Die ausgewählten Quellentexte sollen verdeutlichen, mit welchen Motiven und in welchen Phasen die Menschen an der Saar aus ganz verschiedenen sozialen Gruppen in das Lager der Befürworter bzw. Bewunderer der preußischen und deutschen Politik wechselten. Gleichzeitig wird aufgezeigt, mit welchen Maßnahmen man versuchte, gegnerische Kräfte auszuschalten, die sich weigerten, der so vorgegebenen politischen und wirtschaftlichen Orientierung zu folgen. Im Gefolge der Ausbildung der Industriegesellschaft gab es soziale Konflikte, vor allem aber auch kulturelle und konfessionelle Spannungsfelder, die den Prozeß der Borussifizierung zwar verzögern, nicht aber verhindern konnten. Nach Ausschaltung der Opposition war die Saar am Vorabend des Ersten Weltkrieges ein preußisches Industrierevier, dessen politische Zuverlässigkeit und Ergebenheit gegenüber dem Herrscherhaus in Berlin außer Frage stand.

zu 10.1 Unterstützung der Wirtschaft für die preußische Politik: Aus dem Bericht der Handelskammer, Saarbrücken 1866

Der Text 49 dokumentiert die sich wandelnde politische Einstellung des Saarbrücker Bürgertums, dessen Wirtschaftsinteressen die Handelskammer vertrat. Eine Textanalyse ist möglich im Zusammenhang mit der Erörterung der Entwicklung des Liberalismus in Deutschland, aber der Text ist auch in regionalhistorischer Perspektive von Bedeutung.

Während die Bewohner an der Saar bis zur Jahrhundertmitte noch ein recht distanziertes Verhältnis zur preußischen Obrigkeit hatten, führten die preußischen Siege über Dänemark und Österreich im gehobenen Bürgertum zu einer entschiedenen Annäherung an die preußische Machtpolitik. Die Repräsentanten der Saarbrücker Gewerbe- und Handelsbetriebe schlossen sich damit – auch aus wirtschaftlichen Interessen – dem Lager des regierungsfreundlichen Nationalliberalismus an.

1864 war die Handelskammer in Saarbrücken, das damals etwa 7000 Einwohner zählte, gegründet worden. Schon in den ersten Jahresberichten kämpfte sie für Freiheit und Fortschritt sowie gegen den preußischen Staatsbesitz aller Kohlengruben. Sie repräsentierte die Interessen des Wirtschaftsbürgertums und war, wie auch in anderen deutschen Städten, ein Hort des Liberalismus. Schon früh versuchte die Handelskammer, sich als Repräsentant des gesamten Steinkohlenreviers an der Saar zu profilieren. Eine Erweiterung ihrer Zuständigkeit erfolgte aber erst 1909 durch den Zusammenschluß von Saarbrücken, St. Johann und Malstatt-Burbach zur Großstadt Saarbrücken.

zu 10.2 Die Schlacht bei Spichern 1870: Augenzeugen und Erinnerungen

Hatten sich vor 1870 vor allem großbürgerliche Gruppen mit der preußischen Krone und Staatsdoktrin identifiziert, so entwickelte sich im Gefolge des Deutsch-Französischen Krieges ein preußisches Staatsgefühl, das in den folgenden Jahren auch in nichtbürgerliche Bevölkerungsgruppen hineingetragen wurde. Entscheidend verstärkt wurde die nationale Einigungseuphorie dabei durch das Spichern-Erlebnis, das für die Menschen an der Saar einen regelrechten regionalen Identitätsschub zugunsten des von Bismarck geschaffenen Deutschen Reiches auslöste.

Auffallend ist dabei der Gegensatz zwischen der aus militärischer Sicht relativ unbedeutenden Schlacht bei Spichern und dem Stellenwert, den diese Schlacht für das regionale Geschichtsbewußtsein in der Folgezeit erhielt. Die ausgewählten Dokumente zeigen, in welcher Weise sich eine historische Legendenbildung vollzog, die die Schlacht bei Spichern in den Rang einer patriotischen und heroischen Glanztat Saarbrücker Bürger erhob.

Der Text 50 enthält einen Auszug aus einem lange Zeit unveröffentlichten Tagebuch. Es handelt sich um einen Augenzeugenbericht, der mit seinen kurzen stakkatoartigen Formulierungen verdeutlicht, in welchem Maß die Menschen von den für sie außergewöhnlichen Ereignissen betroffen waren. Diese zeitgenössische Nahaufnahme vermittelt auch ein Bild des durch die Schlacht ausgelösten Leidens und Chaos. Von Interesse ist auch der Hinweis auf die unterschiedliche Einstellung der evangelischen und katholischen Lehrer gegenüber dem Kaiser. Offensichtlich wurden in den in dieser Zeit grundsätzlich konfessionell getrennten Schulen abweichende politische Wertsysteme vermittelt.

Der Text 51 enthält das Vorwort einer 1895 erschienenen Kriegschronik, die in mehreren Auflagen erschien. Wieder werden Superlative bemüht, um die außergewöhnliche Bedeutung der Schlacht zu verdeutlichen. Durch die opfervolle Hingabe der Bürger für die Krieger und die nationalen Werte ist der Glanz und Ruhm des militärischen Sieges gleichsam auf die Stadt übergegangen. Der Text endet mit einem nationalen Treuebekenntnis. Bei den zahlreichen Gedenkfeiern, bei denen zahllose Vereine eine patriotische Wallfahrt nach Spichern veranstalteten, präsentierten sich alle Teilnehmer als vorbildliche Patrioten.

zu 10.3 „Kulturkampf" an der Saar? Die Marienerscheinung von Marpingen 1876

Der Aufbau eines preußischen Staatsbewußtseins verlief nicht ohne Konflikte. Vielmehr schufen die Gegensätze zwischen der zumeist protestantischen Obrigkeit, die in vielfältiger Weise auch mit den Führern der Wirtschaft verbunden war, und den zumeist katholischen Unterschichten Spannungen, die u. a. zum Konflikt um die Marienerscheinung von Marpingen führten [Text 52]. Den Hintergrund dieser Auseinandersetzung bildete der sogenannte Kulturkampf, durch den Bismarck den Einfluß der katholischen Kirche im Zivilleben zurückzudrängen suchte. Durch die Reichsgründung bildeten die Katholiken nur noch eine Minderheit in einem protestantisch-preußisch geführten Reich. Zahlreiche Pfarrer, die sich den Machtansprüchen des Staates nicht unterordnen wollten, wurden verhaftet. In der so in die Defensive gedrängten Kirche verstärkte sich die Volksfrömmigkeit, man sehnte sich nach dem Eingreifen Gottes. Der Text schildert die Visionen der Kinder von Marpingen und die anschließende Repression durch preußisches Militär. Die Position des Autors ist eindeutig; er betrachtet die Disziplinierung der katholischen Dorfbevölkerung als eine Willkürmaßnahme. Der Text eignet sich sowohl zur Erörterung der Folgen des von der Reichsregierung geführten Kulturkampfs als auch zur Verdeutlichung der Tatsache, daß in der Regionalgeschichte soziale Frontstellungen vielfach durch konfessionelle und kulturelle Gegensätze verstärkt wurden.

zu 10.4 Kaiserglaube und Obrigkeitsstaat: Peter Wust aus Rissenthal/Merzig und Kaiser Wilhelm II.

Ein wichtiges Instrument zur Heranbildung staatstreuer und monarchisch gesinnter Bürger und Untertanen war die Schule. Vor allem in den sogenannten Gesinnungsfächern wie Deutsch, Geschichte, aber auch im Fach Religion wurden die Kinder schon durch die Lehrpläne auf Tugenden wie Gottesfurcht und Liebe zum Vaterland verpflichtet. Das uneingeschränkte Vertrauen in das preußische Herrscherhaus und in die Gerechtigkeit der Staatsführung waren Erziehungsziele, die für alle Schulen verbindlich waren. Der Text 53 aus den Jugenderinnerungen von Peter Wust zeigt, welche Folgen eine so autoritätsgläubige Sozialisation hatte. Der zehnjährige Junge hat die unerschütterte Gewißheit, daß der Kaiser in seiner Allmacht und Unfehlbarkeit auch der gütige und helfende Freund der Kinder ist. Dieses elementare Vertrauen in den Herrscher, das in mancher Hinsicht einem Kaiserkult gleicht, wird jedoch enttäuscht. Schlimmer noch, die obrigkeitlichen Maßregelungen der kaiserlichen Behörden gegenüber dem Vater zeigen, daß die Untertanen nicht das Recht haben, sich mit ihren Bitten an den Herrscher zu wenden.

11 Erster Weltkrieg

Im Ersten Weltkrieg lag die Saarregion nicht im militärischen Kampfgebiet, dennoch waren die Auswirkungen des Krieges in allen Lebensbereichen und für alle Bevölkerungsgruppen erheblich. Die Stadt Saarbrücken selbst war ein wichtiger Garnisonsstandort, und aufgrund seiner strategischen Lage im Schnittpunkt bedeutender Eisenbahnlinien war das Saarrevier eine zentrale Durchgangsstation für den Transport von Soldaten und Kriegsmaterial. Auf diese Weise lernte auch die Zivilbevölkerung die Schrecken des Krieges kennen, und zahlreiche lokale Frauenvereine und mildtätige Organisationen engagierten sich bei der Pflege der verwundeten Soldaten. Zudem wurden die Städte und Betriebe im Saarrevier ab 1915 zum Zielpunkt feindlicher Luftangriffe, die in der Folgezeit erhebliche Sachschäden verursachten und auch Todesopfer forderten.

Im Rahmen des Belagerungszustandes und der damit verbundenen Pressezensur wurden alle Maßnahmen unterbunden, die den Durchhalte- und Siegeswillen der Bevölkerung hätten gefährden können. Ohnehin ist festzustellen, daß bis zum Ende des Krieges – trotz aller Entbehrungen und Belastungen – die Loyalität der Menschen gegenüber der politischen und militärischen Führung intakt blieb.

Die Textauswahl soll verdeutlichen, daß der Krieg nicht nur ein überaus zäher und blutiger Kampf war, sondern daß auch die Zivilbevölkerung in allen Bereichen unter kriegsbedingten Problemen und Schwierigkeiten zu leiden hatte. Zudem wird gezeigt, daß von allen Menschen an der „Heimatfront" zusätzliche Opfer im Interesse einer wirksamen Unterstützung der Soldaten auf den Schlachtfeldern gefordert wurden.

zu 11.1 Die Mobilisierung der Bevölkerung: Anweisung an die Schulleiter

Auch die Schule wurde in den Dienst der Mobilisierung der Bevölkerung gestellt. Der Text 54 ist ein Hinweis darauf, daß auch die Schule unter den Bedingungen des Krieges ganz andere Funktionen zu übernehmen hatte und daß die staatliche Erziehung für die Belange des Krieges instrumentalisiert wurde. Durch den Kriegslehrplan sollte einerseits die patriotische Begeisterung der Jugend gesteigert werden, andererseits sollten einzelne Sachfächer aufzeigen, welche verheerenden Folgen die Verschwendung knapper Rohstoffe für den Ausgang des Krieges haben könnte. Damit verbunden war ein Appell an alle Schüler, selbst durch Veränderung der eigenen Lebensweise die militärischen Anstrengungen des Reiches zu unterstützen. Es ist zu ergänzen, daß in Vollzug des hier mehrfach angesprochenen Pflichtgefühls der Schüler sich vielfach ganze Gruppen von Klassenkameraden aus den Oberstufenklassen gemeinsam als Kriegsfreiwillige meldeten. Die Oberrealschule in Saarbrücken z. B. veröffentlichte regelmäßig Ehrentafeln mit den Namen gefallener Schüler.

Die immer bedrohlicher werdenden Engpässe in der Lebensmittelversorgung hatten zur Folge, daß die staatlichen und kommunalen Interventionen immer weiter ausgedehnt wurden. Allerdings wurde dadurch der Mangel nicht beseitigt. Vielmehr entwickelte sich häufig ein florierender Schwarzhandel mit rationierten

Lebensmitteln. Einzelnen Händlern und Geschäftsinhabern gelang es, die Notlagen der anderen Menschen auszunutzen, sie wurden zu vielfach gehaßten „Kriegsgewinnlern".

zu 11.2 Engpässe in der Versorgung: Verfügung über das Schuhwerk der Schüler

Die Versorgungsprobleme beschränkten sich nicht nur auf Lebensmittel, sondern zunehmend wurden auch andere Rohstoffe knapp. Es zeigte sich, daß das Deutsche Reich auf einen längeren Krieg überhaupt nicht vorbereitet war, so daß die Absperrung vom Weltmarkt durch die englische Blockade für einzelne Wirtschaftszweige verheerende Folgen hatte. In dieser Notlage entstand eine Ersatzwirtschaft, die nach neuen Methoden der Rohstoffbeschaffung suchte. Von außerordentlicher Bedeutung wurde dabei das Einsammeln von Metallen und Altstoffen, die in den Haushalten entbehrlich waren. Auch bei diesen Kriegsanstrengungen wurde an das besondere Engagement der Schuljugend appelliert, die vielfach darin wetteiferte, eine möglichst große Menge an Messing-, Kupfer- und Altwaren zu sammeln. Trotz dieser Bemühungen mußten Güter des täglichen Bedarfs wie z. B. Petroleum, Kleidung und Schuhwerk rationiert werden. Der Text 55 zeigt, daß aufgrund des Rohstoffmangels die nun geschaffenen Bekleidungsämter auch das Tragen von Lederschuhwerk einzuschränken versuchten. Wiederum geht der Appell an die Schulkinder, durch Barfußlaufen bzw. das Tragen von Holzschuhen den Bedarf an Lederschuhen zu begrenzen. Auch dieser Text veranschaulicht, in welchem Maß sich unter den Bedingungen des Krieges die Staatstätigkeit in zahlreiche persönliche Lebensbereiche ausdehnte, wobei zu ergänzen ist, daß diese Interventionswirtschaft sich in allen Teilen des Deutschen Reiches und auch in den anderen kriegführenden Staaten entwickelte.

zu 11.3 Das Ende des Krieges in Saarbrücken: Aus den Memoiren von Max Ophüls

Im letzten Kriegsjahr ließ die Kriegsbegeisterung in der Saarregion deutlich nach. Aber die „Heimatfront" brach nicht zusammen, vielmehr dominierte bis zuletzt zwar keine Siegeszuversicht, wohl aber ein loyaler Durchhaltewillen. So wurden die deutschen Heere, die als Besiegte von den Schlachtfeldern in ihre Heimat zurückkehrten, bei ihrem Durchzug an der Saar zumeist liebevoll empfangen.

Über die Stimmungslage in Saarbrücken während der ersten Novembertage 1918 berichtet Max Ophüls in seinen Memoiren [Text 56]. Der Autor, der in der Zwischenkriegszeit eine große Karriere als Filmregisseur machte, hat die Ereignisse dieser Tage in seinem autobiographischen Werk literarisch aufbereitet, wobei vermutlich eine größere zeitliche Distanz zwischen den geschilderten Erlebnissen und ihrer Aufzeichnung liegt. Der Text wurde also nicht so sehr wegen seiner Authentizität ausgewählt, vielmehr ist auch die Deutung der Ereignisse von Interesse, die der Verfasser in der Retrospektive vornimmt. Das anekdotisch aufgelockerte Stimmungsbild enthält zahlreiche ironische Zwischentöne, die die Distanz des Autors zu den geschilderten Ereignissen dokumentieren. Als besonders spannungsreich erweist sich der akzentuierte Kontrast zwischen dem Verhalten des bayerischen Kanoniers, der das Kriegsende in seiner ganzen Banalität offenbart, und dem pathetischen Verhalten des Zivilisten Meinardus. Schließlich zeigt sich, daß das von den

Schülern noch einmal erneuerte patriotische Treuebekenntnis an der Grenze den Verlockungen einer unbekannten Zukunft nicht standzuhalten vermag. Der vom staatlichen Erziehungssystem getragene Versuch, den Aufbau kollektiver Identitäten im Interesse der Staatsmacht zu steuern, hat sich in diesem Fall als nicht tragfähig erwiesen.

12 Nachkriegswirren und Völkerbundszeit

Der Zusammenbruch des Wilhelminischen Reiches im November 1918 traf die Menschen in der Saarregion unerwartet. Für sie begann nun mit der Besatzung durch französische Truppen eine Zeit großer politischer Unsicherheit. Gegen ihren Willen wurden sie bei den Friedensverhandlungen in Versailles zum Objekt und Spielball der Interessen großer, mächtiger Nachbarstaaten. Die Abtrennung von Deutschland und die Unterstellung des Saargebiets unter eine vom Völkerbund eingesetzte internationale Regierungskommission erschien den Saarländern mehrheitlich als ein Akt der Fremdbestimmung und Willkür. Sie nutzten jede Gelegenheit, um ihre Zugehörigkeit und Anhänglichkeit zu Deutschland zu beweisen. Die hier ausgewählten Quellen sollen zeigen, in welcher Weise die Saarländer auf die politischen Erschütterungen und Herausforderungen nach dem Ersten Weltkrieg reagierten. Gleichzeitig sollen sie die politische Strategie der Regierungskommission und die Obstruktionshaltung der saarländischen Bevölkerung dokumentieren.

zu 12.1 Ansätze zu einer Revolution: Der Arbeiter- und Soldatenrat in Saarbrücken

Zeitgleich mit der Abdankung des Kaisers und der Ausrufung der Republik wurde in Saarbrücken ein Arbeiter- und Soldatenrat gebildet [Text 57]. Am 9. November 1918 trafen meuternde Matrosen auf dem Hauptbahnhof ein. Sie wurden von etwa 300 Soldaten und Arbeitern empfangen und zum Gewerkschaftshaus geleitet. Dort wurde die Bildung eines lokalen Arbeiter- und Soldatenrats beschlossen, dem neben Funktionären der SPD und USPD auch Vertreter der Saarbrücker Garnison angehörten. Noch am gleichen Tag unterstellten sich die Spitzen der zivilen und militärischen Behörden dem Arbeiter- und Soldatenrat, so daß die Machtübernahme ganz unblutig verlief. Wenige Tage später entmachteten solche Räte auch in anderen Saarstädten die bisherigen bürgerlichen Amtsinhaber.

Das wesentliche Ziel des Rates war nicht die sofortige grundlegende Umwälzung aller politischen Verhältnisse, sondern die Aufrechterhaltung von Ruhe und Ordnung. Diese gemäßigte Haltung ist entscheidend für die wohlwollende Darstellung der Ereignisse durch den Redakteur der Saarbrücker Zeitung, die übrigens kurzfristig vom Rat besetzt worden war. Auffallend in dem Artikel ist die ständige Vermischung von Nachricht und Kommentar. Es ist zu ergänzen, daß die französischen Besatzungstruppen bereits am 24. November 1918 alle Arbeiter- und Soldatenräte im Saargebiet auflösten, so daß diese „soziale Revolution“ eine folgenlose Episode blieb.

zu 12.2 Der Sonderstatus des Saargebiets: Bericht der Regierungskommission an den Völkerbundsrat, 1920

Schon Ende des Jahres 1918 wurde deutlich, daß bei den zukünftigen Friedensverhandlungen die politische Zugehörigkeit der Saarregion umstritten sein würde. Nach dem Verlust von Elsaß-Lothringen war das Saarrevier nun ohnehin eine Grenzregion, die zum Zielgebiet französischer Sicherheits- und Wirtschaftsinteressen wurde. In dieser ungeklärten und unsicheren Situation wandte sich die Saarbrücker Bürgerschaft mit einer Petition an den amerikanischen Präsidenten. Wilson war nach seiner Verkündung des „14 Punkte-Programms" zur wichtigsten moralischen Autorität in der internationalen Politik geworden. In Deutschland hoffte man, daß mit seiner Hilfe eine gerechte und dauerhafte Friedensregelung gefunden werden könne.

Am 10. Januar 1920 trat das Statut für das Saarindustrierevier in Kraft. Aufgrund französischer Vorschläge wurde ein nach wirtschaftlichen Überlegungen abgegrenztes Gebiet aus der Hoheit des Deutschen Reiches ausgegliedert. Dieses „Saargebiet" umfaßte eine Grundfläche von 1818 qkm mit 780 000 Einwohnern. Für die Dauer von 15 Jahren wurde es einer fünfköpfigen Regierungskommission unterstellt, die vom Völkerbund berufen wurde. In einem Maueranschlag gab diese von einem Franzosen präsidierte Kommission ihr Regierungsprogramm bekannt. Sie berief sich dabei auf die Verbindlichkeit des Friedensvertrages, dessen konsequente Durchsetzung sie ankündigte. Einerseits versprach sie eine Förderung der wirtschaftlichen und sozialen Interessen der Saarbewohner, andererseits drohte sie, jede Form von Widerstand gegen ihre Anordnungen unnachgiebig zu bekämpfen.

Schon nach drei Monaten zeigte sich, daß die Bereitschaft der Menschen an der Saar, die Autorität der Regierungskommission zu respektieren, sehr gering war. Der Text 58 verdeutlicht, daß gerade die führenden Vertreter des Bürgertums eine Zusammenarbeit mit der als Agenten einer fremden Macht betrachteten Völkerbundsregierung ablehnten. Schon in dieser Phase begann die Agitation prodeutscher Organisationen, die in ihrem Kampf gegen den Friedensvertrag von Versailles zugleich die als Verletzung des Selbstbestimmungsrechts gebrandmarkte Abtrennung der Saar von Deutschland bekämpften. Der vorliegende Text war an den Völkerbundsrat in Genf gerichtet, gelangte aber schon bald in die Hände der deutschen Reichsregierung, die ihn 1921 zusammen mit anderen Dokumenten als „Weißbuch" veröffentlichte. Mit diesem Buch sollte nachgewiesen werden, daß die kulturelle und politische Identität der Saarbevölkerung durch die Maßnahmen der Regierungskommission bedroht war, daß die Bewohner an der Saar ihrem Deutschtum entfremdet werden sollten.

zu 12.3 Das Bekenntnis zu Deutschland: Die Jahrtausendfeier der Rheinlande 1925

Schon bei den Friedensverhandlungen in Versailles hatte der französische Ministerpräsident Clemenceau mit seiner Rede von den 150 000 Saarfranzosen eine für die Saarländer unerträgliche Provokation begangen. So fühlten sich die meisten Saarländer veranlaßt, diese irrigen Identitätsvermutungen durch nachdrückliche Treuekundgebungen zu Deutschland zu widerlegen. Ein solcher Anlaß war die

Feier der tausendjährigen Zugehörigkeit der Rheinlande zum Deutschen Reich im Sommer 1925. Die Regierungskommission hatte zuvor versucht, dieser Feier durch Teilnahmeverbote u. ä. jegliche politische Brisanz zu nehmen. Dieser Versuch scheiterte jedoch. Um so größer war die Begeisterung über den Ablauf der Feierlichkeiten in der bürgerlich-prodeutschen Presse [Text 59]. Der Verfasser dieses Berichts entwickelt ein nationalistisches Pathos und ein Triumpfgefühl, das die Schärfe der zeitgenössischen Auseinandersetzung um die Identität und politische Zukunft der Menschen an der Saar erahnen läßt. Auffallend ist auch sein Appell zur Bildung einer großen prodeutschen Sammlungsbewegung jenseits aller parteilichen Trennungslinien. Ein verbreitetes Mißtrauen in die Handlungsfähigkeit einer Parteiendemokratie gab es offensichtlich nicht nur in der Weimarer Republik.

zu 12.4 Wahlergebnisse im Saargebiet 1919–1923

Ein Blick auf die Wahlergebnisse in der Völkerbundszeit [Tabelle 60] verdeutlicht die herausragende Stellung des katholischen Zentrums. Die Partei vertrat – wie alle anderen führenden Parteien an der Saar – einen deutlich antifranzösischen Nationalismus, hatte aber auch christliche und soziale Elemente in ihrem Programm. Die beiden Arbeiterparteien SPD und KPD bildeten das zweite wichtige politische Lager, allerdings verschoben sich die Gewichte zunehmend zugunsten der Kommunisten. Stimmenverluste mußten die bürgerlich-nichtkatholischen Gruppierungen wie z. B. die DSVP hinnehmen. Autonomistische Splittergruppen waren dagegen ebenso bedeutungslos wie die NSDAP, die 1932 erstmals an der Saar kandidierte.

13 Die Saarabstimmung 1935

Die regionalen Quellen zur Saarabstimmung 1935 sind nach thematischen Schwerpunkten zusammengestellt: Propaganda für eine „deutsche Saar", Aktivitäten der antifaschistischen Hitlergegner, die Rolle der katholischen Kirche und des Bischofs von Trier im Abstimmungskampf und die Folgen der Abstimmung am 13. Januar 1935: Auf der einen Seite die von dem Großteil der Bevölkerung bejubelte Eingliederung der Saar in die nationalsozialistische Diktatur, auf der anderen Seite Verfolgung, Emigration und Vertreibung. Es bietet sich an, diese Quellen zu einem relativ punktuellen Ereignis nach einer kurzen Sachinformation im Unterricht arbeitsteilig auswerten zu lassen.

zu 13.1 Die Abstimmung als Kampf um die „Deutsche Saar": Propaganda und Aktivitäten der „Deutschen Front"

Seit 1933 hatten sich die bürgerlichen Parteien, das Zentrum, die christlichen Gewerkschaften und die NSDAP-Saar zu einer Massenbewegung in der Deutschen Front zusammengeschlossen. Durch den Einsatz vielfältiger Werbemethoden und propagandistischer Mittel konnten viele Saarländer als Mitglieder für die Deutsche Front und somit für einen Anschluß an Deutschland geworben werden. Durch die Betonung von Heimat und Vaterland sollte ein Gefühl von Volksverbundenheit erzeugt werden.

Bei der Volksabstimmung im Saargebiet entschieden sich am 13. Januar 1935 90,5% der gültigen Stimmen für den Anschluß an Hitlerdeutschland. Obwohl die Anhänger der NSDAP eine kleine Wählergruppe waren, betrieben sie einen engagierten Wahlkampf und profitierten dabei von den unpopulären Alternativen (Status quo; Angliederung an Frankreich). An der Saar war – im Unterschied zur Entwicklung im Deutschen Reich – eine stärkere Annäherung an demokratische Ideen und eine positivere Sicht der Weimarer Republik zu beobachten. Vor allem fehlte bis 1933 der Rechtsradikalismus fast vollständig. Bei der Machtübernahme Hitlers am 30. Januar 1933 verschränkte sich die Forderung nach nationaler Selbstbestimmung mit dem Problem der Rückgliederung an das nationalsozialistische Deutschland. In der Völkerbundszeit waren die politischen Gruppen an der Saar von der nationalen Zugehörigkeit zu Deutschland ausgegangen (vgl. Kap. 12). Der Abstimmungskampf überlagerte nun die Auseinandersetzung der Parteien mit dem Nationalsozialismus.

zu 13.2 Argumentation für den „Status quo"

Während die Francophilen nie eine echte Chance hatten, schlossen sich die Linksparteien, unterstützt vom christlich sozialen Volksbund, zu spät zur Status-quo-Position zusammen. SPD und KPD konnten sich bei ihren Anhängern mit der Ablehnung der Rückkehr in ein faschistisches Deutschland nicht mehr durchsetzen. Zudem war eine Aktionseinheit bei derart heterogenen Partnern nach den gegenseitigen Diffamierungen nur schwer vorstellbar. Selbst Erfahrungsberichte über den NS-Terror und auch die gegen Ende des Jahres 1934 zunehmenden Warnungen vor der drohenden Kriegsgefahr durch Hitler fanden bei der Bevölkerung kaum noch Resonanz. Ebenso verbreiteten die Plakate der Einheitsfront eher Belagerungsmentalität statt Siegeszuversicht.

zu 13.3 Die Stellung der katholischen Kirche in der Abstimmungsfrage: Hoffnungen des Bischofs von Trier

Da der überwiegende Teil der Saarländer katholisch war (72%), muß die katholische Kirche als wesentlicher Faktor im Abstimmungskampf angesehen werden. Obwohl die Bischöfe von Trier und Speyer gelegentlich gegen nationalsozialistische Exzesse protestierten, machten sie keinen Hehl aus ihrer Parteinahme für den Anschluß und ihrer Kooperation mit der neuen Reichsregierung. Autoritäres Verhalten der Bischöfe und anderer kirchlichen Amtsträger und die religiös begründete Gehorsamspflicht der katholischen Bevölkerung haben die Abstimmung beeinflußt. Das eindeutige Votum der Saarbevölkerung beendete die Sonderentwicklung für die Saar und bedeutete gleichzeitig einen großen Erfolg der nationalsozialistischen Revisionspolitik. Die innenpolitische Situation an der Saar unterschied sich nach der Rückgliederung kaum von der im Reich.

14 Nationalsozialistische Herrschaft und Widerstand an der Saar

Die nationalsozialistische Herrschaft an der Saar wird unter den Aspekten Wirtschaft, Erziehung, Volksfrontbewegung, Pogrom und Judenverfolgung, Widerstand und Leiden aufgearbeitet. Die Auswahl gerade dieser Bereiche scheint für die Region sinnvoll, weil damit wesentliche Entwicklungslinien nachvollzogen werden können, die für die Saar als spezifisch und charakteristisch angesehen werden können.

– Die Belohnung Hermann Röchlings durch die Nationalsozialisten nach dessen schneller und überzeugter Umstrukturierung der saarländischen Eisen- und Stahlproduktion auf die nationalsozialistischen Bedürfnisse hin mag als beispielhaft stehen für Teile der saarländischen Wirtschaft im Dienste der Nationalsozialisten.
– Die Auszüge aus dem im Gau „Westmark“ eingeführten Rechenbuch des Diesterweg-Verlages verdeutlichen die Instrumentalisierung von Bildung und Erziehung im Sinne nationalsozialistischer Ideologie. Die ausgewählte Quelle demonstriert prägnanter als eine Reihe von Lesetexten die Umorientierung auf nationalsozialistische Erziehungsprinzipien.
– Das gemeinsame Flugblatt von Sozialdemokraten, Kommunisten und Christlichen Gewerkschaftern, das die Saarländer 1936 zur Bildung einer Volksfront und zum gemeinsamen Widerstand aufrief, verdeutlicht die im Saargebiet gegenüber anderen Regionen frühzeitige Einigung der prinzipiell auseinanderstrebenden politisch-gesellschaftlichen Kräfte vor dem Hintergrund der gemeinsamen Arbeit vor und während des Abstimmungskampfes.
– Die im Kapitel Pogrom und Judenverfolgung ausgewählten Texte – Augenzeugenbericht und „Arisierungs“-Beispiele aus der lokalen Presse –, sowie die Karte und die Liste zerstörter Synagogen belegen einmal die numerisch recht starke Verbreitung jüdischer Synagogen und Friedhöfe im Gebiet des heutigen Saarlandes, zum anderen besondere Formen und Zeiten des Zugriffs auf Synagogen wie „Umwidmung“, Verkauf zu einem sehr frühen Zeitpunkt u. a. und ihre weitgehende Zerstörung.
– Im letzten Kapitel werden Widerstand und Leiden anhand der Biografie und Schicksale einiger weniger im Saargebiet lebender Menschen und eines Franzosen unter der nationalsozialistischen Gewaltherrschaft exemplarisch vorgestellt. Der Rückgriff auf Schicksale von im Vergleich zur „Weißen Rose“ und ihrem Mitglied Willi Graf weniger bekannten saarländischen Widerstandskämpfern verdeutlicht die Verbreitung von Widerstandshaltungen in unterschiedlichen Schichten der saarländischen Bevölkerung.

zu 14.2 Saarländische Wirtschaft im Dienste der Nationalsozialisten: Brief des Beauftragten für den Vierjahresplan an Hermann Röchling

Hermann Röchling, Hüttenbesitzer und Miteigentümer der Röchling’schen Eisen- und Stahlwerke in Völklingen-Saar, erwarb sich bereits im April 1933 bei den Nationalsozialisten Verdienste, als er ihnen Vorschläge und Strategien für die Rückgliederung des Saargebietes ins Deutsche Reich unterbreitete. Darüber hinaus arbeitete er beim Aufbau der Deutschen Front mit, saß im „Führerrat der Deutschen

Front", wurde 1939 Wehrwirtschaftsführer und übernahm 1942 den Vorsitz der Reichsvereinigung Eisen. Zum 50. Geburtstag Hitlers wurde er mit dem „Adlerschild des Deutschen Reiches" geehrt. Hermann Röchling wurde 1948/49 zu 10 Jahren Haft und Vermögenseinzug verurteilt, konnte sich aber 2 Jahre später – 1951 – bereits wieder auf freiem Fuß bewegen.

zu 14.3 Erziehung und Ausbildung im Dienste des NS-Staates: Auszüge aus Rechenbüchern für Volksschulen

Der Begriff „Gau Westmark" wurde zunächst 1940 als Bezeichnung für den NSDAP-Gau Saarpfalz und Lothringen (=annektiertes Département Moselle) verwendet, ab dem 11. März 1941 auch als Name für die Behörde, in der Bürckel als „Reichsstatthalter in der Westmark", (zunächst Saargebiet/Pfalz) tätig war. Ab 15. Mai 1941 wurde Bürckel gleichzeitig auch Chef der Zivilverwaltung Westmark und Chef der Zivilverwaltung Lothringen, damit wurden beide Teile Saarpfalz und Lothringen in der Behördengliederung als „Gau Westmark" zusammengefaßt. Ab 1941 wurde Saarbrücken Hauptstadt des Gaues Westmark und Lothringen.

Nach dem „Rechenbuch für Volksschulen Gau Westmark", Diesterweg-Verlag, von 1942/43 wurde demnach an der Saar, in der Pfalz und in Lothringen verpflichtend gearbeitet.

zu 14.4 Die Reichspogromnacht 1938

Überall kam es in der Nacht vom 9./10. November 1938 auf dem Gebiet des heutigen Saarlandes zu Übergriffen auf Juden, auf ihre Synagogen, ihre Friedhöfe. In Saarbrücken bereitete die SS-Einheit Standarte 85 in Zivilkleidung den Überfall vor: Sie rissen jüdische Männer – 130 bis 150 an der Zahl – aus ihren Betten, bedrohten ihre Angehörigen mit dem Tode, zerstörten ihre Wohnungen, um sie dann in Schlafanzügen verhöhnt quer durch die Stadt zu treiben. Nachdem die jüdischen Männer ihr eigenes Grab geschaufelt hatten, wurden sie über den Schloßplatz, den Sitz der Gestapo, zur Lerchesflur verbracht und von dort schließlich nach Dachau abtransportiert. Gleichzeitig waren 30 SS-Leute damit beschäftigt, die Synagoge zu zerstören und in Brand zu setzen. Das jüdische Gebetshaus wurde völlig vernichtet, weil die herbeigerufene Feuerwehr lediglich das Übergreifen des Feuers auf Nachbarhäuser verhinderte. Das Schicksal der Juden in den anderen saarländischen Gemeinden entwickelte sich ähnlich, die Synagogen wurden z.T. zerstört, z.T. verkauft, z.T. umgewidmet [Karte 10].

Seit 1934 bereits hatten Juden in dunkler Vorahnung dessen, was kommen sollte, nach Räumungsverkäufen und Geschäftsaufgaben das Saargebiet verlassen. 1935 bezeichnete sich zum Beispiel die Firma Weinhold, ehemals Kleiderfabrik Strauß und Co. als „reindeutsches Unternehmen".

zu 14.5 Widerstand und Leiden: Anna Meier und ihre Erfahrungen mit der Gestapo im Saarbrücker Schloß, 1942

Anna Meier, zunächst Lehrerin, dann Fürsorgerin bei den Kreiswohlfahrtsämtern Homburg und St. Ingbert, wurde am 21. Januar 1942 in St. Ingbert durch die Gestapo verhaftet, weil sie in der katholischen Opposition Rundbriefe verfaßt und verbreitet habe. Bis 1945, dem Jahr der Befreiung des Lagers, blieb sie in Ravensbrück inhaftiert und wurde später wieder in ihrem früheren Beruf in St. Ingbert tätig.

zu 14.6 Das KZ „Neue Bremm": Bericht eines ehemaligen Lagerinsassen

Pierre Verdumo war Eisenbahnarbeiter („Eisenbahner") und wurde zu Beginn des Jahres 1944 im Eisenbahndepot von Chambéry/Savoyen mit 16 anderen Arbeitern wegen Sabotage verhaftet und verschleppt. Am 2. März 1944 kam er in das Lager Neue Bremm und blieb dort 56 Tage inhaftiert.

15 Zweiter Weltkrieg

Die dargebotenen Quellen zielen weniger auf den Ablauf der militärischen Operationen und den institutionellen Kontext der Kriegsmaschinerie. Sie sollen vielmehr den Alltag der „Heimatfront" in ausgewählten Beispielen rekonstruierbar machen. Das Schwergewicht liegt auf der Erfahrung und Wahrnehmung des Krieges. Wie reagieren die Menschen auf den Krieg? Welche Lebensbedingungen bestimmen den Kriegsalltag? Welche Verhaltens- und Handlungsweisen sind vor dem Hintergrund des totalen Krieges dominant? Eine besondere Rolle spielt dabei die Frage, inwiefern der Krieg die Einschätzung des nationalsozialistischen Systems bei der Bevölkerung verändert hat.

zu 15.1 Evakuierung und Wiederbesiedlung der „Roten Zone" 1939–1940 nach Augenzeugenberichten

Die Bedrohung durch den Krieg wurde in der Saarregion besonders intensiv erfahren, war man doch mit dem Westwallbau und der Expansion der Rüstungsindustrie unmittelbar in die Kriegsvorbereitungen verstrickt.

Der Kriegsbeginn bedeutete für einen großen Teil der Bevölkerung der Saarregion zunächst die „Evakuierung". Die offizielle Sprachregelung hatte hierfür den euphemistischen Befriff „Freimachung" geprägt. Evakuiert wurde die Bevölkerung innerhalb eines Gebietsstreifens von ca. acht bis zehn Kilometern Breite zwischen der deutsch-französischen Staatsgrenze und der Hauptkampflinie des Westwalls. Dieser Streifen wurde „rote Zone" genannt. Die Evakuierung erfolgte in mehreren Phasen vom 30. August 1939 bis zum Anfang Oktober. Sie bedeutete für viele, trotz aller Hektik und der empfindlichen Organisationsmängel, aber doch das Erleben und die reale Erfahrung der propagierten „Volksgemeinschaft". Lagen doch die Evakuierungsgebiete weit im Reich und für viele Evakuierte resultierten aus diesen Monaten dauerhafte Beziehungen zu ihren Gastfamilien.

zu 15.2 Die Folgen der Luftangriffe

Seit dem ersten größeren Luftangriff auf Saarbrücken in der Nacht vom 29. auf den 30. Juli empfand die Bevölkerung die Bombenangriffe als ernste Bedrohung. Der Ausbau von Kellern zu Luftschutzunterkünften, die Vorbereitung von Schutzräumen in Stollen und Westwallbunkern konnten zwar trotz der seit dem Frühjahr

1944 sich häufenden Luftalarme und Luftangriffe vielen das nackte Überleben retten. Aber die Bombenangriffe wurden für die Kriegsgeneration zu einer prägenden Erfahrung existenzieller Bedrohung.

zu 15.3 Die Stimmung der Bevölkerung nach den Lageberichten der Bürgermeister

Der Erfahrung des passiven und schutzlosen Ausgeliefertseins in den Bombennächten konnte die nationalsozialistische Propaganda nichts entgegensetzen. Bis zum Winter 1941/42 war eine optimistische Grundhaltung trotz der Kriegsmängel vorherrschend und die Zustimmung zum nationalsozialistischen Regime weitgehend ungebrochen. Trotz der vorübergehenden Solidarisierungseffekte nach den ersten Bombennächten begann aber die dauernde Lebensgefahr die Menschen zu zermürben. Die Lageberichte der Bürgermeister lassen erkennen, wie die Grundstimmung der Bevölkerung umzuschlagen beginnt und der Wunsch auf möglichst baldige Beendigung des Krieges Hand in Hand mit einer Distanzierung zum nationalsozialistischen Regime bei einem Teil der Bevölkerung geht.

zu 15.4 Zum Schicksal der „Fremdarbeiter"

Neben den Erfahrungen der deutschen Bevölkerung sollen auch die Erfahrungen der zur Arbeit in deutschen Betrieben gepreßten „Fremdarbeiter" und Kriegsgefangenen stehen. Von den zahlreichen Lagern, in denen die Zwangsarbeiter vor allem aus den eroberten Gebieten des europäischen Ostens und die Kriegsgefangenen untergebracht waren, sind in der Region kaum noch Spuren erhalten. Deshalb sind in dieser Quellensammlung wenigstens einige Zeugnisse über Lebens- und Arbeitsbedingungen der sogenannten Fremdarbeiter versammelt.

zu 15.5 Das Kriegsende im Saarland

Das Kriegsende war trotz der hektischen, von Parteidienststellen, Polizei und SS forcierten Verteidigungsanstrengungen in der Saarregion nicht herauszuzögern. Die von Frankreich heranziehenden alliierten Truppen konnten nicht aufgehalten werden. Weder die großmäulige Mobilisierung eines Volkssturmes noch die gewaltsam durchgesetzten und sinnlosen Schanzarbeiten konnten der militärischen Überlegenheit der amerikanischen Truppen etwas entgegensetzen. Ein Großteil der Bevölkerung wurde im Herbst 1944 zum zweiten Mal evakuiert, andere zogen es vor, sich in Kellern und Stollen von den Amerikanern überrollen zu lassen. Die Amerikaner, die bis Mitte März 1945 das heutige Saarland im wesentlichen besetzen konnten, wurden zwar nicht als Befreier begrüßt, allgemein war aber die Erleichterung über das Ende der Kampfhandlungen.

16 Die Nachkriegszeit

Die Nachkriegszeit im Saarland war einerseits und zunächst von den gleichen Problemen beherrscht wie im übrigen ehemaligen Deutschen Reich: Hunger, Wohnungsnot, Trauer um Tote und Vermißte, Entnazifizierung und Spannungen mit den Besatzungsmächten erschwerten den Alltag der meisten Menschen.

Andererseits war das Saarland wegen seiner strategischen Lage und seiner Schwerindustrie für Frankreich besonders attraktiv und deshalb begehrt.

Nach der Potsdamer Konferenz im Juli/August 1945 übernahmen die Franzosen das Gebiet von den Amerikanern als Besatzungszone, nahmen die Gruben in Besitz und versuchten nach dem Scheitern der Annexionspläne das Land kulturell und vor allem wirtschaftlich an sich zu binden. Dies erreichten sie durch die Französisch-Saarländische Wirtschafts- und Währungsunion bei eingeschränkter saarländischer Autonomie ab November 1947.

So kam es, daß es den Saarländerinnen und Saarländern relativ früh schon wirtschaftlich besser ging als den „Reichsdeutschen", weil Francs und französische Waren ein kleines „Wirtschaftswunder" bescherten.

zu 16.3 Saarländische „Autonomie": Eine programmatische Rede Johannes Hoffmanns 1951

Die demokratisch gewählte Regierung unter Johannes Hoffmann, der als Antifaschist und Verfolgter des NS-Regimes nationale Bestrebungen unterdrückte und später auch gegen die Wiedervereinigung mit der Bundesrepublik war, suchte permanent den Kompromiß zwischen saarländischen Autonomiebestrebungen und französischen Wirtschafts- und Herrschaftsinteressen, was ihm jedoch nicht immer gelingen konnte.

zu 16.4 Zeichen gesellschaftlicher und wirtschaftlicher Veränderungen in den 50er Jahren

Als sich zu Beginn der 50er Jahre eine Annäherung zwischen Frankreich und der Bundesrepublik anbahnte, geriet die Regierung Hoffmann trotz wirtschaftlicher Erfolge stark unter Druck, da die wirtschaftlich aufstrebende BRD die Wiedervereinigung forderte, die saarländische Bevölkerung immer mehr wieder ihr Deutschtum entdeckte und Frankreich nicht mehr so wie früher an dem Gebiet interessiert war.

zu 16.5 Plakate zum Abstimmungskampf um das Saarstatut 1955

Das „Saarstatut" (innenpolitische Autonomie, außenpolitische Vertretung durch die WEU, Wirtschafts- und Währungsunion mit Frankreich bei stärkerer Öffnung nach Deutschland) sollte alle Seiten zufriedenstellen und auch von der Bevölkerung per Abstimmung akzeptiert werden. Doch der Kampf um die Abstimmung für oder gegen das Statut wurde zur Entscheidung für oder gegen Ministerpräsident Hoffmann, für Frankreich oder Deutschland, für nationales oder europäisches Denken, für französische oder deutsche Waren, die man bisher größtenteils nur hat schmuggeln können.

Der Kampf wurde von beiden Seiten derart erbittert und hart geführt, daß es Jahrzehnte dauerte, bis die Wunden verheilt waren. (Mündliche Berichte älterer Bürgerinnen und Bürger könnten dieses Thema im Unterricht ergänzen.)

Zwei Drittel der Bevölkerung lehnten das Saarstatut ab und rechtfertigten damit indirekt auch ihre Entscheidung für Deutschland (und Hitler) von 1935.

Obwohl damit der Status quo rechtlich gültig blieb, trat die Regierung Hoffmann zurück, und Frankreich und die Bundesrepublik einigten sich im Luxemburger Vertrag auf den Beitritt des Saarlandes zum Geltungsbereich des Grundgesetzes ab dem 1. Januar 1957. Für die Wirtschafts- und Währungsunion wurde eine Übergangszeit eingeräumt, so daß erst am 7. Juli 1959 der Franc durch die D-Mark ersetzt wurde.

Hinweis:
Die Behandlung dieser Zeit sollte auch die Ausstellung „Von der ‚Stunde Null' zum ‚Tag X'" im Saarbrücker Schloß einbeziehen. Dort sind weitere schriftliche Quellen, vor allem aber auch Fotos, Filme und Exponate aus dieser Zeit im Zusammenhang zu sehen.

Quellensammlungen, Kartenwerke, Darstellungen

Quellensammlungen

Dillmann, Edwin (Hrsg.), Erinnerungen an das ländliche Leben. Ein historisches Lesebuch zur dörflichen Welt an der Saar im 18./19. Jahrhundert. St. Ingbert 1991 (Saarland-Bibliothek Bd. 1)
Hannig, Jürgen, Erinnern für die Zukunft: Johanna Kirchner, Josef Wagner, Willi Graf. Regionalgeschichtliche Unterrichtsmaterialien zum Thema: Gewaltherrschaft und Widerstand an der Saar 1935–1945. Saarbrücken 1989 (Saarländische Beiträge zur pädagogischen Praxis Bd. 2)
Paul, Gerhard; Schock, Ralph, Saargeschichte im Plakat 1918–1957. Saarbrücken 1987
Schmitt, Johannes (Hrsg.), Französische Revolution an der Saar. Quellen und Materialien. Saarbrücken 1989
Schmitt, Johannes (Hrsg.), Restauration und Revolution. Die Saarregion zwischen 1815 und 1850. Quellen und Materialien zur saarländischen Geschichte Bd. 3. Hg. von Johannes Schmitt. Saarbrücken 1990
Schock, Ralph (Hrsg.), Haltet die Saar, Genossen. Antifaschistische Schriftsteller im Abstimmungskampf 1935. Berlin–Bonn 1984

Kartenwerke

Amann, Hektor; Meynen, Emil (Hrsg.), Geschichtlicher Atlas für das Land an der Saar. Unter Mitwirkung von Christoph Borchert, Ernst Christmann, Hans-Walter Herrmann, Christoph Jentsch, Carl Rathjens u. Reinhard Schindler. Saarbrücken 1965 ff. (Veröffentlichungen des Instituts für Landeskunde des Saarlandes)
Saar-Atlas. Im Auftrag der Forschungsgemeinschaft bearb. und hrsg. von Hermann Overbeck und Georg Wilhelm Sante. Gotha 1934

Darstellungen

Balk, Theodor, Hier spricht die Saar. Ein Land wird interviewt. Mit einem Nachwort von Ralph Schock. St. Ingbert 1984 (Neudruck der Ausgabe von 1934)
Bellot, Josef, Hundert Jahre politisches Leben an der Saar unter preußischer Herrschaft 1815–1918. Bonn 1954 (Rheinisches Archiv, Bd. 45)
Bernard, Raja u. Renger, Dietmar, Neue Bremm. Ein KZ in Saarbrücken. Frankfurt 1984
Bies, Liutwin, Klassenkampf an der Saar 1919–1935. Die KPD im Saargebiet im Ringen um die soziale und nationale Befreiung des Volkes. Frankfurt 1978 (Marxistische Paperbacks, 84)
Born, Martin, Geographische Landeskunde des Saarlandes. Aus dem Nachlaß hrsg. von Renate Born und Helmut Frühauf. Saarbrücken 1980
Conrad, Joachim u. Flesch, Stefan (Hrsg.), Burgen und Schlösser an der Saar. Saarbrücken 1988
Fischer, Per, Die Saar zwischen Deutschland und Frankreich. Politische Entwicklung von 1945–1959. Frankfurt 1959
Fehn, Klaus, Preußische Siedlungspolitik im saarländischen Bergbaurevier (1816–1991). Saarbrücken 1981 (Veröffentlichungen des Instituts für Landeskunde des Saarlandes, Bd. 31)
Flesch, Stefan; Conrad, Joachim; Bergholz, Thomas (Hrsg.), Mönche an der Saar. Die mittelalterlichen Ordensniederlassungen im saarländisch-lothringischen Grenzraum. Saarbrücken 1986
Fox, Nikolaus, Saarländische Volkskunde. Saarbrücken 1979 (unveränderter Nachdruck der Ausgabe von 1927)
Freymond, Jacques, Die Saar 1945–1955. München 1961 (Forschungsinstitut der deutschen Gesellschaft für auswärtige Politik e.V.)
Frühauf, Helmut, Eisenindustrie und Steinkohlenbergbau im Raum Neunkirchen/Saar. Trier 1980 (Forschungen zur deutschen Landeskunde, Bd. 127)
Geschichtliche Landeskunde des Saarlandes. Hrsg. von Kurt Hoppstädter und Hans-Walter Herrmann, Bd. 1, Vom Faustkeil zum Fördertum. Unter Mitwirkung von Erhard Dehnke. Saarbrücken 1960. Bd. 2, Von der fränkischen Landnahme bis zum Ausbruch der Französischen Revolution. Unter Mitwirkung von Hanns Klein. Saarbrücken 1977

Hellwig, Fritz, Carl Ferdinand Freiherr von Stumm-Halberg 1836–1901. Heidelberg, Saarbrücken 1936
Herrmann, Hans-Walter, Das Schicksal der Juden im Saarland 1920–1945, in: Dokumentation zur Geschichte der jüdischen Bevölkerung in Rheinland-Pfalz und im Saarland von 1800 bis 1945, Bd. 6, S. 259–491. Koblenz 1974
Herrmann, Hans-Walter; Sante, Georg Wilhelm, Geschichte des Saarlandes. Würzburg 1972 (Geschichte der deutschen Länder, Territorien-Ploetz. Sonderausgabe)
Hoffmann, Johannes, Das Ziel war Europa. Der Weg der Saar 1945–1955. München, Wien 1963
Horch, Hans, Der Wandel der Gesellschafts- und Herrschaftsstrukturen in der Saarregion während der Industrialisierung (1740–1914). St. Ingbert 1985
Industriekultur an der Saar. Leben und Arbeit in einer Industrieregion 1840–1914. Unter Mitwirkung zahlreicher Autoren hrsg. von Richard van Dülmen. München 1989
Jacoby, Fritz, Die nationalsozialistische Herrschaftsübernahme an der Saar. Die innenpolitischen Probleme der Rückgliederung des Saargebietes bis 1935. Saarbrücken 1973 (Veröffentlichungen der Kommission für saarländische Landesgeschichte und Volksforschung, VI)
Karbach, Jürgen, Die Bauernwirtschaften des Fürstentums Nassau-Saarbrücken im 18. Jahrhundert. Saarbrücken 1977 (Veröffentlichungen der Kommission für saarländische Landesgeschichte und Volksforschung, X)
Klein, Hanns, Die Saarlande im Zeitalter der Industrialisierung, in: Zeitschrift für die Geschichte der Saargegend, 29 (1981) S. 93–121
Kraus, Albert H. V., Die Saarfrage (1945–1955) im Spiegel der Publizistik. Die Diskussion um das Saarstatut vom 23. 10. 1954 und sein Scheitern in der deutschen, saarländischen und französischen Presse. Saarbrücken 1988
Küppers, Heinrich, Bildungspolitik im Saarland 1945–1955. Saarbrücken 1984 (Veröffentlichungen der Kommission für saarländische Landesgeschichte und Volksforschung, XIV)
Latz, Rolf E., Die saarländische Schwerindustrie und ihre Nachbarreviere (1878–1938). Technische Entwicklung, wirtschaftliche und soziale Bedeutung. Saarbrücken 1985
Lempert, Peter, „Das Saarland den Saarländern!“ Die frankophilen Bestrebungen im Saargebiet 1918–1935. Köln 1985 (Kölner Schriften zur Romanischen Kultur, Bd. 3)
Linsmayer, Ludwig, Politische Kultur im Saargebiet 1920–1932. Symbolische Politik, verhinderte Demokratisierung, nationalisiertes Kulturleben in einer abgetrennten Region. St. Ingbert 1992 (Saarland-Bibliothek Bd. 2)
Mallmann, Klaus-Michael, Die Anfänge der Bergarbeiterbewegung an der Saar (1848–1904). Saarbrücken 1981 (Veröffentlichungen der saarländischen Kommission für Landesgeschichte und Volksforschung, XIII)
Mallmann, Klaus-Michael; Paul, Gerhard; Schock, Ralph; Klimmt, Reinhard (Hrsg.), Richtig daheim waren wir nie. Entdeckungsreisen im Saarrevier 1815–1955. Bonn 1987
Mathias, Karl (Hrsg.), Wirtschaftsgeographie des Saarlandes. Ein Beitrag zur Landeskunde. Saarbrücken 1980
Paul, Gerhard, „Deutsche Mutter – heim zu Dir!“ Warum es mißlang, Hitler an der Saar zu schlagen. Der Saarkampf 1933–1935. Köln 1984
Paul, Gerhard, Die „NSDAP des Saargebietes“. Der verspätete Aufstieg der NSDAP in der katholisch-proletarischen Provinz. Saarbrücken 1987
Die Römer an Mosel und Saar. Zeugnisse der Römerzeit in Lothringen, in Luxemburg, im Raum Trier und im Saarland. Mainz 1983 (Schriftenreihe der Regionalkommission Lothringen, Luxemburg, Rheinland-Pfalz, Saarland Bd. 8)
Ruppersberg, Albert, Geschichte des Saargebietes. Saarbrücken 1923
Die Saar 1945–1955. Ein Problem der europäischen Geschichte, Hrsg. von Rainer Hudemann und Raymond Poidevin. München 1992
Saarland, Hrsg. vom Römisch-Germanischen Zentralmuseum Mainz. Mainz 1966 (Führer zu vor- und frühgeschichtlichen Denkmälern, Bd. 5)
Das Saarland. Politische, wirtschaftliche und kulturelle Entwicklung, Hrsg. von Saarland – Der Chef der Staatskanzlei, Landeszentrale für politische Bildung. Saarbrücken 1989
Das Saarlandbuch, Hrsg. von Dieter Staerk. Saarbrücken 1981
Schleiden, Karl August; Schmitt, Franz Rudolf; Schulz, Bernd; Thomes, Paul, Saarbrücken. Stationen auf dem Weg zur Großstadt. Saarbrücken 1989
Schmidt, Robert H., Saarpolitik 1945–1957, 3 Bde. Berlin 1959–1962

Schneider, Heinrich, Das Wunder an der Saar. Ein Erfolg politischer Gemeinsamkeit. Stuttgart 2. Aufl. 1974
Slotta, Rainer, Fördertum und Bergmannshaus. Vom Bergbau an der Saar. Saarbrücken 1979 (Veröffentlichungen aus dem deutschen Bergbau-Museum Bochum, Nr. 17)
Steffens, Horst, Autorität und Revolte. Alltagsleben und Streikverhalten der Bergarbeiter an der Saar im 19. Jahrhundert. Weingarten 1987 (Sozialgeschichtliche Bibliothek)
Straus, Emil, Die gesellschaftliche Gliederung des Saargebietes. Eine soziographische Beschreibung. Würzburg 1935
Von der „Stunde 0" zum „Tag X". Das Saarland 1945–1949. Katalog zur Ausstellung des Regionalgeschichtlichen Museums im Saarbrücker Schloß. Saarbrücken 1990. Hrsg. vom Stadtverband Saarbrücken, Regionalgeschichtliches Museum. Saarbrücken, Merzig 1990
Widerstand und Verweigerung im Saarland 1935–1945. Hrsg. von Hans-Walter Herrmann. Bd. 1, Klaus Michael Mallmann und Gerhard Paul, Das zersplitterte Nein. Saarländer gegen Hitler, Bonn 1989; Bd. 2, Klaus Michael Mallmann und Gerhard Paul unter Mitarbeit von Hans-Henning Krämer, Herrschaft und Alltag. Ein Industrierevier im Dritten Reich. Bonn 1991
Zehn statt tausend Jahre. Die Zeit des Nationalsozialismus an der Saar (1935–1945). Katalog zur Ausstellung des Regionalgeschichtlichen Museums im Saarbrücker Schloß. Saarbrücken 1988. Hrsg. vom Stadtverband Saarbrücken, Regionalgeschichtliches Museum. Saarbrücken 1988
Zenner, Maria, Parteien und Politik im Saargebiet unter dem Völkerbundsregime 1920–1935. Saarbrücken 1966 (Veröffentlichungen der Kommission für saarländische Landesgeschichte und Volksforschung, III)
Zur Mühlen, Patrik von, „Schlagt Hitler an der Saar!" Abstimmungskampf, Emigration und Widerstand im Saargebiet 1933–1935. Bonn 1979 (Forschungsinstitut der Friedrich-Ebert-Stiftung, Reihe Politik und Gesellschaftsgeschichte, Bd. 7)

Karten

Karte 1: Die keltische La Tène-Kultur im Saarland: Grabfunde und Siedlungsfunde (aus: A. Kolling und R. Schindler, Geschichtlicher Atlas für das Land an der Saar; Institut für Landeskunde des Saarlandes. Saarbrücken 1965)

Karte 2: Straßen und Siedlungen der Römerzeit im Saarraum (aus: A. Kolling und R. Schindler, Geschichtlicher Atlas für das Land an der Saar; Institut für Landeskunde des Saarlandes. Saarbrücken 1965)

Karte 3: Die mittelalterlichen Ordensniederlassungen im saarländisch-lothringischen Grenzraum (überarbeitet aus: St. Flesch, J. Conrad, Th. Bergholz, Mönche an der Saar. Die mittelalterliche Ordensniederlassung im saarländisch-lothringischen Grenzraum. Saarbrücken 1986 (Minerva-Verlag, Saarbrücken)

Karte 4: Die territoriale Gliederung der Saarregion bis zur Französischen Revolution (aus: Das Saarland, politische, wirtschaftliche und kulturelle Entwicklung, Hrsg. der Chef der Staatskanzlei, Saarbrücken 1989, S. 19)

Karte 5: Die politische Gliederung der Saargegend in französischer und deutscher Zeit (aus: Johannes Schmitt (Hrsg.), Französische Revolution an der Saar. Quellen und Materialien, Saarbrücken 1989)

Karte 6: Die politische Gliederung der Saargegend um 1850 (aus: Peter Burg, Kommunalreform im Kontext historischen Wandels, in Jahrbuch für westdeutsche Landesgeschichte, Jahrgang 8, 1982, Seite 262)

Karten 7 und 8: Die Bevölkerungsentwicklung an der Saar 1825 und 1925 (aus: Richard van Dülmen (Hrsg.) Industriekultur an der Saar. Leben und Arbeiten in einer Industrieregion 1840–1914, München 1989, S. 26 und 27)

Karte 9: Entwicklung des Eisenbahnnetzes im Saarraum (aus: Richard van Dülmen (Hrsg.) Industriekultur an der Saar. Leben und Arbeiten in einer Industrieregion 1840–1914, München 1989, S. 37)

Karte 10: Jüdische Synagogen und Friedhöfe im Gebiet des heutigen Saarlandes (aus: Jürgen Hannig, Spurensuche, Nationalsozialistische Gewaltherrschaft an der Saar. Saarländische Beiträge zur Pädagogischen Praxis 1, 1988, S. 15)

Abbildungsverzeichnis

Abb. 1: Kartenskizze des Ringwalls von Otzenhausen (R. Schindler, Der Ringwall von Otzenhausen. Führungsblätter des Staatlichen Konservatoramtes, Nr. 4, Saarbrücken 1965)

Abb. 2: Rekonstruktion des Mauerbaus und des Burgtores im Ringwall von Otzenhausen (R. Schindler, Der Ringwall von Otzenhausen. Führungsblätter des Staatlichen Konservatoramtes, Nr. 4, Saarbrücken 1965)

Abb. 3: Straßenbild in einem römischen vicus (A. Kolling, Führer durch das Freilichtmuseum Römerhaus Schwarzenacker in Homburg Saar. 1974)

Abb. 4: Westfassade des Palastes von Nennig (Führungsblätter des Staatlichen Konservatoramtes, Saarbrücken 1987)

Abb. 5: Grundriß des Palastes von Nennig (Führungsblätter des Staatlichen Konservatoramtes, Saarbrücken 1987) S. 23

Abb. 6: Die Belagerung der Burg Montclair (nach Carl von Briesen, Urkundliche Geschichte des Kreises Merzig im Regierungs-Bezirke Trier, Saarlouis 1863 S. 32)

Abb. 7: Bevölkerungsverluste durch den 30jährigen Krieg zusammengestellt (nach Hans-Walter Herrmann, Der Dreißigjährige Krieg, in: Vom Faustkeil zum Fördertum, Geschichtliche Landeskunde I, Saarbrücken 1960 S. 229–265)

Abb. 8: Freiheitsbaum in Zweibrücken, kolorierter Kupferstich von Karl Caspar Pitz

Abb. 9: Förderung und Belegschaft 1773 (aus: Anton Haßlacher, Geschichtliche Entwicklung des Steinkohlebergbaus im Saargebiet, Berlin 1904, S. 71)

Abb. 10: Durchschnittlicher Verdienst eines Bergmanns an der Saar

Abb. 11: Lebenshaltungskosten 1865

Abb. 12: Ansicht, Grundriß und Schnitt eines Prämienhauses um 1879 (aus: Richard van Dülmen (Hrsg.) Industriekultur an der Saar. Leben und Arbeiten in einer Industrieregion 1840–1914, München 1989, S. 153)

Abb. 13: Zur Entwicklung von Belegschaft und Produktion der Dillinger Hüttenwerke (zusammengestellt nach H. van Ham, 250 Jahre Dillinger Hütte, Dillingen 1936 und AG der Dillinger Hüttenwerke (Hrsg.), 300 Jahre Dillinger Hüttenwerke, Dillingen 1985)

Abb. 14: Beschäftigungszahl und Produktion der saarländischen Hüttenindustrie (zusammengestellt aus Rolf E. Latz, Die Saarländische Schwerindustrie und ihre Nachbarreviere (1878–1938), Saarbrücken 1985, S. 228)

Abb. 15: Plakat der Deutschen Front (1934) (Landesarchiv Saarbrücken, Plakatsammlung)

Abb. 16: Plakat des „Status quo" (1934) (Landesarchiv Saarbrücken, Plakatsammlung)

Abb. 17: Postkarte „In Erinnerung an die Saarabstimmung am 13. 1. 1935" (aus: Privatsammlung Jenal, Postkarte)

Abb. 18: Plakat der Europa-Bewegung zum Abstimmungskampf 1955 (Landesarchiv Saarbrücken, abgedruckt z. B. in: G. Paul, R. Schock, Saargeschichte im Plakat 1918–1957, Saarbrücken 1987, Abb. 146)

Abb. 19: Plakat der DPS zum Abstimmungskampf 1955 (Landesarchiv Saarbrücken, abgedruckt z. B. in: G. Paul, R. Schock, Saargeschichte im Plakat 1918–1957, Saarbrücken 1987, Abb. 146)

Abb. 20: Wahlergebnisse der Landtagswahlen im Saarland 1955–1985 (aus: Das Saarland, Politische, wirtschaftliche und kulturelle Entwicklung, Hrsg. von Saarland – Der Chef der Staatskanzlei, Landeszentrale für politische Bildung, Saarbrücken 1989 S. 136)

987654321